Cuentos de España hoy

Edited by

HENRY HARE CARTER

University of Notre Dame

HOLT, RINEHART AND WINSTON, INC.

New York □ San Francisco □ Toronto □ London

PERMISSIONS AND ACKNOWLEDGMENTS

We wish to thank the authors, publishers, and holders of copyright for their permission to reprint the stories in this volume:

Concha Lagos, "Indulto," by permission of the author. (J)
Luis Romero, "Aniversario" and "La Carta," by permission of the author. (J)
Felicidad Blanc, "El cock-tail," by permission of the author. (J)
Carmen Conde, "Torre de sombra," by permission of the author. (J)
Rosa María Cajal, "Retorno," by permission of the author. (J)
Eusebio García Luengo, "El hijo," by permission of the author. (J)
Ramón Solís, "Un domingo de otoño," by permission of the author. (J)
Carlos Clarimón, "Ha vuelto," by permission of the author. (J)
Félix Martí-Ibáñez, "Vals" © Copyright 1966, by Félix Martí-Ibáñez, reprinted by permission of the author. (J)
Medardo Fraile, "El rescate," by permission of the author. (J)
Carmen Martín Gaite, "Los informes," by permission of the author. (J)
Elena Soriano, "Viajera de segunda," by permission of the author. (J)
José Corrales Egea, "Un momento de decisión," by permission of the author. (J)
Camilo José Cela, "La romería," by permission of the author. (J)
José Amillo, "El vendedor de corbatas," by permission of the author. (J)
Ignacio Aldecoa, "El corazón y otros frutos amargos," by permission of Josefina R. de Aldecoa. (J)

Foreign Language Department
5643 Paradise Drive
Corte Madera, California 94925

Library of Congress Catalog Card Number: 72-90217

Printed in the United States of America

ISBN: 0-03-086042-3

4 5 6 7 8 9 0   090   9 8 7 6 5 4 3 2 1

Contents

Foreword

The purpose of this edition is to provide mature examples of Spanish short prose which will engage the imagination of American students at the intermediate college level and in advanced classes in secondary schools.

The seventeen short stories by sixteen contemporary Spanish authors have been selected for their literary value and interest for American students and are reproduced here as they originally appeared in Spain. With but two exceptions (*Un domingo de otoño* and *La romería*), they have not previously reached American students. Of the stories chosen, six are by well-known Spanish women writers. For each of the authors a brief biographical sketch in Spanish has been included.

The exercises which accompany each story are designed to aid the student's comprehension and encourage oral and written practice in Spanish and are of the following three types:

I. Cuestionario - to test the student's comprehension of the factual details of each story and provide an opportunity for speaking and writing in Spanish, with the style of the Spanish author serving as a guide.

II. Temas escritos u orales - in which words like *Analice, Compare, Discuta, Estudie, Examine* are frequently used to encourage the student to express himself, orally and in writing, on topics which seek to probe his knowledge of the thematic content of each story, examine the literary art and craftsmanship of the author, stimulate discussion, and increase the student's enjoyment of the story's total meaning.

III. Modismos - a non-repetitive roundup of the idiomatic expressions found in each story to be incorporated by the student in short original sentences.

These exercises may be used, in whole or in part, at the discretion of the instructor, depending on the time at his disposal and the needs and preferences of the class.

The stories have been reproduced free of footnotes, thus allowing the student the personal satisfaction of reading through and enjoying a tale in a foreign language without the pedagogical intrusion of distracting and often needless translation hints at the foot of every page. Whatever help is required is available in the end vocabulary.

As an aid to the student an asterisk has been superposed over words in the text which could represent a problem in comprehension. Asterisks are also found over deceptive cognates (e.g. *ignorar*), a special meaning given to a familiar word (e.g. *colonia*), a geographical reference (e.g. *Valdepeñas*), a literary echo (e.g. *Cervantes; estrellado*), and over other words requiring extended treatment or analysis (e.g. *bachillerato; tremendismo*). The explanation appears in the vocabulary under the asterisked word, or in the case of a verb form (e.g. *hubiese*), under the corresponding infinitive.

The end vocabulary, intended to be comprehensive, excludes, however, easily recognizable cognates and other well-known words.

All subentries in the vocabulary are listed in strictly alphabetical order and the first word of the passage excerpted constitutes the subentry's alphabetical position, e.g. *alguna vez* precedes *a su vez,* while under the entry *ir* the subentry *me iba yo a preocupar de cómo son los demás* takes precedence over *no te vaya a dar un disgusto.*

The chief aim of the editor has been to provide stories that are readable, exercises that are practical, and an end vocabulary that is useful.

Trends in contemporary Spanish literature are touched upon in the individual biographical sketches of the authors. A thumbnail summary of the theme of each of the seventeen stories is given below:

1. *Indulto* - A young girl becomes involved in ecology and conservation
2. *Aniversario* - A son returns to the family table for a fifth anniversary
3. *La Carta* - A lovely lady receives an unexpected Special Delivery Letter
4. *El cock-tail* - An employee and his wife are invited to the boss's cocktail party
5. *Torre de sombra* - A mother's unique effort to bring up her young child
6. *Retorno* - A wife's disillusionment as her long-absent husband settles down to marriage again
7. *El hijo* - The birth of his child reveals to the father something of the riddle of creation and the destiny of mankind
8. *Un domingo de otoño* - The heart of a girl and life in a small town are revealed with compassionate understanding
9. *Ha vuelto* - A lonely spinster's former love returns after twenty years
10. *Vals* - Two elegant strangers sit out a waltz at the Casino in Nice
11. *El rescate* - An old man makes a solemn vow to his dead wife and keeps it
12. *Los informes* - A shy country girl applies for a job in an ideal Madrid home
13. *Viajera de segunda* - Death of a train conductor
14. *Un momento de decisión* - A husband promises to see his boss about a mistake in his paycheck
15. *La romería* - A man's family goes on a picnic and takes along his mother-in-law
16. *El vendedor de corbatas* - A salesman's futile effort to solve the mystery of his wife's estrangement
17. *El corazón y otros frutos amargos* - A young migrant meets a girl in his new job but does not stay

For their gracious authorization to reprint their stories the editor desires to express his gratitude to Concha Lagos, Luis Romero, Felicidad Blanc, Carmen

Conde, Rosa María Cajal, Eusebio García Luengo, Ramón Solís, Carlos Clarimón, Félix Martí-Ibáñez, Medardo Fraile, Carmen Martín Gaite, Elena Soriano, José Corrales Egea, Camilo José Cela, José Amillo, Ignacio Aldecoa and his widow Josefina Rodríguez de Aldecoa. He also wishes to express his appreciation to don Francisco García Pavón, editor of *Antología de cuentistas españoles contemporáneos* (1939-1958) [ACEC] (Editorial Gredos, Madrid, 1959), for kind permission to reproduce stories by authors included in his anthology.

Finally, it is the editor's pleasant duty to acknowledge his indebtedness to his friend and colleague, Dr. Edwin B. Williams, Provost Emeritus of the University of Pennsylvania and dean of American lexicographers, for constant and valuable advice in the preparation of the manuscript.

H. H. C.

Indulto

CONCHA LAGOS

CONCHA LAGOS (Córdoba, 1913). Poetisa, cuentista. Reside en Madrid. Pertenece a la Real Academia de Córdoba. De 1956 a 1964 cuidó y dirigió la revista y ediciones de poesía "Ágora." Destaca en la nueva generación poética por el acento personalísimo de su inspiración. Muchos de sus poemas han sido incluidos en antologías españolas y extranjeras. *Indulto* aparece en *La vida y otros sueños* (Editora Nacional, Madrid, 1969, 85-88), que contiene tres tipos de cuentos: (a) los que explotan el filón de la transformación del pueblo español; (b) los que examinan el avance de una civilización que, en las palabras de Medardo Fraile, "es absurdamente reglada, sin resquicios para la fantasía y la libertad;" y (c) "los con atmósfera y fondo más afines a los otros cuentos que hoy se escriben en España: relatos hechos de la preocupación de un personaje por su vida propia."

El árbol era corpulento, de copa frondosa y ramas grandes. Había nacido a la entrada del bosque, anunciándolo. Lo respetaron al trazar la Colonia.* Nuestra casa estaba enfrente y él nos daba sombra, y un revuelo continuo de pájaros. El árbol vio mis últimos juegos.

5 Todas las mañanas arrastraba mi silla hasta él. Bajo su sombra se iniciaron mis primeras lecturas, mis primeros sueños.

Cuando me preocupaba algo, corría y me abrazaba a su tronco. El árbol se convirtió en confidente y amigo. Conocía todos sus nudos, relieves, rugosidades, pero no le grabé nunca fechas ni nombres. Yo al árbol lo respetaba y lo quería.

10 A veces me gustaba descubrir, entre el laberinto de sus ramas, las más jóvenes, las que, empinándose y abriéndose paso entre las otras, reverdecían al sol. No sé si veían la interrogante de mis ojos, mi curiosidad, el deseo de empinarme también, de crecer, de volar casi.

Bajo el árbol me leyó sus poetas preferidos Andrés. Bajo el árbol me besó al 15 despedirse, colgándome del cuello su medalla; esa medalla que he llevado conmigo tantos años.

El pueblo, la Colonia, crecieron ensanchándose a derecha e izquierda.

Una mañana me sorprendió ver a unos hombres bajo el árbol provistos de extraños aparatos, con los que tomaban medidas que anotaban luego en un cuaderno. No me atreví a acercarme. Durante la comida le hablé a mi padre:

—Será para trazar una nueva calle. 5

—¿Y el árbol?

—Lo echarán abajo...

La sorpresa me impidió hablar. Miré a mi padre, que seguía comiendo indiferente.

—¡No pueden hacerlo! —grité, de pronto. 10

Recuerdo que me temblaba la voz. Quise añadir algo, pero no encontré palabras. Aparté la silla y, levantándome, eché a correr.

Abrazada a mi árbol estuve llorando mucho tiempo.

La voz de mi padre sonó desde la terraza:

—Ven* a terminar tu comida. 15

Volví a entrar. No pude comer ni luego dormir. Apenas vi un poco de luz, corrí a la ventana. El árbol estaba entre la niebla del amanecer. Esperé impaciente a que* mi padre se fuera; luego cogí mi silla y fui a sentarme al sitio de siempre. Los pájaros seguían revoloteando incansables de una rama a otra. Pasaron los mismos niños camino de la escuela, las mujeres hacia el mercado, los vendedores ambulantes, 20 los vecinos, la gente que veía todos los días, pero aquellos hombres no.

Durante el almuerzo estuve silenciosa rehuyendo las miradas de mi padre. Él, al final, mientras encendía un cigarro, dijo:

—He estado en el Casino. Ya sabían lo* de la nueva calle...

Hizo una pausa y, poniéndome una mano en la cabeza, continuó: 25

—Tienes que comprenderlo; los árboles no son siempre útiles. Una calle es más importante y nos beneficia a todos...

—Yo prefiero el árbol.

—No se trata de lo que tú prefieras...

Dio las primeras chupadas al cigarro y, sentándose en la butaca, abrió el 30 periódico y dio por terminada la discusión.

Pasé unos días angustiosos. Hasta en sueños me parecía oír golpes de hacha. Medio dormida saltaba de la cama para comprobar si el árbol seguía allí. Me decía que era forzoso hacer algo y proyectaba visitas audaces a gente importante. Estaba dispuesta a discutir, a rogar, a protestar... Pensaba, incluso, que lo* más rápido era 35 ir a la capital; presentarme en el Ayuntamiento, en la Diputación, en el Gobierno Civil... No sabía a punto fijo dónde tenía que dirigirme. Al despertar, el valor me abandonaba y aplazaba mi proyectada campaña para el día siguiente.

Un domingo vino mi tío Antonio a comer. Era hermano de mi madre y todos aseguraban que se le parecía.* Quizá, sugestionada por esto, sentía especial atracción 40 hacia él. Con tío Antonio me encontraba cómoda; podía hablar, confiarme.

Naturalmente, le conté lo del árbol. Le hablé también de mi angustia, de mi indignación. "¿Por qué tienen que sacrificarlo? Este pueblo lo quiere y lo respeta. Basta decir, ¡el árbol!, para que todos sepan que se trata de él. Es nuestro único monumento, algo sagrado, entrañable... ¿Por qué no desvían la calle? Pueden tra-
5 zar una plaza y dejarlo en el centro; hay sitio de sobra." Las soluciones me brotaban rápidas, fáciles. Al terminar grité excitada, igual que el primer día:

— ¡No pueden cortarlo! ¡No pueden...!

Y me eché a llorar en sus brazos.

Nunca supe de qué medios se valió tío Antonio. Sé que anduvo de un lado
10 para otro. Visitó gente, discutió, fue, vino y un buen día se presentó sonriente:

—¿Sabes cuál será el nombre de la nueva calle? ¡Venga, adivínalo!

Y rápido, sin darme tiempo:

¡Avenida del árbol!

CUESTIONARIO

1. ¿Dónde nació el árbol? ¿Cómo fue tratado siempre por su amiga? ¿Cuándo y por qué fue abrazado por la niña? ¿En qué se convirtió? ¿Por qué no llevaba ni fechas ni nombres?

2. A la chica, ¿qué le gustaba descubrir entre las ramas? ¿Qué simbolizaban para ella? ¿Por qué se acordaba de Andrés?

3. ¿Qué hacían los agrimensores debajo de su árbol? ¿Por qué no pudo comer ni luego dormir? Cuando corrió a la ventana la madrugada siguiente, ¿qué vio? ¿Por qué había niebla?

4. Cuando cogió su silla y se sentó en el sitio de siempre, ¿a quiénes vio pasar? ¿Quiénes no aparecieron?

5. ¿Qué nuevas le trajo su padre del Casino? ¿Cuándo dio por terminada el padre la discusión con su hijita?

6. ¿Adónde pensaba la niña dirigirse para protestar? ¿Por qué aplazaba ella la proyectada campaña para proteger su árbol?

7. Diga por qué sentía especial simpatía y cariño para con su tío. ¿Qué solución anunció él a su sobrina?

TEMAS ESCRITOS U ORALES

1. ¿Qué parecidos poéticos ve la autora entre el árbol y un ser humano?

2. La autora, al contar este incidente de su propia juventud, ha optado por la narración en primera persona. Comente la eficacia de esta técnica frente a la de la tercera persona.

3. ¿Qué papeles desempeñan el padre y los agrimensores en la idea fundamental del cuento?

4. Discuta brevemente el interés creciente de la sociedad de hoy en día en la protección de animales y plantas.

MODISMOS

Emplee los siguientes modismos en oraciones originales.

1. abrirse paso   2. al + *inf*   3. camino de   4. convertirse en   5. dar por terminado   6. de pronto   7. de sobra   8. echar abajo   9. echar a + *inf*   10. echarse a + *inf*   11. gustar   12. hay   13. lo del árbol   14. parecerse a   15. tener que + *inf*   16. tratarse de   17. valerse de   18. volver a + *inf*

Aniversario

LUIS ROMERO

LUIS ROMERO (Barcelona, 1916). Novelista, periodista y hombre de acción. Reside en Barcelona. Trabajó en una Compañía de Seguros, lo que le puso en contacto personal y directo con problemas sociales y humanos. Como tantos otros jóvenes españoles, participó en la guerra civil de 1936-39. En Buenos Aires escribió su novela *La noria,* que obtuvo el Premio Nadal 1951. Vive exclusivamente de la literatura, colaborando con numerosísimos trabajos: cuentos, artículos, reportaje, críticas, etc. en diferentes diarios y revistas literarias. Hay cuentos y textos suyos en varias antologías españolas y extranjeras. Como cuentista, su obra más notable es *Esas sombras del trasmundo* (Ediciones CID, Madrid, 1957), a la cual pertenecen *Aniversario* y *La Carta.* Es un libro de relatos ''que constituye un atrevido ensayo novelístico y demuestra que Luis Romero es uno de los más inquietos y audaces escritores de nuestra época.''

Papá preside la mesa; al otro extremo, como siempre, está mamá. Lola y Joaquín se sientan del lado* del balcón. Ninguno ha cambiado de lugar. En el centro humea la sopera. Fuera, en la calle, hace frío y a través de los cristales se adivina el triste mediodía de invierno.

5   Joaquín tiene prisa; esta tarde se celebra un partido de fútbol importante. Continúa tan aficionado al fútbol como de costumbre. Pero físicamente ha cambiado mucho en estos años; ha crecido, ha ensanchado. Se ha convertido en un hombre. Papá está silencioso, las arrugas alrededor de la boca se le han acentuado hasta lo* increíble.

10   —¿Queréis* alguno un poco más de sopa?

Mamá tiene ya el cabello completamente blanco. Lola está distraída; a media tarde va a ir al cine con su novio. Me resulta extraño que Lola pueda ya tener novio; si apenas era una niña... Lola come poco, pues no quiere engordar. Mamá le ha servido otro cazo de sopa en el plato, y ella ha iniciado una protesta.

15   —Cada día estás más flaca. Vas a terminar por enfermar.

La criada viene y se lleva la sopera. Esta chica se llama Jacinta; no llegué* a conocerla. La anterior, Teresa, se casó, y ésta es del mismo pueblo. Es una vieja historia familiar; las chicas sirven unos cuantos años, y cuando se casan, viene para sustituirlas una prima, la hermana pequeña, o una moza cualquiera del mismo pueblo. Esta no tiene novio todavía. Por la tarde irá a reunirse con otras sirvientas   5 a casa de unos paisanos que son porteros.

Por el balcón penetra una luz blanquecina que empalidece los rostros.

—Todavía no se sabe bien quién es el asesino; pero parece ser que la Policía ya tiene una pista.

A mi hermano Joaquín, además del fútbol le interesan los sucesos. No hace*   10 muchos días han cometido un crimen en la ciudad; una muchacha ha aparecido estrangulada. Mi madre también lee la página de los sucesos.

—Seguramente ha sido ese novio que tenía...

Papá calla. En su oficina, una diferencia ha perturbado la exactitud de la contabilidad, y hasta que dé con el error, estará muy preocupado.   15

—Otra vez merluza, mamá. Siempre comemos lo mismo.

A Lola no le gusta la merluza; no le gusta* casi nada. Pero desde que era pequeña, papá le impuso la obligación de comer cuanto le sirvieran.

—Todo estaba carísimo ayer en la plaza. Los sábados no se puede comprar.

Papá levanta los ojos del mantel, y exclama: 20

—¡Así se hacen ricos los sinvergüenzas!

Joaquín se sirve una copa de vino; un vino rojo que nos traían de un pueblo de la provincia en unas grandes garrafas. Este debe ser todavía el mismo vino de entonces.

Lola está con mucho cuidado separando las espinas del pescado; siempre ha   25 tenido miedo a que se le atragantaran* las espinas.

—¿Qué pensáis hacer esta tarde? ¿Por qué no os vais al cine? En el *Príncipe* proyectan una película muy bonita; yo la vi cuando la estrenaron...

Mamá suspira; después sirve a Joaquín otro trozo de merluza. Vuelve a suspirar.

—No, hija; tu padre y yo nos quedaremos en casa.   30

Lola se mira en el espejo del aparador y se compone el peinado. Mi hermana es una muchacha muy hermosa y hace unos años era delgaducha y poco agraciada; nadie hubiese* podido prever entonces que se convertiría en lo que es ahora. Lola se parece al retrato de mamá que hay en la sala, pero se la ve* más ágil, más joven, aunque mamá, cuando se retrató, era todavía soltera y debía tener la misma edad   35 que ahora tiene mi hermana.

—Mamá, no sé cómo no os aburrís los dos toda la santa tarde en casa.

Papá calla y mira hacia el balcón; luego exclama de forma casi impersonal:

—Vais a tener frío en el fútbol.

Mamá en seguida piensa que Joaquín se va a resfriar, que tal vez atrapará una   40 pulmonía, que puede incluso morirse.

—Joaquín, llévate la bufanda gris.

Él se rié mientras se frota las manos.

—Pero si apenas hace frío, y estar al aire libre es sano.

De la pared ya no cuelga aquel cuadro enmarcado por falso bambú que representaba el morral de un cazador, dos perdices y un conejo, colocados sobre una
5   mesa. En su lugar hay una copia de la *Cena,* de Leonardo, con marco dorado.

Jacinta entra con una fuente de carne y la deja sobre el mantel. Se ha derramado un poco de salsa.

— ¡Jacinta...!

Ha dicho mamá en tono de reconvención. Joaquín está impaciente.
10 —Mamá, sírveme pronto, que si no voy a llegar tarde.

Papá le contempla con cierta extrañeza, como si no acabara* de comprenderle
bien.

Lola dice de pronto:

—He pensado que no pudo ser el novio el que mató a esa chica. Al fin y al
15 cabo, ¿para qué iba a matarla, si no la quería, si la acababa de abandonar?

Joaquín contesta con la boca llena:

—Tú eres tonta. ¿Qué sabes si la quería o no?

Mis hermanos nunca se llevaron bien. Acostumbraban a aliarse conmigo por
turnos para atacarse. Una vez, Joaquín pegó a Lola con un cinturón, y mamá le cas-
20 tigó un mes seguido sin postre. Pero entonces eran todavía unos niños.

—Yo sé lo mismo que tú; lo que dicen los periódicos.

Papá levanta los ojos del plato.

—¿No os habéis enterado aún de que los periódicos no dicen más que
tonterías?
25 Ayer, a pesar de ser sábado, por la tarde acudió a la oficina. Estuvo repasando
todas las sumas con su ayudante. No pudieron hallar el error, y papá se puso tan
nervioso, que apenas ha podido dormir en toda la noche. Mamá hace* años que casi
no duerme por las noches.

— ¡Jacinta, traiga el postre en seguida! El señorito tiene prisa. Va a llegar
30 tarde al partido.

Jacinta estaba hablando por la ventana de la cocina con la criada del primero,*
que es de un pueblo de la misma provincia.

—Manuel quiere establecerse por su cuenta. Va a despedirse del empleo a fin
de este mes.
35 Manuel es el novio de mi hermana Lola.

— ¡Hija! ¿Qué dices? Es muy arriesgado hacer semejante cosa en estos tiempos. Un sueldo, grande o pequeño, siempre es un ingreso seguro.

Lola yergue el busto.

—Pero ya sabéis que gana una miseria; con eso nunca podríamos casarnos.
40 —Con mucho menos nos casamos tu padre y yo, y bien hemos vivido.

Mi hermano tiene la boca llena. Al salir de casa ha* de ir a tomar el autobús,
que le deja todavía bastante lejos del campo de fútbol; y sólo falta media hora para

que comience el partido. A él, Manuel no le es antipático, pero tampoco le parece nada del otro jueves.* Lleva gafas y es de esos que leen libros de los que enseñan a triunfar en la vida.

Joaquín se pasa la servilleta por los labios, y se levanta sacudiéndose las migas del regazo. Luego dice: 5

—Lola tenía razón. ¿Por qué no os vais esta tarde al cine? Con el frío que hace parece que da gusto ir al cine. Además, no es cuestión de que os paséis la vida encerrados.

A mamá se le entristece el rostro; por un momento he temido que se pusiera a llorar. 10

—¿Es que no os acordáis de qué día es hoy? Hoy precisamente hace* cinco años de que vuestro pobre hermano...

Se le han saltado las lágrimas, pero se domina. Papá se mira las uñas obstinadamente. Lola juguetea nerviosa con el tenedor. Joaquín se ha quedado serio...

—Perdón, mamá; no me había acordado... Hace ya cinco años. ¡Cómo ha 15 corrido el tiempo!

Mamá suspira:

— ¡Pobre hijo mío!

Joaquín se acerca y la besa en la frente. Lola se levanta y apoya una mano en el hombro de mamá. 20

—Bueno; no te entristezcas ahora. Tú misma acabas de decirlo: hace ya cinco años.

En la cocina, Jacinta está canturreando una canción de moda al compás de una radio que se oye por el patio. Papá continúa mirándose obstinadamente las uñas.

CUESTIONARIO

1. ¿Qué estación del año es? ¿Es sábado o domingo? ¿Qué se adivina a través de los cristales?

2. ¿Por qué tiene tanta prisa Joaquín? ¿En qué se ha convertido?

3. ¿Qué diferencia nota el narrador en la apariencia física de los padres?

4. ¿Por qué está absorta Lola? ¿Qué le resulta tan extraño al observador?

5. ¿Quién es Jacinta? ¿Está casada? ¿Cuál es la costumbre de su pueblo? ¿A quién conoce en la ciudad?

6. ¿Sobre qué asunto se hacen los comentarios?

7. Explique lo de los sinvergüenzas

8. ¿Por qué separa Lola las espinas de la merluza con tanto cuidado?

9. ¿Qué se proyecta en el *Príncipe*?

10. No hace muchos años, ¿cómo era Lola? ¿Le parece a usted una chica presumida? ¿A quién es muy parecida? ¿Qué es lo que no puede comprender bien esta tarde de invierno?

11. ¿Por qué quiere la madre que su hijo se lleve la bufanda gris?

12. *La Cena,* ¿quién la pintó?

13. ¿Por qué habla la madre en tono de protesta?

14. Explique lo de los periódicos.

15. ¿Desde cuándo no duerme bien la madre?

16. ¿Por qué no es nada del otro jueves el novio de Lola?

17. ¿Qué hacen Lola y Joaquín cuando se enteran del día que es?

TEMAS ESCRITOS U ORALES

1. El cuento está sembrado de expresiones tales como "se ha convertido en un hombre" o "las arrugas se le han acentuado." Catalogue y comente otros síntomas que revelan el transcurso de cinco años.

2. Enumere cinco o seis palabras que establezcan el parentesco entre el observador y la familia.

3. Analice la filosofía del padre. ¿Es pesimista, realista u optimista? Explique su respuesta.

4. ¿Cuándo comenzó usted a sospechar la identidad del observador? ¿Cuándo se apercibió usted del verdadero significado del título?

5. Exponga sus propios sentimientos al darse cuenta de que todo lo observado se ve por los ojos del hijo difunto.

MODISMOS

Emplee los siguientes modismos en oraciones originales.

1. acabar de + *inf*   2. acordarse de   3. a fin de + *inf*   4. al fin y al cabo
5. a pesar de   6. a través de   7. dar con   8. en seguida   9. hace años
(que)   10. hacer frío   11. llegar a + *inf*   12. llevarse bien   13. ponerse +
adj   14. ponerse a + *inf*   15. por su cuenta   16. tener frío   17. tener
miedo   18. tener prisa   19. tener razón   20. un mes seguido   21. ya no

La Carta

LUIS ROMERO

Las dos amigas han salido a tomar el té a la terraza para aprovechar lo agradable* de esta tarde de sol. La temperatura es tan buena, que ya han florecido los frutales; llega desde el huerto su intenso perfume. La primavera, este año, ha venido adelantada.

Isabel está sentada frente a ella. Más de una hora charlando, y todavía no han agotado los temas; recuerdos del colegio,* comentarios sobre los precios de las telas, quejas moderadas del servicio, y algunas alusiones cariñosas a los esposos. Tiene buen apetito; ha comido con deleite unas tostadas con mantequilla y mermelada, y unas pasas que Isabel ha traído. Se diría que hay que concentrarse para percibir el aroma del té, pues es muy intenso el perfume de los frutales florecidos. En el fondo de la huerta se oye el monocorde sonido de la noria que gira. De cuando en cuando el aire trae el olor de la tierra húmeda.

Al Cartero le han entregado la Carta con la advertencia de que la lleve inmediatamente a su destino. Es una Carta que viene de lejos y con gran urgencia. Al Cartero le apena tener que ser portador, precisamente hoy, de esa Carta. Pregunta si podría aplazarlo algunos días; ¡es tan hermosa la tarde, y el campo huele tan bien en esta primavera adelantada! Pero no es posible demorar su entrega; debe de llevarla ahora mismo.

Las dos amigas están contentas. Cuando comience el verano van a hacer un viaje. Irán a visitar algunas ciudades; ciudades con monumentos, iglesias y museos. Pero, además, hay teatros, bailes, casas de modas, y tiendas en las cuales se venden perfumes, adornos, y esas cosas bonitas que no sirven para nada, pero que alegran la vida de las mujeres. Isabel se ha hecho ya un vestido sastre, y ella va a ir la semana que viene a la modista para que le pruebe* uno, a cuadros, cuyos colores la favorecen mucho. Está ilusionada; desde que se casaron, su marido nunca dispuso de tiempo libre para hacer un viaje; y a ella viajar es lo que más la emociona. Calles nuevas, edificios desconocidos, cafés pintorescos, rostros diferentes. Viajar es la infantil* aventura con la cual ha soñado siempre. Los dos maridos están asociados, y al anochecer regresarán de la ciudad en automóvil.

El Cartero ha salido con la Carta guardada en la gran cartera negra. Montado en su
bicicleta se dirige a entregar la Carta lacrada. Hubiese* preferido retenerla unos días,
porque la tarde es tan placentera que da pena ser portador de semejante Carta. Pero,
en definitiva, no hace más que cumplir con su deber; él es el Cartero. Sobre el cielo de
5 *la ciudad hay una algarabía de golondrinas y las muchachas han estrenado hoy sus*
más bellos vestidos de colores. El Cartero marcha por una calle larga, bordeada de una
tapia cubierta de enredaderas. Detrás de la tapia se oyen los gritos de los niños del
colegio, que se hallan en el feliz instante del recreo. Su vocerío se confunde con las de
las golondrinas. Más allá deben* de estar jugando las niñas, pues se escuchan las viejas
10 *canciones que aprendieron de sus abuelas; esas canciones sin tiempo de las niñas que*
juegan al corro. En el fondo de la cartera negra, el Cartero lleva la Carta hacia su
destino.

Han encendido un cigarrillo; aunque no acostumbran a fumar, se diría que
esta tarde hay algo en la naturaleza que inclina a aprovechar intensamente el mo-
15 mento. Isabel tiene que marcharse; las niñas llegarán pronto de casa de la profesora
y debe estar de vuelta para atenderlas. Isabel vive cerca, al final de la misma avenida,
en un hotel* muy lindo rodeado de un pequeño jardín. Ella le ruega que se quede
un rato más, ¡están tan bien aquí, las dos, con este sol y este perfume del huerto!
Han de continuar haciendo planes para el viaje, gozando anticipadamente de la
20 maravillosa esperanza de las ciudades, de los trenes, de los hoteles, de los museos, de
los vinos exóticos con nombres desconocidos. Todavía queda un poco de té y se
sirven la última taza. Lejos, por el camino que pasa más allá de los huertos, se oye
cantar a un hombre. El cristal de los vasos, la porcelana de las tazas, la plata de los
pequeños cubiertos,* todo cuanto hay sobre la mesa, aparece encendido, transfi-
25 gurado. Y lo mismo le sucede al jardín, y al cielo, y a los árboles florecidos, y a ellas
mismas. El sol lo ha embellecido todo, comunicándose a las cosas, a las plantas, y
a las personas.

El Cartero pedalea lentamente; no tiene prisa. Desea gozar él también de esta
tarde voluptuosa, en la cual hasta el polvo de la calle se diría* de oro. Pasan algunos
30 *automóviles, y por las aceras van las señoras elegantes contemplando los escaparates*
de las tiendas, que, adornadas por el sol, todas parecen joyerías. También pasean los
galanes que estrenaron hoy sus ternos grises y se han colocado flores en el ojal. Al
cruzar la plaza tiene que bordear el monumento a la Vida, en el cual unos chorritos
de agua forman cortinas móviles de arco iris. Pasa junto al parque y está tentado a
35 *entrar en él y sentarse en un banco. El parque debe de estar lleno de parejas, de*
viejos tomando el sol, de niños que juegan y de gorriones. Pero no puede detenerse; es
imprescindible llevar la Carta y entregársela a quien debe de ser entregada.

Con objeto de retener a Isabel unos momentos más, ha ido a buscar la licorera
para ofrecerle una copita del licor que hizo su madre el invierno pasado. Es un licor
40 de hierbas, manufacturado de acuerdo con una fórmula muy antigua que su madre
conoce. Vuelve con el frasco lleno de reflejos de cristal y plata, y lo coloca sobre el
tapete color miel. Ambas amigas levantan las copas y brindan,* riendo, porque Dios
les conceda una larga dicha. Las copas parecen dos amatistas incendiadas. Ella no
quiere viajar por el aire, ya que todos los días se entera por el periódico de que cualquier avión ha sufrido un accidente. A Isabel le ilusionan todos los medios de

locomoción; incluso el barco, aunque se maree. Tienen que convencer a los esposos
para que prolonguen unos días más sus vacaciones. Y, además, se han propuesto
exigirles que cada año hagan los cuatro juntos un viaje, corto o largo. La noria se ha
detenido y el hortelano da gritos para obligar a la mula a reanudar su monótono
camino.   5

Por aquí hay menos casas de vecinos. A ambos lados de la avenida verdean ju-
venilmente las acacias. Han pintado los troncos de blanco para que no trepen los
insectos malignos, o para señalar mejor los límites de la calzada. Cruza el riachuelo
por el pequeño puente; en las orillas crecen los helechos y los juncos. En un meren-* 10
*dero popular suena una gramola. Por aquí hay hermosas residencias cuyos jardines
esta tarde lanzan exaltadamente sus perfumes por encima de las verjas. Las aceras han
verdecido confiriendo calidad arquitectural a la piedra de los bordillos. El Cartero no
se apresura; no tardará, sin embargo, en llegar. De buena gana se hubiese* detenido
en el merendero para tomar una cerveza, para escuchar la música, para ver si por ca-* 15
*sualidad encontraba en la orilla del riachuelo alguna muchacha hermosa y sin novio.
Pero sabe que no puede entretenerse y que, fatalmente, debe entregar la Carta a la
persona a quien va destinada; a aquella cuyo nombre y dirección aparecen clara-
mente escritos en el sobre lacrado.*

Es tarde; en seguida se pondrá el sol. Isabel tiene que marcharse a su casa.
Mañana volverá a la misma hora para tomar el té juntas. Pasado mañana irán las dos 20
a la ciudad, en el autobús, para hacer algunas compras. Ha visto un tejido muy
barato en una tienda de la calle del Sol. Luego, pasarán a buscar a los esposos a la
salida del trabajo, para que las lleven al cine. Otra vez se escucha a alguien que canta
a lo lejos. Y el ruido acompasado de la noria, al confundirse con el zumbido de los
insectos, es como una música de fondo. Isabel se levanta, y ella la acompaña hasta 25
la puerta del jardín. Se han besado en las mejillas y despedido hasta el día siguiente.
Isabel se aleja por la acera, camino de su casa, recogiendo en su cabello rubio los
últimos reflejos del sol. Vuelve al jardín y se sienta. Es hermoso estar aquí, sentada,
junto a los árboles, con los ojos en la lejanía verde y rosa* del campo, y sin pensar
en nada. El sol está ya a punto de ponerse tras las montañas azuladas.   30

*Esta avenida es larga y está bien pavimentada. Apenas hay que esforzarse para
avanzar. Pasa el autobús, con gran ruido, dejando tras él un olor desagradable, que,
por un instante, asesina a los demás olores. Una campesina va sobre un borriquillo;
los serones están repletos de tomates, pimientos y berenjenas. Caminando con lentitud, apoyándose muellemente en cada paso, marcha una pareja de enamorados. Unos* 35
*niños juegan en un jardín y sus gritos se diluyen mansamente en la tarde. A la puerta
de la casilla del paso a nivel, la vieja guardabarreras está zurciendo ropa blanca. Se
quedaría hablando con la anciana, gozando del espectáculo de la puesta de sol—todo
el paisaje encendido en una mágica pirotecnia— y viendo pasar los trenes o contemplando cómo la gente va a la ciudad o vuelve de ella. Pero lleva la Carta y no puede* 40
*detenerse ni un instante. Ni la compasión, ni la fatiga, ni siquiera todo el dolor del
mundo reunido, le pueden desviar de su camino. Y su camino de esta tarde, de acuerdo con el nombre y dirección escritos en el sobre lacrado, es éste. Nadie le espera,
nadie sabe que él avanza en este instante montado en su bicicleta.*

No pensar en nada estando cómodamente sentada y aspirando el perfume de   45
los campos, más que placer es beatitud. Sabiéndose en paz con el resto de los hu-

manos, se apodera de su espíritu una gran serenidad. Dentro de un momento entrará en la casa y dará a la sirvienta las primeras órdenes para la preparación de la cena. El esposo llegará pasada* una hora o algo más. Empieza a anochecer muy tarde y no hay que dejarse engañar por la luz del día. Será maravilloso ese viaje que están pla-
5 neando. Además, Isabel y su esposo ¡son tan simpáticos, tan buenos! Ahora tendrá ocasión de visitar esos hermosos países que ella sólo conocía por el cinematógrafo y por las tarjetas postales que le enviaban las amigas. De pronto, nota un escalofrío; el aire ha refrescado súbitamente. Tras las crestas de las montañas acaba de esconderse el sol.

10 *Ya llega a su destino. El sol acaba de ocultarse tras las cimas azuladas que limitan el horizonte. En algún lugar, un hombre canta una canción melancólica y personal. Ya llega; ésa es precisamente la casa. Ahí es donde tiene que entregar la Carta. El hotel está bordeado por un seto tras el cual asoman los frutales con sus flores blancas, rosas, azuladas, violeta pálido. Un perfume excitante colma el ambiente y lo vivifica.*
15 *Se oye el acompasado ruido de una noria que gira; alguien debe de regar los huertos. ¡Si hubiese* perdido la Carta! Pero bien sabe que estas cartas jamás se han extraviado. Se acerca a la puerta pintada de verde. Tira del cordón de la campanilla con la mano derecha, mientras en la izquierda sostiene el sobre de los cinco lacres. Escucha pasos sobre el enarenado del jardín; alguien se acerca. Se quita respetuosa-*
20 *mente la gorra, y espera.*

Será cuestión de recogerse en el interior; en cuanto se pone el sol, las tardes refrescan. Terminará de leer una novela que comenzó esta mañana. Se levanta, y cuando se dirige hacia la puerta de acceso a la casa, suena la campanilla de la entrada. Alguien llama; todos los gorriones, asustados, han emprendido el vuelo. El hom-
25 bre que cantaba ha enmudecido, y la mula de la noria ha interrumpido su terco caminar hacia ningún sitio. Se ha estremecido sin saber por qué. Como la criada está trajinando en el primer piso,* ella misma se dirige a abrir la puerta. El suelo enarenado cruje bajo sus pies.

CUESTIONARIO

1. ¿Por qué prefieren las dos amigas tomar el té en la terraza? ¿Cómo ha llegado la primavera este año? ¿De qué charlan tan animadamente? ¿Qué han tomado con el té? ¿Por qué es tan difícil percibir el aroma del té? ¿Qué ruido acompasado escuchan en en el fondo de la huerta?

2. ¿Qué le han dicho al Cartero que haga? ¿Cuándo debe de llevarla? ¿Por qué preferiría el Cartero aplazar la entrega de la Carta?

3. ¿Qué harán las amigas cuando comience el verano? ¿Adónde irán? ¿Qué son "casas de modas"? ¿Por qué está ilusionada Isabel? ¿Qué la emociona? ¿Por qué? ¿Dónde trabajan los dos maridos?

4. ¿Dónde tiene guardada la Carta el portador? ¿Qué observa al dirigirse a entregar la Carta? ¿Dónde están las golondrinas? ¿Qué se oye detrás de la tapia de un colegio? ¿Qué actividades del recreo se mencionan?

5. ¿Por qué tendrá Isabel que marcharse pronto? ¿Dónde vive? ¿Por qué se le ruega a Isabel que se quede un rato más? ¿Qué se oye, lejos, por el camino que pasa más allá de los huertos? ¿A qué se comunica el sol, transfigurándolo todo?

6. ¿Por qué pedalea sin prisa el Cartero? ¿Qué aspectos de la vida del pueblo aprecia? ¿Por qué parece ser un pueblo elegante? ¿Qué hay en medio de la plaza? ¿Quiénes llenan el parque? ¿Dónde está situado el pueblo?

7. ¿Qué contiene la licorera? ¿De qué manera brilla el sol? ¿Por qué brindan, riendo, las amigas? ¿En qué estación del año están gozando de sus vacaciones? ¿Por qué grita el hortelano? ¿De qué es símbolo la noria?

8. ¿De qué color están pintados los troncos de las acacias? ¿Para qué? ¿Por qué le gustaría al Cartero tardar un rato en el merendero?   ¿Por qué no lo hace? ¿Sabe usted a quién va destinada la Carta?

9. Cuando vayan a la ciudad, ¿qué van a hacer las dos amigas? ¿Qué música de fondo hay siempre en el jardín? ¿Cómo se han despedido las amigas? ¿Qué recoge Isabel en su cabello rubio? Después de la partida de Isabel, ¿de qué colores pinta el autor la lejanía del campo?   ¿Qué se oye, lejos, por el camino?

10. Ahora, ¿por qué no pedalea con tanta fuerza el portador de la Carta? ¿A quiénes observa él: (a) sobre un borriquillo? (b) caminando pausadamente? (c) jugando en un jardín? (d) zurciendo ropa blanca? ¿Quién está esperando recibir la Carta?

11. ¿Qué es beatitud más que placer? ¿Qué órdenes dará a la sirvienta mientras espera la llegada del marido? ¿Tardará él mucho en venir? ¿Por qué empieza a anochecer cada vez más tarde? ¿Qué ligera premonición siente de repente? ¿Dónde acaba de esconderse el sol?

12. ¿Dónde se ha puesto el sol? Otra vez, en algún lugar, ¿qué se oye? ¿Qué sugiere este pequeño detalle estilístico? ¿De qué colores son las flores de los frutales? ¿Qué gira? ¿De qué color está pintada la puerta del jardín? Describa lo que hace el Cartero después de tirar del cordón.

13. ¿Por qué le es necesario recogerse en el interior? Al dirigirse a la puerta de la casa, ¿por qué no entra? ¿Por qué se estremece? Al sonido de la campanilla, ¿qué ha hecho el hombre que cantaba la canción melancólica y personal? ¿Por qué han emprendido el vuelo los gorriones? Y ¿qué ha hecho la mula de la noria? Al acercarse a la puerta del jardín, ¿qué cruje bajo sus pies? Cuando abra la puerta, ¿a quién verá?

TEMAS ESCRITOS U ORALES

1. Explique el significado especial de la frase "La primavera, este año, ha venido adelantada." ¿A quién puede referirse?

2. Los cantos, sin tiempo, de las niñas; los chorritos de agua de la fuente; la noria que gira con sonido monocorde; los gorriones y las golondrinas, ¿qué representan? ¿la vida que continúa? ¿la eternidad? ¿el transcurso del tiempo? ¿la inevitabilidad de la muerte? Explique su respuesta.

3. El hombre que ha dejado de repente su canción personal; el sol que se oculta tras las crestas azuladas; la noria que ha interrumpido su marcha, ¿de qué son símbolos? ¿Qué sugiere el "su terco caminar hacia ningún sitio?" ¿A qué aluden "las cimas que limitan el horizonte?"

4. ¿Qué representa la Carta? ¿De dónde vendrá? ¿Quién se la entrega al Cartero? ¿Quién será el Cartero? ¿Tiene compasión? ¿Por qué hay que entregar la Carta con urgencia? ¿Cuál es el significado de los cinco lacres en el sobre? ¿Por qué no llegamos a saber ni nombre ni apellidos de la persona a quien debe entregarse la Carta?

5. *Aniversario* y *La Carta* forman parte de un libro de cuentos del autor titulado *Esas sombras del trasmundo.* Explique el título y relacione estos dos cuentos con dicho tema.

6. Analice la técnica narrativa que se emplea en el cuento: las divisiones del texto, las repeticiones de ciertas palabras, frases y acciones, el empleo de símiles y metáforas, la fuerza descriptiva, y el realismo del ambiente.

7. Con sus propias palabras escriba el epílogo desde el punto de vista de la sirvienta que, en el momento en que sonó la campanilla, estaba trajinando en el primer piso.

MODISMOS

Emplee los siguientes modismos en oraciones originales.

1. ahora mismo   2. a lo lejos   3. a punto de   4. de acuerdo con   5. de buena gana   6. de cuando en cuando   7. en definitiva   8. estar de vuelta   9. frente a   10. hacer un viaje   11. hay que + *inf*   12. lo agradable   13. más allá de   14. pasado mañana   15. ponerse el sol   16. por casualidad   17. por encima de   18. sin embargo   19. soñar con   20. todo cuanto.

El cock-tail

FELICIDAD BLANC

FELICIDAD BLANC (Madrid, 1914). Viuda del reconocido poeta, Leopoldo Panero, y madre de dos hijos, ha publicado cuentos en diversas revistas de España e Hispanoamérica. Recibió un premio en el concurso de cuentos organizado por la revista *Siluetas*. Sus relatos breves han sido incluidos en varias antologías. Su primer cuento, *El cock-tail,* fue publicado en la revista *Espadaña* en 1947, y aparece en *Antología de cuentistas españoles contemporáneos* (Editorial Gredos, Madrid, 1959), 61-66 *(ACEC)*, editado por Francisco García Pavón.

Aquel día, al entrar en casa Carlos, no se paró a dejar el sombrero en el perchero, como otras veces. Atravesó el pasillo corriendo y llamó a Laura con ansiedad:

— ¡Laura, Laura, una noticia sensacional! ¿A* que no adivinas?

Laura dejó un momento en suspenso lo que estaba haciendo y se quedó 5 perpleja mirándole.

—No, ¿cómo voy a adivinar? ¿Acaso un ascenso?

—No, no, por Dios, nada de eso. Es algo de menos importancia, pero para ti de mucha alegría. Figúrate; esta mañana al entrar a despachar con don Manuel un asunto que había pendiente y que había resuelto yo muy a su gusto, según me pare- 10 ció ver en su actitud conmigo y cuando ya me disponía a abandonar el despacho, se quedó mirándome con esa sonrisa que él tiene en los días buenos y me dijo de pronto: "González, ¿usted no tendrá ningún compromiso para el viernes? Doy un cock-tail en mi casa y me gustaría verles por allí a usted y a su señora. Es a las ocho, no se olvide, en mi casa". Casi no pude contestarle; le dí las gracias atropelladamente. 15 ¡Figúrate, un cock-tail! Nunca hemos estado en nada parecido. Será como en las películas; una reunión donde se bebe, se charla y se divierte uno muchísimo. Sólo tenía una duda; si tendrías tú traje adecuado para ello.* Me imagino que será algo muy elegante. Ya lo conoces a él y a su familia, cómo viven. No me explico ni cómo nos han invitado. Figúrate que he sido el único en la oficina. A nadie más le ha dicho nada. En fin, tú verás, piénsalo, y, sobre todo, no escatimes nada. Cómprate lo que te haga falta. Un día es un día, y no debemos presentarnos de una manera ridícula.

—Sí —decía Laura, todavía sorprendida—, yo procuraré que todo quede bien,
5   gastando lo menos posible; ya ves, el sombrero me lo pueden dejar mis primas. Hace pocos días compraron uno precioso, muy de moda, aunque algo atrevido; imagínate que lleva una pluma encarnada, pero una pluma grande como aquellas que había en el despacho del abuelo. ¡Qué suerte que ellas me lo puedan dejar! Porque, ya ves, los míos están anticuados; ya no se llevan. ¿Y el traje? Espera, se me ocurre una
10   idea; iré mañana a la modista. Trataremos de arreglar uno que tengo, y, si no, aunque gastara un poquito más, algo que hiciera juego con el sombrero.

—Bueno, mujer, esto tú lo sabes mejor que yo. Pero ¿estás contenta, verdad?

—Mucho, mucho, Carlos. Me vuelvo loca pensándolo.

Aquella noche Laura no podía dormir. Pensaba una vez y otra en la modista,
15   en su traje, en el bolso, que había que limpiar para que disimulara un poco las señales del mucho uso, pero sobre todo en el sombrero. Dormida estaba ya y todavía veía agitarse la pluma sobre él, como si el viento la moviese. Ella la quería coger, pero se escapaba siempre. Mientras tanto, Carlos daba también vueltas* a su imaginación y pensaba que aquella invitación era una buena señal; que quizá fuera que él quisiera
20   hablarle de una manera más íntima de una mejora, de un ascenso, ¿quién sabe?, ¿quién sabe? ¿Estaba ya dormido, o era su propia voz la que repetía: "quién sabe, quién sabe", de una manera tan persuasiva y dulce que casi le parecía una melodía?

Los días pasaron de prisa. Llegó el viernes. Por la mañana, las primas mismas trajeron el sombrero y lo colocaron sobre la cabeza de Laura.
25   —¡Qué extraña me encuentro! —había dicho ella—. ¡Pero es tan elegante!

—¡Figúrate! —asentían las primas—. Es de última moda. Pero, a ver, a ver con el traje.

Apareció el traje. Era encarnado como la pluma, de una tela tiesa, poco flexible. Se lo puso nerviosa; después, otra vez el sombrero y para completar, una
30   capita de piel de un marrón rojizo que le dejara* una hermana suya.

—¿Qué tal?, ¿cómo estoy?

Las primas asentían:

—Muy bien, muy bien; no habrá muchas como tú.

Carlos entró también a contemplarla.
35   —¿Te gusto? *

—Perfecta, maravillosa, como siempre estás tú.

Salieron a las siete en punto de casa. No era cosa de retrasarse. La portera se la quedó mirando:

—¡Qué elegante, doña Laura! ¿Va usted de fiesta?
40   —Sí; a un cock-tail —contestó Laura, con una negligencia ya un poco afectada.

Llegaron frente a la casa.

—Quizá sea un poco pronto. Son las ocho menos veinte. Esperaremos.

Dieron una vuelta* a la manzana. La gente los miraba.

—Entremos, entremos —dijo Laura—. Ahora en Madrid no se puede ir bien vestida. ¿No ves cómo nos miran?

Llamaron temblorosos a la puerta. Al fondo se oía ruido de voces. Y a Laura le latía fuertemente el corazón. Una doncella les abrió. Atravesaron un hall ilumi- 5 nado y luego dos salones donde había distintos grupos de personas de pie. Don Manuel y su señora salieron a recibirles.

—¿Qué tal? —la señora sonreía de una manera protectora. Pero ellos no lo notaban; estaban todavía sumergidos* en aquello sin darse apenas cuenta de nada. Momentos después, un camarero se acercó. 10

—¿Un "martini", señor?

Llevaba una bandeja llena de copas, y Carlos y Laura se apresuraron a coger una de ellas. Estaban solos. No les presentaban a nadie y tenían conciencia ya de su soledad. Veían a la gente ir y venir, saludarse y volver a marcharse. Todos hablaban de una manera automática, como si trajeran* la lección aprendida. Laura, de vez en 15 cuando, sentía una mirada femenina atravesarla. Se paraba un momento en sus zapatos, seguía por las medias, luego el traje, para terminar, por fin, en el sombrero. En algún grupo se apercibió de que hablaban bajo y que la miraban. Después, nada. Indiferencia, olvido. No, aquello no era como en las películas, alegre, dinámico; no, la gente no era acogedora, sino fría, reservada. Y no parecía demasiado alegre, 20 aunque bebían incansablemente.

—Carlos —le dijo por lo bajo—, convendría que nos separásemos. No me parece bien estar juntos toda la tarde.

Se aventuraron solos. Los "martini" hacían su efecto. Laura se sintió valiente, decidida y, por fin, contenta. Sí; había que aventurarse a realizar aquel juego de las 25 cuatro esquinas. Correr de grupo en grupo con aire desenvuelto, como persona que sabe lo que se lleva* entre manos. Pero ¿adónde ir, sin conocer a nadie? Buscó a Carlos con la mirada. Le vio atravesar el salón resueltamente. Ella, a su vez, lo hizo como quien se tira de pronto al agua sin saber nadar, y se fue directamente hacia una señora que le pareció la más asequible. Le sonrió. La señora no contestó a su 30 sonrisa. Entonces ella, tímidamente, la interpeló:

—Dígame, ¿usted no será la primera vez que viene a un cock-tail? ...

—No, ni* mucho menos —contestó, extrañada, y continuó su conversación con otra señora que tenía al lado.

Otra vez, de nuevo, en busca de la limosna de una palabra, de un poco de cor- 35 dialidad. Los zapatos empezaban a dolerle y el sombrero era sobre su cabeza una cosa extraña, como si de pronto quisiera independizarse y vivir una vida propia. Se paró cerca de un grupo sin atreverse a hablar, mirando sólo, como un perro hambriento que espera algo. La señora de la casa, compadecida, se acercó.

—La voy a usted a presentar. 40

Oyó unos nombres; le dieron unas manos distraídas;* alguien le hablaba de París, de lo cara que estaba allí la vida. Ella decía a todo que sí, procurando agradar, asentar aquella voz que le hablaba para que no se escapara de nuevo, para no tener que buscarla otra vez. Pero la voz se alejaba, la abandonaba, y, sin saber por qué, ella tenía ganas de llorar. Le pareció oír una burla lejana, un comentario sobre algo* de ella, y perdida, triste, como azotada, se puso a buscar a Carlos entre la gente.

5   Carlos, mientras, enardecido por la bebida, se había acercado a don Manuel y le hablaba en tono superior de los negocios, de la última operación de la semana. Su jefe, sorprendido, le escuchaba no con demasiado agrado.

—Amigo González, no estamos aquí para hablar de estas cosas. Beba, diviértase, y perdóneme que le deje. Tengo que hacer los honores.

10   Le vio con tristeza alejarse. No debió* estar acertado. ¿Para qué preguntarle por nada?

Don Manuel, mientras tanto, pensaba: "Estos subalternos, estos subalternos... Fue una debilidad mía invitarle. Ahora, en la oficina, ya no habrá quien le aguante, y la señora, la pobre, qué cursi... Son un par de desgraciados. ¡Qué cosas tiene la
15   vida! En mi oficina, en su trabajo, me había parecido otra cosa".

Volvieron a encontrarse en un rincón del salón. Laura dijo tristemente:

—Carlos, yo creo que podríamos marcharnos.

—No, no —contestó él, nervioso—. Parecería que no nos había gustado. Esperemos a que se marchen los demás.

20   La señora de la casa se detuvo un momento con ellos.

—¡Diviértanse, diviértanse! —llamó a la doncella—. Tráigales otro cock-tail a estos señores.

Laura decía:

—No se preocupe, por Dios; lo estamos pasando maravillosamente.

25   Empezaron las despedidas. Lo hacían de una manera perfecta, sin parecer casi que se iban.

Carlos, por fin, se acercó tembloroso a su jefe.

—Gracias, don Manuel; se lo he agradecido mucho.

—Nada, nada; la cosa es que lo hayan pasado ustedes bien.

30   Laura volvió a repetir:

—¡Oh, maravillosamente!

Salieron a la calle. Llovía. Una lluvia menuda. No había manera de coger un tranvía.

—Se me va a estropear el sombrero —dijo Laura.

35   —No; es poca cosa. Vamos así, pegados a las casas.

No se hablaban; casi no se atrevían a comentar. La lluvia salpicaba lentamente sus vestidos.

—¡Qué pena, qué pena! ¿Qué dirán mis primas? —decía Laura.

—No te preocupes, mujer; en el sombrero no te cae.

40   Entraron en casa. Otra vez la portera preguntó:

—¿Qué, se divirtieron?

—Sí, sí; mucho.

Subieron de prisa.

Por fin, su casa, el refugio seguro. Una sensación de tranquilidad, de bienestar, de que todo hubiera terminado. Laura limpiaba la pluma, secaba la humedad del sombrero. Lo dejó con cuidado sobre una mesa. Respiró como el soldado que se despoja de su uniforme después de una dura batalla.

No quisieron cenar. Sentían una pesadez extraña en el estómago y en la cabeza y un gusto amargo y áspero en la boca. Al acostarse se besaron, como siempre. Tenían la sensación de haber perdido algo o de ser ellos más pequeños y la casa más humilde. Pero se apoyaron el uno en el otro y se sintieron ellos mismos otra vez, comprendiendo, por fin, lo inútil* y banal de su empeño. Carlos bostezó. Laura 10 hizo lo mismo, y cuando ya empezaba a invadirla el sueño oyó la voz de Carlos, que decía:

—No creas;* ellos tampoco deben de ser muy felices.

CUESTIONARIO

1. ¿Por qué deja en suspenso Laura lo que estaba haciendo? ¿Qué adivinó? ¿Qué concepto cinematográfico tiene su marido de un cóctel en general?

2. ¿Cuál será el único problema para no presentarse de una manera ridícula? ¿Cómo promete Laura resolverlo todo? ¿Quiénes la podrán ayudar? Para hacer juego con el sombrero, ¿qué cosas tendrá que considerar Laura?

3. ¿Cuál es el significado simbólico del sueño en el que la pluma que se agita no se deja coger?

4. ¿Cómo interpreta Carlos la invitación de su jefe? ¿Qué propósito cumple la repetición del término "¿quién sabe?"

5. ¿Cuál es el denominador común del conjunto "pluma-traje-capita" que llevará Laura?

6. ¿En qué se fijaban las miradas femeninas? ¿Cómo fue acogida Laura en su pequeño viaje de amistad? ¿Qué buscaba?

7. Enardecido, ¿a qué se atrevió Carlos impulsivamente? ¿Cuál fue la reacción de don Manuel? ¿Cómo mostró éste su enojo?

8. ¿Por qué dijo Laura que su sombrero se le iba a estropear? ¿Qué quería decir inconscientemente?

9. ¿De qué se daban cuenta marido y mujer al llegar a casa? ¿Qué parecido ve la autora entre la pluma y un uniforme? ¿Cuál es el significado esencial de la última observación de Carlos?

TEMAS ESCRITOS U ORALES

1. ¿Faltaron a sus deberes sociales don Manuel y su señora? Analice la conducta de ambos.

2. ¿Cuál fue el comportamiento de los otros convidados, su modo de hablar, de mirar, de formar grupos, de despedirse: todo normal?

3. ¿Por qué fracasó la primera aventura social de Carlos y Laura? ¿Por qué fueron rechazados? ¿Esnobismo? ¿Sima entre clases? ¿O era sólo por lo del atuendo de Laura y el tono superior de Carlos? ¿Por qué dijo don Manuel que fue una debilidad haberles invitado?

4. De acuerdo con las preguntas anteriores, ¿cómo debe entenderse este cuento? ¿Crítica social (inaplicable hoy en día) de la España de los años 1930-1940? Explique su punto de vista.

5. ¿Siente usted desdén o simpatía hacia Carlos y Laura? ¿Es nuevo el tema? Explique su respuesta.

MODISMOS

Emplee los siguientes modismos en oraciones originales.

1. apercibirse de   2. a ver   3. darse cuenta de   4. dar una vuelta   5. dar vueltas   6. de nuevo   7. de prisa   8. de última moda   9. de vez en cuando   10. en punto   11. hacer falta   12. hacer juego con   13. ir de fiesta   14. lo cara que está la vida   15. lo inútil de su empeño   16. llamar a la puerta   17. mientras tanto   18. muy a (su) gusto   19. muy de moda   20. ni mucho menos   21. por fin   22. por lo bajo   23. ¿qué tal?   24. saber lo que se lleva entre manos   25. tener ganas de + *inf*   26. volverse + *adj*

Torre de sombra

CARMEN CONDE

CARMEN CONDE (Cartagena, Murcia, 1907). Poetisa, novelista, cuentista, ensayista. Viuda del escritor y poeta Dr. Antonio Oliver Belmás. Reside en Madrid. En 1929 publica su primera colección poética *Brocal,* que sorprende por la madurez del estilo y la profundidad de sus sentimientos. Ha obtenido diversos galardones, entre ellos Premio Nacional de Poesía y Premio Elisenda de Montcada de Novela. En sus relatos descriptivos y novelas psicológicas presenta la visión de una existencia desconcertada; sus personajes "encarnan una actitud luchadora y rebelde" frente a los acontecimientos desgraciados de la vida. Parte de su obra ha sido traducida al francés, italiano, inglés, etc. Se han escrito tesis doctorales sobre su obra en Estados Unidos, Francia y España. *Torre de Sombra* se publicó el día 4 de abril de 1933 en el diario *El Imparcial* de Madrid, y aparece en *ACEC,* 37-41.

Nació con la magnífica sencillez de todo lo normal. Después de bañarlo, depositáronlo junto a la madre: una muchacha que tenía demasiado grande la frente sobre unos ojos excesivamente bellos.

—Un niño—dijeron todos.

Y la madre, con voz atormentada, preguntó y asintió:

—¿Un niño? ¡Un niño! —durmiéndose después, con perfecto sueño de cansancio.

Durante muchos días nada extraño ocurrió en el niño. Día por día, el diálogo de la madre con el hijo fue adquiriendo mayor intimidad y sosiego. Ella le alimentaba a pleno sol, para que la piel fuera aún más luminosa y tibia, más maternal. Los amplios ojos del niño nunca estaban húmedos, por mucha* luz que les diera. En ellos podían verse reflejados todos los paisajes límpidamente. Como agrandados en claridad lucían cada vez con mayor pureza. A ellos buscaba asomarse* siempre la madre, pero sólo conseguía volcarse, recogerse luego con decepción, porque el niño —prendido todavía a su lucero— no devolvía mirada ni afán. Quietos los ojos oscuros, aunque abiertos, dormían.

Aprendió a sonreír el niño cuando oyó la música. Y desde entonces, siempre que el piano producía belleza, él enrojecía sus labios con un gracioso movimiento de gozo.

Oía bien. Cuando el padre se acercaba, lento, con el ensueño de soledad en las
5 sienes, el hijo se inquietaba por volverse hacia él. Toda la familia estaba loca con el recién llegado al mundo; a todos les satisfacía. Solamente a la madre se le quedaba un extraño descontento, una agitada reserva que en desvelos sobre la cuna le estallaba horribles dudas: "¿Sería que ella no amaba a su hijo como todas las madres aman a los suyos?"

10 Ya dijimos que aquella mujer tenía una espaciosa frente, característica de los privilegiados con el talento y la locura. Toda su vida estuvo tan dolorosamente intervenida por la razón que, en realidad, ella desconocía el arranque ciego del corazón y el aún más trágico de la carne. Siempre sobre* sus instintos, vidente de su ímpetu vital, llegó al amor como a un texto, y a la maternidad con la serena alegría
15 de haber cumplido su fin amoroso. Si estaba triste o alegre, sus ojos permanecían abiertos* al sol de toda sonrisa, con una tranquilidad de buena ley que, sin embargo, parecía cerebral de tan perfecta* y segura.

Tal crítica propia sobre su falta de amorosidad, sobre su exceso de *cabeza,* produjeron en su alma el terror de no saber amar a su hijo con el encendido amor
20 que veía en otras madres.

Fue muy corto el tiempo que estuvo preocupada.

Porque una mañana radiante adivinó la raíz de su dramático descontento, de su *insatisfacción.*

El niño, desnudo en el sol, reía oyendo músicas cercanas; la madre lo miraba
25 a los ojos abiertos, serenos en la ardiente luz, y un hielo de angustia le cogió el alma. ¡Su hijo no veía! Impasible, lo mismo* le caían en las hermosas pupilas rayos de sol que dulces sombras templadas.

¡Ciego! ¡En aquella hermosísima mañana con músicas, únicas bellezas que llegaban al niño!

30 La soledad del padre se llenó de llantos. Todos se dedicaron a educar —inconsciente, pero afirmativamente— los demás sentidos del niño; ventanitas por donde tendría que salir y entrar la vida del cielo.

Cuando la voz del hijo quiso* afirmarse, la madre reunió a la familia.

—Yo no quiero que mi hijo sepa que es ciego —exigió—. Todos cuidaremos lo
35 que hablemos en su presencia. Quiero que ignore* lo que es su desgracia. Que crea* que todos somos iguales a él. ¡Que nunca sepa nada de la luz!

Fue una escena durísima. A todos les pareció loca semejante decisión, imposible de llevar a efecto. Pero la madre dio el ejemplo: el niño vivió en sus habitaciones, atendido por su madre, moviéndose dentro de la sombra con la soltura
40 más sencilla. Todo lo aprendió como los demás niños ciegos, pero sin saber lo que era ser ciego.

La palabra *luz* no existía. Solamente Dios sabe el trabajo que cuesta no hablar de la luz.

Hasta la adolescencia.

La casa se llenó de ruidos alegres, de perfumes deliciosos, de sabores delicados, de tactos inefables. El joven oyó, gustó, aspiró y sintió la más fina caricia, el aroma más puro, el mejor sabor y la música más hermosa. Sus ojos eran los únicos que nada sabían si* no era del sueño.   5

—¿Para qué son ellos, madre? —indagó un día.

—Para dormir, hijo.

¿Qué daño le hacían a la eternidad los pobres ojos esclavos de la sombra?

Porque una tarde de gloria, cuando el muchacho oía desde el campo la marcha del río, se acercó a él una niña. Era delgadita y breve;* jugando se escapó de su   10 jardín, y la fortuna la llevó junto al ciego.

—¡Qué guapo* eres! —alabó compasiva.

Los oídos, amigos de la música, transmitieron dulce temblor a las manos del muchachito. La niña le acariciaba la cabeza con ternura.

—¿Estás solo? ¿Me viste llegar? ¡Ay, es verdad que tú no puedes verme!   15

Dos veces oyó el ciego una palabra desconocida.

—¿Me conoces? —preguntó sobresaltado.

—Sí, porque te veo asomado a tu ventana, cuando mi madre toca su piano...

—¿Me ves? ¿Y qué es ver?

El asombro confusionó a la niña. ¡No podría satisfacer la pregunta aunque   20 quisiera!

—¿Qué es ver, qué es ver?

Todo el campo se llenaba de su voz, de su tremendo y desconocido dolor súbito. Y entonces llegó la madre, próxima y tan lejana que no pudo evitar aquello* espantoso.   25

—No sé decirlo. Yo no soy ciega. Yo no sé qué es ver, porque veo.

Ya estaba la madre junto al hijo, sorbiéndole el ansia, trasvasándose su locura.*

—¡Madre! ¿Qué es ver?

¡Hasta dónde* puede ser eterna la eternidad!

—Hijo, eso que tú sueñas... Lo que haces cuando duermes, ¿recuerdas?   30 Eso es ver.

CUESTIONARIO

1. ¿Qué dificultad hubo en el nacimiento? ¿Cómo tenía la madre la frente y los ojos? Antes de dormirse, ¿qué pregunta hizo?

2. ¿Adónde llevaba al niño para alimentarlo? ¿Con qué motivo? Por mucha luz que recibieran, ¿cómo quedaban los ojos del recién nacido? ¿Por qué podían verse reflejados en ellos todos los paisajes?

3. Cuando la madre se asomaba a los ojos del niño, ¿por qué se volcaba y se recogía con decepción?

4. Explique la aparente paradoja "aunque abiertos, dormían".

5. ¿Qué gracioso movimiento hacía el niño al oír el piano? ¿Oía bien? ¿Cómo se portaba cuando el padre se acercaba lentamente?

6. Explique la reserva de la madre con su hijito. ¿Sufría toda la familia el mismo distanciamiento o descontento?

7. ¿Por qué no conocía la madre el "arranque ciego del corazón"? ¿Cómo había llegado a la maternidad? ¿Cuál era, a su juicio, la consecuencia del exceso de *cabeza* de ella? ¿De qué se acusaba?

8. Una mañana, en la ardiente luz del jardín, ¿por qué adivinó la raíz de su angustia?

9. Al saberse que el hijo no veía, ¿a qué se dedicaron todos? Cuando el niño llegó a cierta edad, ¿qué exigió la madre con firmeza? ¿Por qué a todos les pareció una decisión loca?

10. ¿De que verbos se sirve la autora para describir la educación del hijo ciego? ¿Cómo le explica la madre la función de los ojos?

11. ¿Por qué preguntó el muchacho, sobresaltado, "¿Me conoces?" Explique la confusión de la niña.

12. ¿De qué manera consuela la madre la angustia en el corazón de su hijo ciego?

TEMAS ESCRITOS U ORALES

1. Analice la decisión de la madre con respecto a la educación de su hijo ciego. Señale también sus propias opiniones, preferencias, antipatías e ideas en semejante situación.

2. Comente brevemente los siguientes tropos en bastardilla:
   (a) "Cuando el padre se acercaba, lento, *con el ensueño de soledad en las sienes,* el hijo se inquietaba por volverse hacia él." ¿Qué sugiere el término "ensueño" aquí? ¿Un deseo de escapar de la cárcel de la realidad? Relacione la soledad del marido con el exceso de *cabeza* de su esposa.
   (b) *"La soledad del padre se llenó de llantos."* ¿Por qué parece más intensa la soledad del padre?
   (c) "El niño —*prendido todavía a su lucero*— no devolvía mirada ni afán." ¿Qué actitud se revela a través del término "prendido"?
   (d) "La madre lo miraba a los ojos abiertos, serenos en la ardiente luz, y *un hielo de angustia le cogió el alma."* ¿Qué contraste surge entre "ardiente" y la angustia de la madre? ¿Qué opina usted del empleo del término "hielo" en este contexto?

MODISMOS

Emplee los siguientes modismos en oraciones originales.

1. a pleno sol   **2.** aquello espantoso   **3.** cada vez con mayor pureza   **4.** de tan perfecta y segura   **5.** llevar a efecto

Retorno

ROSA MARÍA CAJAL

ROSA MARÍA CAJAL (Zaragoza, 1920). Novelista, cuentista. Reside en Madrid. Cursó sus primeros estudios en San Sebastián, de donde pasó al Instituto de Zaragoza para estudiar el Bachillerato.* Empezó publicando cuentos y crónicas en diferentes diarios y revistas. Entre sus obras: *Juan Risco,* novela finalista del Premio Nadal (Barcelona, 1948); *Primero derecha,* novela finalista del Premio Ciudad de Barcelona, 1956. *Retorno* (1949) aparece en *ACEC,* 216-221.

Sin apagar la luz y bien arropada en la cama, confortable y tibia, sacó la cuenta de los años que no veía a su marido. Diez. Diez años ya desde que él hubo* de partir precipitadamente sin atreverse a llevarla consigo, y ahora el telegrama abandonado sobre la colcha le anunciaba su regreso, al fin, para
5 el día siguiente.

La noticia tuvo el poder de borrar por unos momentos el tiempo que habían vivido separados. Parecía como si no hubiesen existido aquellos años de los que, fuera de los instantes presentes, tan intensa conciencia había tenido.

Luisa, en la última espera que representaba aquella noche, revivió su pasado
10 junto a Carmelo. La invadían atropelladamente los recuerdos, horas lejanas, acontecimientos de su vida en común que tantas satisfacciones le proporcionaron. Eran muy jóvenes entonces... Al poco tiempo, llegó la separación inevitable, y obligada por las circunstancias emprendió una nueva vida, una existencia solucionada por su propio esfuerzo. Las cartas de su marido significaron tan sólo vagas esperanzas para
15 días futuros, no muy lejanos, que concluyeron por convertirse en meses y a la postre en años. Se creó nuevas amistades, nuevas costumbres y en el decurso de los días la ausencia fue deformando insensiblemente la autenticidad del marido para convertirlo en un ser acoplado perfectamente a las ilusiones de Luisa, que llegó a pensar en él como si ya jamás hubiera de volverle a ver.
20 La imprevista noticia de su regreso la retrotrajo al momento en que se había despedido de él tras una noche en que ninguno logró conciliar el sueño. No comprendió cómo le había sido posible pasar tanto tiempo sin tenerle al lado, y con-

forme se avivaban en ella los recuerdos desvirtuados por el prolongado paréntesis, llegó a suponer haber sido más feliz entonces de lo que siempre creyera.*

Estaba impaciente y nerviosa. Forjó muchos planes para el día siguiente. Pergeñó su encuentro, el intercambio de las primeras frases... Faltaban* muchas horas todavía para ir a la estación. Quería continuar imaginando, no apagar la visión que   5
guardaba de su marido, pero estaba tan cansada y tan a gusto envuelta en las ropas tirantes de la cama, que se quedó profundamente dormida.

Cuando despertó, el sol se inmiscuía por el balcón entreabierto y de las calles se levantaba un rumor conocido y complejo. Se incorporó con violencia y al descubrir el telegrama sobre la colcha, recordó. Miró el reloj: había hecho tarde.*   10
"¿Cómo he podido dormirme sabiendo que él llegaba?", se preguntó confusa, mientras se vestía.

No pudo conceder a su tocado el esmero propuesto y salió a la calle a medio arreglar, sin maquillaje alguno.

En la estación le dijeron que el tren había llegado hacía* una media hora. La   15
claridad gris y polvorienta enturbiaba sus ojos y anduvo por los andenes en una búsqueda desorientada pretendiendo descubrir a Carmelo en cualquier rincón, su elástico caminar o su sonrisa un poco infantil... y le parecía imposible no tropezarse repentinamente con él.

Disgustada,* y mareada por el barullo de la estación, emprendió el camino de   20
su casa.

Volvió a imaginar el encuentro. Las frases habían variado un poco. Tendría que confesar que se había dormido... "Estará esperando en la puerta," pensó. Y subió rápida las escaleras. Se desilusionó. En el rellano la portera sacudía el polvo.

—¿Ha venido alguien preguntando por mí? —inquirió impaciente.   25

—Un señor —contestó la mujer sin demasiada amabilidad—. Dijo que volvería.

Entró en el piso decepcionada, pero el ambiente familiar de la casa, el peculiar olor que despedía la cocina, los muebles acoplados tan a su gusto, la reincorporaron al presente y de un modo involuntario casi se enfrascó en las tareas de todos los días.

De pronto la sobresaltó el timbre de la puerta. Abrió y quedó inmóvil frente   30
al hombre que tan obstinadamente la observaba. Una honda impresión de extrañeza la invadió de arriba abajo rodeada por aquellos brazos que nada le recordaban. Echó la cabeza hacia atrás y fijó la mirada.

—¿Cómo estás?

A sus pies había una pesada maleta de cuero. Desorientada, no sabía qué decir.   35
No había sucedido nada de lo previsto.* Estaban frente a frente, silenciosos e inmóviles, como si aguardasen una señal o un accidente cualquiera que disipara la incomprensible violencia.*

—Pasa, pasa. Por aquí.

¡Carmelo! ¡Aquel hombre era Carmelo! Le dio vértigo reconocerlo. Se   40
había sentado en una butaquita y, con las piernas estiradas, miraba curioso a su alrededor. Luisa hizo un esfuerzo por* encontrar familiares sus facciones. Había

engrosado mucho; estaba casi calvo y sólo los ojos delataban vagamente al muchacho con el que conviviera* escasos meses. ¿Qué diablos de traje llevaba? ¿Y qué acento tan raro era aquel que empleaba al hablar?

—¿Cómo me encuentras? —preguntó.

5   —Bien, muy bien —mintió. Estaba descorazonada—. ¿Y a mí? ¿Cómo me encuentras a mí? —inquirió a su vez.

—Igual, igual que siempre.

Parecían estar en visita. Carmelo dio varias chupadas a su pipa. Hubo una pausa violenta que interrumpió él para hablar de un modo vago e inconexo.

10   —Dispongo de algunos ahorrillos... Mientras tanto creo que solucionaré lo* de mi colocación. Y tú, Luisa, ¿qué haces?

Se le antojó* estúpida la pregunta. Ya lo sabía él, se lo había escrito infinidad de veces. Además... ¿por qué tenía que explicar nada a aquel hombre extraño? —se preguntó rebelde.

15   Carmelo miraba en torno. Le dañaba el colorido de las cortinas y los diversos y fútiles adornos esparcidos por todas partes.

No se sentía a gusto. Encontraba a Luisa muy distinta a entonces... ¿Qué de-monios* se había hecho en las cejas? ¿Y qué le había sucedido en la cara para modificarla tanto? ¡Qué poquita cosa era la pobre! Sin embargo, la había echado

20   mucho en falta. Estaba harto de dar tumbos sin la comodidad y refugio que suponían la casa propia.

"No sé por qué me asombro. Luisa demostró siempre entusiasmo por las chucherías y antes no me parecía mal."

Le escandalizó el sentirse pesaroso de haber regresado. Después de todo era

25   su deber; estaban casados. Era natural lo que sucedía ahora. Tantos años lejos el uno del otro... Pero con el tiempo...

Permanecieron juntos todo el día. Los dos se forzaban por mitigar en algo la atmósfera de distanciamiento que flotaba entre ellos.

Hablaron de sus amigos particulares. De los comunes* no sabían apenas nada.

30   Hacía* tiempo que no los veían. Sólo en el pasado volvían a encontrarse, mas tam-bién el poso acumulado por él resultaba distinto en cada uno.

Al llegar la noche Luisa se admiró de descubrir prendas de hombre en una de las butacas de la alcoba. Durante diez años únicamente las suyas estuvieron dispersas por el cuarto. Tuvo la sensación de que su intimidad había sido invadida por un in-

35   truso. Se lavó la cara y mientras se recriminaba.

"Es Carmelo, es mi marido."

La observaba él con las manos tras la cabeza. Su cuerpo se recreaba en aquel lecho blando y limpio. Reinaba tranquilidad en la casa. Ya era algo. Después de todo su obligación consistía en vivir con Luisa. Los días se encargarían de ir aproximán-

40   doles otra vez, ayudados por la fuerza de la costumbre. "Verdaderamente no com-prendo cómo pude estar tan enamorado de ella. Claro que entonces valía mucho más. En realidad tampoco ahora está muy mal. Es joven todavía, maciza"...

Horas más tarde Luisa continuaba con los ojos abiertos clavados en la oscuridad. A su lado oía la respiración acompasada de un hombre que ignoraba la profusión de arrugas que había marcado en un instante sobre la mujer.

—¿Qué me ha ocurrido? —se preguntaba—. ¿Quién es este hombre que duerme a mi lado? No, no es posible que sea el mismo: no lo es.   5

Pensó intensamente. "No, él no ha cambiado, he sido* yo. Carmelo fue siempre igual a hoy. Hablaba y accionaba* del mismo modo. Esta noche me ha besado atropelladamente; como siempre ha murmurado las mismas estúpidas palabras. Soy yo, yo la* que ha variado. ¡Y debo vivir con él para toda la vida! ¡Para toda la vida!" —repitió aterrada.   10

Saltó de la cama, rebelde, incapaz de contener sus nervios. Su movimiento brusco y rápido despertó a Carmelo, que tanteó buscando el conmutador.

—¿Qué te pasa?

Luisa no supo qué contestar. Estaba en el centro del cuarto tiritando bajo el camisón, desmelenada y pálida.   15

—Mujer, ¿qué te pasa? Vas a enfriarte. Anda, acuéstate.

Obedeció maquinalmente. Carmelo dejó caer con pesadez una mano sobre su vientre y con la otra apagó la luz.

—Anda, duerme, duerme, mañana tendrás sueño—. Y con la satisfacción del que ha obtenido un resultado mejor del que esperaba, se dijo comprensivo: " ¡Pobre   20
chica, me ha esperado tanto!"...

Momentos después, sus ronquidos quebraban el silencio. Luisa, de cara a la almohada, la mordía intentando sofocar el llanto.

CUESTIONARIO

1. Envuelta en las ropas de la cama, ¿en qué piensa Luisa? ¿Qué anuncia el telegrama? ¿Qué se había creado en el intervalo? Durante la larga ausencia de Carmelo, ¿qué llegó a suponer? ¿Durante cuánto tiempo convivió con el marido? ¿Cuánto tiempo llevan separados?

2. Cuando despertó, ¿por qué se incorporó de repente? Mientras se vestía, ¿qué se dijo confusa? ¿Cómo salió a la calle?

3. ¿Por qué se quedó mareada en la estación? ¿Qué le dijo la portera, al regresar a casa? Cuando se encontró con Carmelo, finalmente, ¿por qué tuvo que echar la cabeza para atrás?

4. ¿Qué observaciones se hizo a sí misma sobre la apariencia física de su marido? ¿Qué comentarios se hizo Carmelo a sí mismo sobre los cambios que observaba en su mujer?

5. ¿Por qué se había resuelto a volver? ¿Qué espera con el decurso del tiempo?

6. ¿Qué hicieron los dos por disipar la atmósfera de distanciamiento que flotaba entre ellos? ¿Cómo es el único hilo que los une?

7. Señale las reflexiones de Carmelo. ¿Qué pensaba Luisa con los ojos abiertos clavados en la oscuridad?

8. ¿De qué se acusa Luisa? ¿Por qué tiene que saltar de la cama, rebelde? ¿Qué actitud se revela a través de la frase " ¡Para toda la vida!"?

9. ¿Acaba el cuento en una nota pesimista u optimista? Explique.

TEMAS ESCRITOS U ORALES

1. ¿En qué consiste, a su modo de ver, la ironía de las últimas palabras de Carmelo?

2. Haga un estudio del problema central planteado en el cuento: ¿Egoísmo? ¿Incomprensión? ¿Frustración? ¿Distanciamiento?

3. Explore brevemente el patetismo de las últimas palabras del cuento. ¿Le parece a usted que la actitud de Luisa, frente a su suplicio, es heroica, trágica, patética o cobarde? Explique su respuesta.

4. Analice las probabilidades de éxito de esta reunión. Explique lo más importante, en su opinión, en un matrimonio feliz.

5. Exponga el cinismo de "Después de todo era su deber".

6. Describa la diferencia de atmósfera que hay entre el principio y el final del cuento.

MODISMOS

Emplee los siguientes modismos en oraciones originales.

1. a la postre   2. a medio arreglar   3. antojársele a uno   4. a (su) alrededor
5. de arriba abajo   6. echar en falta   7. faltan (horas) para   8. pensar en
9. sacar la cuenta de   10. sentirse a gusto   11. tan a (su) gusto   12. tener sueño

El hijo

EUSEBIO GARCÍA LUENGO

EUSEBIO GARCÍA LUENGO (Puebla de Alcocer, Badajoz, 1910). Novelista, cuentista. Reside en Madrid. Estudió Derecho, se licenció en Filosofía y Letras, dedicándose luego al cultivo de las letras. Colabora en muchas revistas de Madrid. En 1950 obtuvo el Premio Café Gijón de narraciones breves con su novela *La primera actriz*. Escritor de varia orientación —ensayo estético, teatro, novela— se caracteriza por la visión intelectual de sus temas, a los que da dimensión filosófica. Por el cuento titulado *El hijo* mereció el Premio Juventud 1955. La narración es para García Luengo instrumento de expresión personal. *El hijo* aparece en *ACEC*, 48-53.

No sabía cómo —es un decir— se encontraba casado. Ahora comprendía que había sido obra de ella, obra firme y sutil, denotadora de una voluntad implacable, como suele serlo la femenina. ¿Voluntad o voluntariedad? Él también tenía su voluntad, pero la destinaba a otras cosas más trascendentes, ¿Más trascendentes? Él, Jenaro, se había limitado* a conocer a una muchacha en 5 una reunión de amigos, y ya todo marchó casi con precipitación. A los pocos días ella se consideró una mujer desgraciada* que le miraba con reproche. Él se acostumbró a aquellos reproches y casi los necesitaba a diario. Ella había ido allanando* todos los obstáculos y había dirigido la voluntad varonil.

Sin darse cuenta apenas —es otro decir—, él se encontró ligado por una mezcla 10 de afición espontánea y de compromiso de honor. Un día, Eloísa lloró y Jenaro sintióse más ligado a ella. Otro día la besó y se encontró más irremediablemente unido todavía. Otro día ella le echó en cara no sabía qué cosa, y aquello le hirió de un modo insospechado. Otro aún le dijo que era un pelanas — ¡él un pelanas! — y otro que se moriría sin él... 15

Jenaro se sintió atraído, rechazado, despreciado; es decir, definitivamente amado. El final fue éste: su matrimonio. ¿El final? Más bien el principio. Pensó que las verdaderas novelas y dramas comienzan, precisamente, en ese final.

Y, por fin, ella le dijo:

—Ahora no hay duda. Vas a ser padre.

Sintió un vago temor. La verdad era que no había pensado mucho en aquel hijo; pero había pensado, eso sí, natural y cristianamente. Se sintió satisfecho y un
5   poco desazonado.

Aquella noche su suegra le miró de reojo, maliciosamente, como si hubiese cometido un pequeño —o grande— delito; quizá una incalculable fechoría.

Esta mirada se agravó la noche del parto.* ¡Cuántos reproches tácitos! No pudo entrar en la habitación natal, sino conformarse con mirar a su mujer desde la
10 puerta. Había tanta gente en la casa, y todos le miraban... Le miraban de vez en cuando, pero no le hacían caso. Él no era nadie. Se dio cuenta de que había dos personajes* protagonistas: la madre y el hijo, y que ya lo serían siempre; que todo lo que girase alrededor de ellos estaba bien y justificado; que él, el padre, era sólo apoyatura o referencia.

15 Pensó —no sabía bien por qué— que su mujer haría buena viuda, como casi todas las mujeres españolas; madre y viuda, casi perfecto estado. Se le mezclaban las ideas de vida y de muerte.

A los pocos días, una tarde, al entrar en casa, se encontró al niño durmiendo solo en su cuna, mientras su mujer echaba cuentas en otra habitación. "Ya está
20 echando cuentas —pensó—; ¡malo! Después de echarlas me las pedirá a mí." Nunca le pedía dinero directa y sencillamente, sino que antes, como preparación, le hacía una escena. "El drama de la vida", se decía. ¡Y qué buena actriz ella y qué torpe e inseguro él!

Tenemos un hijo—comenzaba ella.

25 Y él ya sabía lo que vendría después. Ahora estaba contemplando al niño, y en esto se despertó. Se miraron ambos y parecían quererse decir cosas. Ahora, al ver a su hijo a solas, se le cuajó* en el corazón una inmensa ternura. ¡Cómo le anegaba aquel sentimiento nuevo hasta adueñarse de él por completo y hacer desaparecer todo lo que constituía el mundo, las cosas, los afectos, las ambiciones legítimas y
30 sustentadoras! ¿Sentirían así las madres? Recordaba la broma, entre amigos, de preguntar, cuando alguno de ellos se hallaba en trance de ser padre o lo había sido recientemente: ¿Eres padre o madre? Querían decir de hembra o de varón; pero para él tenía ahora otras significaciones.

Se asomó a la ventana, vio la tierra que se extendía más allá del camposanto
35 de Nuestra Señora de la Almudena,* donde estaban enterrados sus padres. Ambos eran de otra tierra española y habían venido a parar a esta gran ciudad de los muertos que se divisaba desde la ventana de su casa.

Dio gracias a Dios. Casi estaba por decirse que aquello* del hijo estaba bien inventado, con ese lenguaje familiar y arbitrario que a veces adquiere hondo sentido.
40 Contemplando en este momento el cielo, de innumerables luces estrellado,* parecía comprender el movimiento de los astros y la historia de los hombres. Quizá comprenderlos ahora por vez primera.

Se le antojó* que aquel burujo de carne lo explicaba todo y le ayudaba a explicarse a sí mismo. Y le ganó* una congoja dulce y se acercó a besarle. Pero su mujer le miraba y dijo en el umbral:

—Vas a manchar el cubre.

Mirando al hijo se explicaba también a su mujer, si esto era posible. Incluso le 5 perdonaba a su mujer muchas cosas, aunque en realidad no tenía que perdonarle nada grave, sino esas estúpidas intemperancias, esas constantes chinchorrerías que le quemaban la sangre. ¡Quemarle la sangre! ¡Qué expresivo el lenguaje otra vez, qué creador de poesía y de filosofía, como le gustaba decir a aquel escritor* muerto!

Aquello, el hijo, era hermoso; era una revelación. Comprendió que los secretos 10 de la vida se van desvelando lentamente y que en vano pretendemos adelantarnos. Resultan vanas asimismo las quejas prematuras y las conclusiones a que se llega con demasiada precipitación e impaciencia. Por ejemplo: el dolor de la madre únicamente ahora se le presentaba* significativo y fecundo.

Y si ella, la mujer, se dolía, ¿no había* de ser dolorosa también su vida, la 15 suya de hombre?

¡Cómo se le aparecía* la misteriosa mezcla de las cosas y la conexión y unión de todo de modo que viene a enlazarse dolor y placer, formando una unidad indivisible! Aquel hijo le dolía también, y al mismo tiempo le completaba y le compensaba. 20

Recordaba cuántas veces se quejaba, de jovencillo, de que las cosas no fueran tan perfectas como él las había deseado. Pero comprendía que aquella perfección era quimérica y, en cierto modo, falsa. Existía otra perfección oculta, arcana, superior.

Se complacía imaginando los diálogos que había* de tener con su hijo; tampoco 25 era menester que hablase; bastaba con que fuese su hijo para saber que le continuaba y que algo esencialmente suyo hablaba en él. Ahora comprendía que nada terminaba en el mundo, que la sangre se eternizaba. Él, Jenaro, perduraba y ese consuelo sólo ahora venía a entenderlo. Era joven y veía la posibilidad de dejar de serlo sin dolor. Las ansias amorosas se apaciguarían y retornarían más tarde en su hijo e igual las 30 preocupaciones más nobles y más hondas. La Providencia —lo veía con claridad— regía esa misteriosa sucesión en que todo estaba trabado y unido.

¿Quién iba a decirle antes que todas sus desazones y todos sus desvelos, sus dudas e incluso sus desesperaciones le depararían este momento presente, esta plenitud y esta serenidad gozosa con que ahora contemplaba a su hijo? 35

—Tú, hijo, pasarás por cosas muy semejantes a las mías. Crecerás, te anegarán ciertas preocupaciones, amarás... Morirás. Si Dios quiere, conoceré a mi vez a tu hijo.

Por vez primera creía ser consciente de lo pasajero de su propia vida y de la cadena de las generaciones.

Ahora se le descubría* también que las cosas naturales —o más bien provi- 40 denciales— no podían ser sustituidas en la experiencia del hombre y que casi todo cuanto había estudiado, o leído, u observado en la vida, únicamente ante el hijo cobraba sentido y significación. Y, precisamente, todo ello se lo debía a un ser* que no se expresaba, mejor dicho, que no hablaba; pero que con sola su existencia le daba a él, al padre, infinitas respuestas.

* * *

—¿Te gusta el arreglo que hice de este cuarto? —le había preguntado su mujer.

5   —Sí, está bien —repuso.

No podía contestarla con sinceridad porque ella se disgustaría,* y sólo deseaba el asentimiento de su marido, pero sin estar dispuesta a torcer* a su voluntad. ¡Cuántas veces había cambiado el cuarto desde que se casaron! Casi todas las temporadas lo arreglaba, según ella, y lo dejaba al mismo tiempo más inhabitable

10 para él.

Recordaba Jenaro cuando, de solteros, vinieron a ver el cuarto desalquilado, el mismo que seguían habitando y con aquella misma habitación donde dialogaba silenciosamente con el hijo. Ella había hecho muchos planes. Cuando ella, Eloísa, fuese su mujer, haría esto y lo* otro, y lo de más allá. Él, por ejemplo, según ella

15 proyectaba, trabajaría en aquel sitio, en aquel rincón... ¡Qué distinto* había sido todo! ¡Cuántos factores imprevistos! Y, sin embargo, todo resultaba igual* desde el principio y las cosas obraban de la misma manera.

Aquella tarde de la visita al cuarto desalquilado había sentido prefigurada* su existencia o, al menos, parte de ella. Presentimientos dolorosos y venturosos que

20 habían ido realizándose* y mezclándose extrañamente. Pero la realidad del hijo lo explicaba todo aunque no contasen con él.

Desde el cuarto desalquilado, Eloísa hablaba ya del hijo con inconsciencia —¿con inconsciencia? —y le destinaba sitio también. Todo estaba sometido a su implacable voluntad de madre. A él le pareció entonces que hablaba con ligereza, y,

25 no obstante, se había cumplido como ella quiso, sin darse cuenta tampoco. La vida había sido terrible para él en los últimos años. Sin embargo, los dos eran todo en aquel momento: un matrimonio bendecido por la llegada del hijo.

¿No resultaba tan apropiado* o más decir, en vez de la frase al revés,* que tanto se usaba, que ella le hizo padre? Y le harán abuelo y se morirá... ¡Cuánta

30 historia le enseñaba el hijo! Y también cuánta psicología y aun sociología y política.

Se acercó a su mujer y la atrajo hacia sí, junto al hijo. Pensó que componían una estampa tierna y sobrecogedora. Ser padre era nuevo en el mundo. Era nuevo todo, porque también le había enseñado lo que fue para él ser hijo. Sentíase hijo de

35 sus padres muertos e hijo de su hijo. Padre e hijo eran lo mismo. Y marido de aquella mujer, de aquel ser extraño que le había dado el hijo...

Cuanto temió había ocurrido: apuros vulgares, por lo demás. Pero era verdad que no hay nada peor que lo que se imagina; lo más terrible, la imaginación. La realidad siempre se halla compensada. Sus más sombríos presentimientos habían

40 sido generosamente compensados por aquel ser que apenas existía, aunque centraba

la existencia de su padre. El niño existía más que él, era el que verdaderamente vivía. Y también constituía la mayor sorpresa de su vida.

—Vámonos de aquí. Déjale que duerma —dijo su mujer.

Ahora comenzaba el verdadero drama, porque el amor a aquella mujer era el mismo que a su hijo y era distinto. "Es la madre de mi hijo," se había dicho. Otra 5 frase que se iluminaba de pronto. La madre de mi hijo, mi madre... Todo se le confundía. Besó rápidamente a Eloísa y se echó a la calle, a tragarse* las lágrimas. Tragarse* el mundo era otra frase, pero él estaba dispuesto. Lloró y se sintió más sereno y más fuerte.

CUESTIONARIO

1. ¿Dónde se conocieron Jenaro y Eloísa?

2. ¿En qué sentido puede decirse que se sintió Jenaro "definitivamente amado"?

3. La noche del parto, ¿cómo fue tratado por la suegra y los otros?

4. ¿Qué concepto tradicional respecto al papel de la mujer española parece aceptar Jenaro?

5. ¿En qué consiste la semejanza entre Eloísa y una buena actriz?

6. ¿Qué sentimiento dominaba al padre contemplando a su hijito en la cuna?

7. ¿De qué broma entre amigos se acuerda Jenaro en este inolvidable momento de comunión?

8. Mirando al hijo, ¿qué perdonaba a Eloísa?

9. Explique por qué aceptará, de ahora en adelante, sin dolor, la posibilidad inevitable de dejar de ser joven.

10. ¿De qué creía ser consciente por primera vez?

11. ¿Cómo se reveló el carácter de Eloísa en la primera visita que hicieron, de solteros, al piso desalquilado?

TEMAS ESCRITOS U ORALES

1. Enumere y comente las sucesivas etapas en las que dividía Eloísa la campaña psicológica contra Jenaro, que iba a conducirlo directamente al altar.

2. Compare y contraste el carácter de Jenaro con el de su esposa. ¿Por qué parecía sufrir el marido una crisis de identidad? A su juicio, ¿se había casado Jenaro con la mujer debida? ¿Qué se revela en esta cita: "Él se acostumbró a aquellos reproches y casi los necesitaba a diario."?

3. ¿Encuentra usted exagerada la intervención de la suegra en el cuento? ¿Qué representa ella? ¿De dónde provienen la malicia y los reproches al yerno?

4. Desarrolle el concepto filosófico de las siguientes citas:
   (a) "Por vez primera creía ser consciente de lo pasajero de su propia vida y de la cadena de las generaciones."
   (b) "Padre e hijo eran lo mismo."
   (c) "Pero era verdad que no hay nada peor que lo que se imagina: lo más terrible, la imaginación."

5. En busca de una respuesta que explicase su existencia y el misterio de la vida, ¿qué aprendió el joven padre del contacto con su hijo recién nacido? ¿Qué conclusión se desprende de las dos últimas frases del relato? ¿Qué nueva etapa se vislumbra entre marido y mujer?

MODISMOS

Emplee los siguientes modismos en oraciones originales.

1. a diario   2. a los pocos días   3. al revés   4. a veces   5. darse cuenta de 6. echar cuentas   7. echar en cara   8. estar por + *inf*   9. hacer caso a   10. mirar de reojo   11. por lo demás   12. tragarse el mundo   13. tragarse las lágrimas

Un domingo de otoño

RAMÓN SOLÍS

RAMÓN SOLÍS (Cádiz, 1923). Novelista, crítico, historiador, ensayista. Reside en Madrid. Doctorado en Ciencias Políticas, 1957. Sintió muy pronto la vocación literaria y se consagró a las letras. De 1962 a 1968 ocupó el cargo de secretario general del Ateneo de Madrid, pasando seguidamente a dirigir "La Estafeta Literaria". Colabora en diferentes diarios y revistas, y ha viajado como conferenciante por numerosos países de Europa, Asia, África y América. Fue finalista del Premio Planeta con su novela *Los que no tienen paz,* 1957, relato en el que "resplandecen las calidades narrativas del autor: sobriedad, profundidad psicológica, preferencia por los personajes femeninos enigmáticos." *Un domingo de otoño* apareció en *Juventud,* el 16 de junio de 1955.

Al atardecer saltó un viento descompuesto, que desplazó aquellas nubes, al parecer infecundas, que hubo durante toda la tarde sobre el castillo. Se agitó por unos momentos la ropa tendida que había en el corralón y alguna ventana dio un portazo. A las nubes ligeramente pardas, sucedieron otras más plomizas y densas. 5

— ¡Mariana, quita la ropa del corralón, que va a llover!

— ¡Voy, madre!

En el corralón olía a tierra húmeda y a estiércol; de vez en cuando el viento zarandeaba sus faldas y le echaba el cabello a la cara. Empezaron a caer las primeras gotas de lluvia de una manera imperceptible, como un rocío ligero. No se apreciaban 10 sobre la piel hasta después de unos segundos de haber caído.

—Mariana ¡llégate a la fuente antes de que llueva más!

— ¡Voy, madre!

Se echó un manto sobre los hombros. La fuente estaba al otro lado del pueblo. Era necesario correr pegado a los muros para no mojarse. La tierra chupaba el agua, 15 sedienta, como retozándose con su contacto.

En la fuente había otras mozas.

—¿No sabes? Ha llegado el* Andrés con la camioneta.

—¿El Andrés?

—Sí; estará aquí hasta mañana por la noche.

La lluvia seguía cayendo tenue, ligera; el viento agitaba el chorro de agua de la
5 fuente, vertiéndola fuera del pequeño abrevadero.

Mariana hubiera querido saber más detalles de la llegada de Andrés, pero no se
atrevió a preguntar. En el pueblo decían que la cortejaba, y le gastaban* bromas
con él.

Esperó al lado de las otras mozas, hasta que acabaron* de llenar sus cántaros,
10 y se fue con ellas calle abajo. No volvieron a hablar de Andrés; si acaso* alguna
broma pero no la noticia que ella deseaba.

La lluvia empezó a arreciar. Las mozas se dividieron, corriendo despavoridas
cada una camino de su casa. El viento era cada vez más fuerte y el agua formaba
charcos entre las piedras. Por el lado del castillo estaba el cielo negro, cargado
15 de nubarrones.

—¿Cómo has tardado tanto Mariana?

—Me entretuve,* madre.

—¿Has dado de comer a las bestias?

—Voy a hacerlo ahora.

20 Con la noche el viento se hizo más inclemente y fuerte; silbaba por las calles
estrechas, azotaba las ventanas y hacía chirriar la veleta de la iglesia. La lluvia caía
monótona, constante. Las calles del pueblo estaban desiertas; si acaso había algún
grupo de hombres, viendo llover tras los cristales de la taberna empañados de vaho.

Mariana se durmió pensando en el Andrés. Al día siguiente era domingo;
25 soñaba con el amanecer. Siempre es hermoso el amanecer de un domingo, pero en
aquella ocasión aún lo sería más. Vería al Andrés en la iglesia durante la misa, y
quizás se le acercara a la salida. ¡Naturalmente que se acercaría! Charlarían un
buen rato en la plaza; luego, por la tarde, volverían a verse y pasearían bajo los
soportales...

30 Antes de marcharse del pueblo, el Andrés le había hablado seriamente. Ella
creyó sus palabras pero le dio algunas largas. En realidad ésa era la costumbre del
pueblo. Una mujer decente no puede aceptar un hombre a su primera proposición.*
El Andrés era un muchacho serio y con porvenir; por otra parte a Mariana siempre
le había gustado. Cuando se fue a la capital le echó de menos y comprendió que lo
35 quería; entonces se arrepintió de no haberlo aceptado cuando quiso formalizar
unas relaciones. Claro que si de verdad la quería había* de volver a buscarla; peor
hubiera sido que la hubiese olvidado siendo novios.*

El cuarto de Mariana estaba en uno de los ángulos de la casa, precisamente en
el que con más tesón golpeaba el viento. Se oía en la oscuridad el traquetear de las
40 maderas de la ventana, aprisionadas por el cerrojillo, y el constante tintineo de la
lluvia en los cristales.

—Si al menos mañana hiciera buen tiempo —pensó.

Cuando se despertó la lluvia había cesado y el viento estaba en calma. No es que hiciera sol;* pero no lo ocultaban como en la víspera unas nubes de color ceniza, sino unas nubes blancas y densas que inspiraban confianza.

Los domingos se paraliza la vida del pueblo; se descansa del trabajo de toda la semana y de la monotonía de los días, semejantes unos a otros como las espigas   5
lo son entre sí. El domingo parece también que abre una pausa en el dolor, ese dolor psicológico de la falta de ilusiones. Parece que el domingo no sólo cambia de color en el almanaque; también es más colorado y alegre en el recuerdo, en la espera ilusionada.

En el pueblo los domingos son monótonos, siempre iguales; pero como esa   10
monotonía interrumpe otra, más terrible y dura, se transforma en un día alegre. Semana tras semana, año tras año, el domingo es siempre lo mismo. La mañana, llena de sueños, en la que las muchachas se acicalan pensando en agradar al mozo preferido; la misa, en la que todo el pueblo se reúne; el paseo por la plaza con insistencia de noria, la comida sin prisas que agrupa a toda la familia... Y luego, a   15
última* hora, otra vez la plaza, o quizás, de tarde en tarde, algún* baile. Al anochecer el domingo se venga* de los hombres entristeciendo su alegría, porque nada hay tan lejos de un amanecer de domingo como el anochecer de este día: toda una semana de espera.

A la salida de misa, Mariana charló con las mozas en el atrio de la iglesia. Du-   20
rante el tiempo que duró ésta presintió en sus espaldas las miradas del Andrés. No se había atrevido a mirar, porque hubiera estado mal visto, pero notó en su corazón un sentimiento extraño, que no podía engañarla. El Andrés la miraba desde los pies* de la iglesia. No podía ser otra mirada la que sentía con tanta claridad en su nuca, en sus espaldas. Cuando el cura terminó, oyó las pisadas de los hombres, abandonando   25
el templo. Era la costumbre; después se encontraban unos a otros en el atrio.

La atención de todas las mozas estaba puesta en ella. Había una pregunta en la mente de todos. ¿Habría venido el Andrés a buscarla? Ella misma se preguntaba si aquella inexplicable venida tenía ese objetivo.

El Andrés charlaba con otros mozos, un poco separados del grupo de mucha-   30
chas en el que se encontraba ella. Mariana estaba pendiente* de él, pero disimulaba fingiendo indiferencia.

Al fin se acercó y fue saludando* a todas; dejó a Mariana para la última.

— ¡Hola Mariana!

— ¡Hola Andrés!   35

Las mozas pusieron una disculpa y se alejaron. Quedaron los dos solos en medio de la plaza, bajo las miradas de todos; miradas de soslayo. ¿Se harán novios? Se preguntaban en cuchicheos las mozas en su ir y venir por debajo de los soportales.

—¿Cómo tú por aquí?

—Pues ya* ves... He pasado cerca y me he llegado al pueblo.   40

Mariana dio uno o dos pasos como invitándole a pasear. Él la siguió y continuaron charlando mientras iniciaban el paseo de un lado a otro de la plaza.

—¿Y qué tal te va en la capital?

—Muy bien; el oficio de chófer no es para vivir en un pueblo. Allí la vida es distinta.

—¡Y tan distinta! —contestó ella, que no tenía de la capital otro conoci-
5 miento que las referencias.

—Y estarás aquí mucho tiempo?

—Me voy esta noche.

Hubo una larga pausa, después él comenzó a hablar de la vida de la capital. Era una vida distinta, sí. La gente tenía otras ilusiones y no ocurría como en el
10 pueblo que* sólo se pensaba en comprar tierras. Aquello* era otra cosa. El trabajo era duro, claro está, pero no tanto como allí; por otra parte valía la pena, pues con él se ganaba dinero y el dinero en la capital daba satisfacciones; no como en el pueblo que* no había donde gastarlo.

Mariana esperaba ansiosa una insinuación.* ¿Acabaría aquella descripción de
15 la vida de la ciudad con la súplica de que se fuera con él algún día?

Él continuó hablando de su vida.

—Viajo mucho. Mi oficio consiste en ir de un lado* para otro llevando portes; se pasa bien por las carreteras y se conoce mundo. Además siempre son viajes cortos y luego me dan uno o dos días de descanso en la capital.

20 —¿Y no echas de menos el pueblo? —preguntó ella después de un titubeo.

—Hombre, sería un mal nacido si no añorara el pueblo... pero de momento me gusta más la capital. Y tú, ¿tienes novio?

—¿Yo? ¡Qué voy* a tener! —la muchacha se puso colorada—. ¿Por qué piensas eso?

25 —Mujer, ¿qué tiene de extraño?*

En el corazón de Mariana se derrumbaron sus ilusiones. Quiso* hablar pero la tristeza no la dejó coordinar palabra.

—Una moza como tú ha* de tener muchos hombres que la pretendan. Siempre te tuve por la muchacha más guapa del pueblo.

30 —¡Qué tontería!

—Incluso me enamoré de ti. Tú lo sabes mejor que nadie.

—¡Vaya* un enamoramiento! Si te hubiera hecho caso... ¡Bien me hubiera ido! *

—Traté de olvidarte; yo era poco para ti. Tú misma me dijiste que te olvidara.

35 Hubo un largo silencio. En la garganta de Mariana se agolpaban las palabras ansiosas de brotar. Hubiera querido explicarle a Andrés que una mujer no puede aceptar la primera declaración de un hombre; que él no debió* esperar para declararse al último momento, cuando ya estaba presto a salir para la capital. Si lo hubiera hecho antes, ella hubiera borrado la negativa atrayéndole a una segunda
40 declaración, pero así no tuvo ninguna oportunidad de expresar sus sentimientos.

Caminaban en silencio uno junto al otro, sin ocuparse de las miradas que les cercaban y escudriñaban como si quisieran leer en sus gestos los más mínimos sentimientos. En la taberna se agrupaban los mozos. Las muchachas paseaban bajo los soportales y miraban de reojo cuando pasaban ante la puerta. En la pared del Ayuntamiento un cartel, anunciando la película que se proyectaba por la tarde, goteaba todavía churretones de colores, despintado por la lluvia de la noche anterior.

Llegó la hora de comer y la plaza se fue quedando* vacía. Mariana alargaba el momento de la despedida. Le hubiera gustado preguntarle si se verían por la tarde, pero no se atrevió. Al fin se despidieron. Significativamente dijo al marcharse:

— ¡Hasta luego!

Él le contestó, sin dejar* de mirarla mientras se alejaba:

—Adiós.

Por la tarde los mozos se van a la taberna a jugar a las cartas y hasta muy tarde, cuando ya está a punto de comenzar el cine, no pasean las mozas por la plaza. Entonces es costumbre que los novios dejen el juego y cortejen a las muchachas: unas veces van al cine y otras se quedan paseando.

Mariana paseó como otros domingos —como todos los domingos—, de un lado a otro de la plaza, con las demás mozas. Era violento* para ella verse observada por las mismas amigas, que no le preguntaban nada, ni hacían alusión alguna a su entrevista de la mañana. Sabía que en la mente de todas había una pregunta cuya respuesta deseaban ardientemente conocer.

De la taberna salían ruidos de carcajadas y voces de hombres. Los cristales empañados impedían ver lo que dentro ocurría. Esos cristales separaban a los hombres, aquella tarde, de las muchachas que paseaban de un lado para otro de la plaza. Era una tarde de domingo sin parejas, como si todas se hubieran dividido. Las mozas comentaban:

—Es el Andrés que les está contando cosas de la capital.

Había rencor y recelo en los comentarios.

— ¡Cualquiera* sabe lo que estará diciendo...!

En el grupo en el que se encontraba Mariana no se hablaba de Andrés, la conversación era absurda, y a menudo entrecortada, como si todo el mundo estuviera pensando en otra cosa.

Cuando las mozas se fueron de la plaza, ya bien anochecido,* los hombres seguían en la taberna. Luego durante la noche se oyeron gritos y carcajadas. También se oyeron canciones de borracho cantadas a coro.

Aquella noche también llovió y el viento volvió de nuevo a silbar. Se movieron las maderas de la ventana de Mariana, y la lluvia tintineó en los cristales.

Al día siguiente, cuando fue a la fuente, vio en el barrizal que daba entrada a la carretera la huella de los neumáticos de la camioneta. La carretera encharcada también guardaba una huella: una huella que se perdía en dirección a la capital.

A su alrededor las mozas guardaron silencio; pero cuando Mariana se marchó por el callejón camino de su casa, con el cántaro en el costado, empezaron a cuchichear entre risas.

CUESTIONARIO

1. ¿Por qué describe el autor como "al parecer infecundas" aquellas nubes sobre el castillo?

2. ¿Por qué dice Mariana " ¡Voy, madre!'"? ¿Qué hace antes de salir del corralón? ¿Por qué corre pegada a los muros?

3. En la fuente, ¿qué noticias le dan las mozas? ¿Por qué no se atreve a preguntar nada? ¿Qué lleva consigo a la fuente? ¿Por qué corren despavoridas las mozas? Explique por qué se dividen.

4. ¿Por qué será el mañana un día tan especial? ¿Cómo pasará seguramente ese día con el Andrés? ¿Por dónde han de pasearse juntos?

5. ¿Cuál era una de las costumbres más rígidas del pueblo? ¿De qué se había arrepentido Mariana?

6. ¿Por qué, semana tras semana, es el domingo siempre lo mismo? Al anochecer, ¿cómo se venga el domingo de los hombres?

7. ¿Qué pregunta estaba en la mente de todas las mozas? ¿Cuándo pusieron una disculpa?

8. ¿Qué detalles ofreció Andrés respecto a su oficio? ¿En qué momento se derrumbaron todas las ilusiones de Mariana? ¿Qué habría querido explicarle al Andrés? ¿Por qué no lo hizo?

9. ¿Adónde miraban las muchachas al pasearse bajo los soportales? ¿Por qué miraban de reojo?

10. ¿Qué contraste se expresa entre el "hasta luego" de Mariana y el "adiós" de Andrés?

11. ¿Por qué resultó ser una tarde de domingo sin parejas? ¿Qué costumbre del pueblo se había modificado?

12. ¿Qué oyó Mariana al día siguiente cuando se hubo alejado de la fuente camino de casa?

13. ¿Con qué nota se termina la historia? ¿Esperanza? ¿Resignación? Explique su respuesta.

14. ¿Qué emoción esencial parece manifestarse en el cuento?

15. Algo que se nota inmediatamente en el estilo del autor es el gran número de oraciones que contienen la forma "hubiera." Comente el efecto psicológico de estas oraciones en el cuento.

TEMAS ESCRITOS U ORALES

1. El fondo atmosférico parece presagiar, reflejar e, incluso, influir en la acción del relato. De acuerdo con esta sugerencia, explique cómo deben entenderse:
   (a)   el viento descompuesto y las nubes de color ceniza del sábado al atardecer.
   (b)   el viento inclemente y el constante tintineo de la lluvia con la noche del mismo día.
   (c)   las nubes blancas y el viento en calma del domingo por la mañana.
   (d)   el silbido del viento y el tintineo de la lluvia el domingo por la noche.

2. Explique qué aspecto del pueblo evocan:
   (a) la fuente, (b) el castillo, (c) la plaza, (d) la iglesia, (e) la taberna.

3. Discuta el valor simbólico del cartel despintado en la pared del Ayuntamiento.

4. Analice la función simbólica de las huellas de los neumáticos en el barrizal.

5. ¿Qué elementos del cuento contribuyen a dar una impresión de eternidad?

6. Catalogue las expresiones empleadas por el autor para describir:
   (a) las nubes, (b) el viento, (c) la lluvia, (d) la tierra, (e) el cielo.

MODISMOS

Emplee los siguientes modismos en oraciones originales.

1. acabar de + *inf*   2. al parecer   3. cada vez más   4. calle abajo   5. dar de comer   6. dar largas a   7. de tarde en tarde   8. echar de menos   9. gastar bromas con   10. mirada de soslayo   11. pegado a   12. poner una disculpa   13. si acaso   14. tener por   15. valer la pena

Ha vuelto

CARLOS CLARIMÓN

CARLOS CLARIMÓN (Zaragoza, 1920). Periodista, narrador. Reside en Madrid. Estudió en la Facultad de Medicina. Hombre de varios oficios, ha colaborado en diarios, revistas y en el Tercer Programa de Radio Nacional, habiendo obtenido el Premio Juventud de cuentos en 1955 por su cuento *Ha vuelto*. Ha publicado tres novelas cortas y un libro de narraciones, *Hombre a solas* (Ediciones Taurus, Madrid, 1961). *Ha vuelto* aparece en *ACEC,* 204-210.

—¿Gerardo?

Repitió el nombre, temerosa de no haber entendido bien; diciéndoselo a sí misma, avisándose. Mirando a Marieta por encima del hombro.

—¿Qué Gerardo?

5 Lo preguntó medio segundo después. Para borrar con su voz de ahora el sobresalto que antes le brincara* en la garganta, que casi le había descompuesto el gesto.

—¿El hijo de la señora Ascensión?

Sin intervalo, sin pausa alguna por la que la otra pudiera deslizar más palabras. No necesitaba oírlas. Necesitaba oírse, no abandonarse; demostrar que no era cierto 10 que se le hubiera crispado la voz. Fingir que había tenido que hurgar en su memoria para encontrar la imagen de él.

—¿Y cuándo ha vuelto?

Siempre supo dominarse. Bajó la mirada y šiguió alisando el mantel. Sin ningún aire ya de sorpresa en su rostro. Hasta que el mantel, blanco, blanco, no tuvo ni 15 una arruga. Con su festón hecho a punta de aguja; con sus cuatro puntas colgando simétricamente, exactamente.

—Ya será viejo.

Ella no era vieja. Todavía no. Ni él, claro. Pero había que decirlo. Le esperanzaba mucho pensar que Gerardo iba* haciéndose viejo, que casi lo era ya.

20 —Más. Por lo menos, cuarenta y siete o cuarenta y ocho.

Cuarenta y cinco. Cuatro más que ella. Nunca hubiera* admitido que no necesitaba ni contar. Cuatro de diferencia. Él mismo la precisó cierta vez: "Yo tengo veintitrés. Cuatro más que tú." Aquella primera tarde en que se quedaron solos.

—¿Ha dicho si piensa volver a marcharse?

Se fue poco después de que muriera* su madre. Tenía entonces veintiséis años. Ella, veintidós. Se escribieron durante algún tiempo. Las cartas de él, al prin- 5
cipio, eran muy largas; se lo contaba todo. Le describió el barco, el viaje, la llegada, el país; le habló de sus compañeros y de su primer empleo. Él, al principio, debió* sentirse muy solo, muy lleno de recuerdos y nostalgia. Hacía mil preguntas: si habían terminado la torre de la iglesia, si los Pachones sacaron adelante el molino, si, al fin, había sanado el hijo de don José... 10

—¡Jesús!* Volverse allá otra vez. Allí, que no debe haber más que negros.

Las cartas de ella, al principio, fueron muy breves, un poco resentidas: "Sí, a los Pachones les va bien, ya sabes que son trabajadores y..." ¿Por qué no habían* de salir adelante? ¿Dónde mejor que en el pueblo? Tomás, el hijo de don José, no curó, no. Pero de eso nadie tenía la culpa. No podía curar. En cualquier otro sitio 15
se hubiera muerto mucho más de prisa. Seguro.

—Eso es lo malo.* Reúnen unas perras y siempre quieren más.

Luego, las cartas de ella fueron* haciéndose más y más largas. Ya no sólo le hablaba del pueblo: le hablaba de ella misma también. Le preguntaba. Hasta que empezó a sentir miedo; un miedo distinto, más angustioso que aquel que hubo* de 20
dominarla inmediatamente después de marcharse él. "Mi padre morirá pronto —escribió un día—. Lo ha dicho el médico. Y tendré que vender los campos. Yo sola..."

—Adiós, Marieta; hasta la tarde.

Sola. Siempre había estado sola. Durante años. Desde que él dejó de enviar noticias. Las cartas las guardaba aún en uno de los cajones de la cómoda, envueltas 25
en un papel de seda que amarilleaba ya; atado con una cuerdecita y tres nudos.

Oyó el golpe de la puerta al cerrarse, al fondo del corredor, y durante unos minutos continuó inmóvil, de pie junto a la mesa, sin desviar los ojos de la ventana. Sin ver...

La plaza. Las grandes losas de piedra gris ornadas de musgo. En medio, la 30
fuente; detrás, la iglesia. A un lado, el almacén.

De pronto, aquella sofocada congoja que le oprimía el pecho se le derramó temblonamente por los brazos y las piernas; como si se le cayera* la sangre. Dio unos pasos, arrastrando los pies, siempre con la mirada fija en los cristales, y apoyó las manos en el respaldo de la mecedora. 35

¿Cómo no lo había presentido? ¿Por qué no se lo habían dicho hasta ahora? El pueblo entero debía saberlo ya; todo el mundo estaba enterado de que él había vuelto. Marieta misma le había visto, tenido muy cerca, oído su voz...

Echó la cabeza hacia atrás, apretados los párpados, y el cosquilleo de los pelos que le colgaban de la nuca le hizo erguirse de nuevo; con susto casi. Se pasó las ma- 40
nos por las sienes; miró a su alrededor, buscándose las horquillas con los dedos, y luego cruzó el cuarto en dirección al dormitorio.

El gato, negro, enorme, lento, abandonó la mecedora; arqueó el lomo, despe-
rezándose; bostezó y se fue tras de su ama como llevando el rabo en equilibrio.*

Ella sacaba ya su mejor ropa. El traje negro. La enagua..., no: la enagua no
tenía tiempo de cambiársela. Ni hacía falta.* El traje, el de la falda plisada, con su
5 banda de lentejuelas brillando en torno del escote y las mangas abullonadas por el
hombro. Hacía* dos años que no se lo ponía. Se lo hizo ella misma, en vísperas de
feria —de ya no recordaba qué feria—, y ocurrió que para aquellas fiestas ni salió de
casa. Lo estrenó cuando* el velatorio del pequeño Tomás.

Los zapatos; el collar de cuentas; los pendientes, con su lágrima de ónix col-
10 gada de un eslaboncillo de oro. Lo demás, la bata, las zapatillas, las medias viejas y
el delantal, todo al fondo del armario. Un tirón a la colcha de la cama. Otra mirada
alrededor. El gato, sentado en el umbral sobre sus cuartos traseros, la observaba con
la quieta aquiescencia del que descubre en cada gesto del amo una medida para su
propia comodidad. Luego saltaría encima de la cama y se quedaría ovillado junto a
15 la almohada; entornando los ojos de vez en cuando, esperando la cena.

La mujer se acercó a la ventana y abrió los postigos de par en par. Un dormitorio guarda siempre el olor del sueño. Retrocedió luego hasta el palanganero, se
puso la toalla sobre los hombros y empezó a peinarse. Sobre la repisa había un
cepillo de cabeza, un par de peinetas clavadas en el cepillo, un vaso, un tarrito lleno
20 de algo que parecía aceite y otro tarro medio lleno también con una cosa que
parecía clara de huevo. Con un cepillo de dientes casi pelado ya, fue* dándose de
esto en las sienes y en lo alto de la cabeza. Volvió a pasarse* el peine. Ajustó una
horquilla. Otra. Se empolvó la cara, mordió los labios y peinó las cejas con las
yemas de los dedos mojadas en saliva.

25 Cuando salió al comedor, cerró la puerta del dormitorio llevándose* al gato por
delante. Se asomó a la cocina sin soltar el picaporte y la cerró también. Después se
acercó a la embocadura del pasillo, escuchando; permaneció muy quieta durante unos
instantes, jugueteando con las cuentas del collar, y, por último, fue a sentarse en la
mecedora. Muy tiesa, medio vuelta* a la luz, con las manos cruzadas sobre la falda.

30 La plaza...

Las grandes losas, separadas unas de otras por los tupés de musgo. La fuente, y
aquel chorrito que se desgranaba sin cesar, siempre igual, en medio del silencio. La
campana, allá arriba. Que pronto empezaría a voltear, apenas* la blanca cal de las
paredes empezara a hacerse gris; hasta que todo fuera azul. Hasta que el desgranarse
35 del agua volviera a repiquetear a solas, blandamente, en mitad de las sombras.
Cuando* todo negro, y ciego, y dormido.

Así pasó la tarde. Una tarde más. Una tarde de instantes larguísimos; de
horas que parecían resbalar* de dos en dos, muy calladas. Gente en la plaza. Siluetas macizas, oscuras, en racimos: que llegaban, permanecían un momento, quizá
40 un rato, y se alejaban después. Una moza que llena su cántaro en la fuente, y el rumor del agua se apaga por tres segundos, cuatro, cinco. Y vuelve a resonar, más
bronco, creciente. Y luego más agudo; como una voz que se alza, que va a gritar.
Hasta que de nuevo bate sobre el remanso del pilón. Con el tono de siempre...

Se levantó dos veces. Una para acercarse al pasillo, caminando de puntillas, muy rápida, al acecho de una llamada que no llegó a sonar, y otra, casi sin darse cuenta de que lo hacía, para arreglar las flores de trapo que adornaban la mesa.

Luego allá fuera volteó la campana; largamente, más lúgubre y sonora que nunca. Se oscurecieron las fachadas de las casas y el cielo empezó a llenarse de pálidas estrellitas. Los visillos, blancos primero, luego amarillos y después azules, se tiñeron poco a poco de negro. De un negro recamado con el mismo color que el cielo. 5

Hasta que no se vio nada. Sólo las estrellas.

Hasta que el gato, con sus estupefactos ojos destellando en la sombra, empezó a maullar. Entonces la mujer encendió la luz, cerró la ventana, puso un poco de leche en un plato, y sin entrar siquiera en la cocina fue a meterse en la cama. 10

Aún no había acabado de salir el sol cuando ya estaba de nuevo en pie. Lo primero que hizo fue preparar el desayuno. Tenía hambre. Arregló el dormitorio, lavó la ropa que se quitara* la tarde anterior y volvió a ponerse el traje negro. Y el collar, los zapatos nuevos, los pendientes. Con los pelos de las sienes bien pegados con aquello que parecía clara de huevo. 15

Sacó la cesta de la costura y la colocó sobre la banqueta que había al pie de la ventana del comedor, frente a la mecedora. Un carro arrastrado por dos mulas cruzaba la plaza; el carrero iba a un lado, la tralla al hombro, pausado, con las abarcas mojadas de rocío. El almacén estaba abierto ya. El párroco andaría por la sacristía... 20

Llegó junto a la puerta antes de que resonara el tercer golpe. Era Marieta:

—¡Vamos! ¿No sabes? Gerardo se marcha en el primer tren. Dentro de un rato. Si no corremos, se nos irá sin despedirlo. Van a salir todos a la estación. Iremos juntas. ¡Pero vamos! ¿Qué te quedas* parada ahí? 25

Marieta tendió la mano, y la otra retrocedió sin dejar de mirarla. Muy abiertos los ojos. Sin hablar.

—¿Es* que no vas a venir? Piensa que a Gerardo le gustará verte. ¡Anda, mujer! ¡Ven conmigo!

Ella retrocedió otros dos pasos, negando con un gesto, rozando la pared con los dedos. 30

—¡Como quieras! ¡Ahí te quedas!* Sólo te faltaba* esto para andar luego por el pueblo. Ya dicen que estás loca...

La puerta se cerró de un golpe. La mujer regresó al comedor arrastrando los pies, mirando hacia adelante, apretados los labios. Se acercó a la mecedora y se sentó. Todavía vio a Marieta correr a través de la plaza. Un grupo de gente iba en la misma dirección. El sol doraba ya la torre nueva de la iglesia. 35

Estuvo inmóvil mucho rato. Después, poco a poco, fueron venciéndosele* los hombros. Empezó a ordenar los pliegues de la falda, rectos, paralelos, afilados. El gato se lamía, recostado entre las patas de la banqueta. A la mujer le escocían los ojos. Como dos llagas. Cercados de una fina red de arrugas. Tenía los labios curvados hacia abajo; unos labios demasiado delgados, exangües. La piel de las manos era 40 brillante y dura; las venas, en el dorso, dibujaban una enredadera azul, pletórica, casi negra.

Se oyó el pitido del tren. Una delgadísima quebradura, en seguida borrada del cristal* del cielo.

5   Inclinó la cabeza un poco más. Su pelo era oscuro, veteado de gris. Sus manos parecían dormidas. Tan cansadas. Le temblaron los hombros, apenas nada, y sobre la falda de pronto brillaron dos manchitas iguales, muy próximas, redondas, diminutas.

Un instante sólo. Se apagaron, y los dedos de la mujer empezaron a ordenar
10 de nuevo aquellos pliegues, todos iguales, rectos. Tan antiguos, que nadie hubiera* podido borrarlos ya.

CUESTIONARIO

1. ¿Qué noticias trae Marieta? ¿Por qué repite la soltera el nombre de Gerardo? ¿Le es difícil dominarse? ¿Qué revela de su carácter la manera con que alisa el mantel?

2. ¿Qué diferencia de edad hay entre ella y Gerardo? ¿Cuándo salió él del pueblo? ¿Qué le describió en las primeras cartas? ¿Por qué debió, al principio, sentirse muy solo? ¿De qué habló ella en sus últimas cartas? ¿Cuál es, a su juicio, la palabra que más se destaca en una de sus cartas? ¿Por qué?

3. ¿Por qué tiene que apoyar, de pronto, las manos en el respaldo de la mecedora?

4. ¿Qué cree usted que representa simbólicamente el gato negro? ¿soledad? ¿independencia? ¿monotonía? ¿bienestar?

5. ¿Qué preparativos hizo para recibir la visita de Gerardo? ¿Qué hizo con un cepillo de dientes?

6. ¿Cuándo volteará la campana? ¿Tiene valor simbólico el chorrito de agua de la fuente? Explique su respuesta. ¿De qué frase se sirve el autor para subrayar el lento decurso de las horas de espera ilusionada? ¿Cómo la interpreta usted? ¿Por qué se interrumpe de vez en cuando el rumor del agua? Comente el tropo "aquel chorrito que se desgranaba sin cesar".

7. ¿Por qué se levantó dos veces de la mecedora? ¿Qué hizo antes de acostarse? Después del desayuno, ¿por qué volvió a ponerse el traje negro?

8. Analice los pensamientos de la soltera al oír "¡Ven conmigo!" ¿Por qué se negó a acompañar a Marieta a la estación? ¿Qué dicen ya de ella en el pueblo?

9. En su opinión, ¿por qué se marchó Gerardo sin hacerle una visita?

10. ¿Con qué palabras finales ha sabido el autor sugerir una vejez solitaria y amarga?

TEMAS ESCRITOS U ORALES

1. ¿Qué propósito cumple la repetición del adjetivo en: "Hasta que el mantel, blanco, blanco, no tuvo ni una arruga"?

2. Explique por qué razón no ha recibido la soltera ni nombre ni apellidos.

3. Estudie brevemente las diferencias de personalidad y de carácter entre las dos mujeres. Comente la función de Marieta.

4. Haga un estudio sobre el tema del amor no correspondido.

5. En este cuento abundan los detalles que sirven para indicar el lento transcurso de las horas. Catalogue y comente algunos de estos detalles en un pequeño estudio que abarque:
(a) el gato, (b) la plaza, (c) la fuente, (d) la campana, (e) las paredes y fachadas.

6. Analice la última y detallada descripción de la apariencia física de la soltera. ¿Cuál es el efecto cumulativo? ¿Por qué tardó tanto el autor en presentarnos este retrato minucioso?

7. ¿Con qué se compara el cielo? ¿Con qué se puede comparar el pitido? ¿Cuál es el probable valor simbólico del pitido? ¿Por qué se borra la quebradura en seguida? ¿Qué doble quebradura produce el silbido?

8. Haga un pequeño estudio del comportamiento de la soltera, relacionándolo con el de la mujer de hoy en día en semejante situación. ¿Habrá diferencia de conducta? A su modo de ver, ¿acudirá la mujer de hoy a la estación a despedir a un Gerardo que se marcha sin más ni más? ¿O se negará a hacerlo como la soltera del cuento?

9. Haga un pequeño estudio comparativo de *Un domingo de otoño* y *Ha vuelto* que abarque:
(a) la soltera y Mariana, (b) Gerardo y Andrés, (c) Marieta y las mozas, (d) el realismo del ambiente, (e) el tema de la tragedia de la soledad, la timidez y la espera ilusionada.

MODISMOS

Emplee los siguientes modismos en oraciones originales.

1. al acecho de   2. al pie de   3. caminar de puntillas   4. de par en par   5. estar en pie   6. poco a poco   7. por lo menos   8. sacar adelante   9. tener... años   10. tener hambre

Vals

FÉLIX MARTÍ-IBÁÑEZ

FÉLIX MARTÍ-IBÁÑEZ. Nació en Cartagena (Murcia) en 1915. Obtuvo el título de Doctor en Medicina en la Universidad Central, Madrid, especializándose en Psiquiatría. Residió en Nueva York. En 1950 fundó en Nueva York la Editorial *MD Publications, Inc.;* en 1957 creó la revista de cultura médica: *MD. The Medical Newsmagazine;* en 1960, *MD of Canada;* y en 1962, *MD en Español.* Entre sus obras literarias en inglés destacan *The Crystal Arrow: Essays on Literature, Travel, Art, Love and the History of Medicine.* De su obra como ensayista se ha dicho: "He aquí una mente inquisitiva y especulativa en acción." Y de su libro de cuentos, *De noche brilla el sol* (Ediciones Alfaguara, Madrid-Barcelona, 1966), al cual pertenece *Vals,* se ha escrito: "El autor es un tejedor de sueños, enamorado del arte de contar cuentos. Un mundo de drama y ensueño, misterio y emoción, vibra a través de los quince cuentos de esta obra." Murió el 24 de mayo de 1972.

A las once de la noche la sala de ruleta del Casino de Niza estaba ya casi desierta. En la única mesa en donde aún se agrupaba un puñado de jugadores, el *croupier* anunció su *"Rien* ne va plus"* con el aire solemne e inapelable de quien ha proclamado el día del juicio final. Fue al oír la frase sacramental
5 y mientras la bolita de marfil rodaba velozmente persiguiéndose a sí misma por su ruta circular, cuando Madame Olga Chaillon hizo su última puesta. Con unas fichas en la mano, su brazo moreno se deslizó sobre el tapete verde cual dorada serpiente sobre un prado de hierba fresca.

—*Cinq, noir, impair et manque** —anunció el *croupier* con indiferencia.
10 Madame Chaillon se volvió hacia su acompañante, con el gesto de una emperatriz, a quien súbitamente hubieran* dejado sin imperio.

—Se me acabaron las fichas —le dijo fríamente.

El acompañante, una ficha de dominó humana en las alburas y negruras de su traje de etiqueta, sonrió forzadamente, y sus dientes grandes y blancos reforzaron
15 su aspecto de dominó.

—A mí también, *chérie,* hace ya rato.* Y lo peor es que no tengo aquí más dinero.

—Siempre te sucede lo mismo, Raúl —le reprochó ella con aire de lánguido enojo, mientras ajustaba un cigarrillo dorado al extremo de una boquilla con diamantes.   5

—Esta noche has jugado como nunca, y has perdido más que nunca, Olga.

—Razón de más para que no me falte dinero con que seguir jugando.

—El hotel está muy lejos —replicó él vagamente, encendiéndole el cigarrillo.

—No hay nada lejos en Niza —repuso ella, echando a andar hacia la puerta de la sala.   10

Él se quedó parado un instante, mirándola* de espaldas. Era una regia figura de mujer. Una estatua de bronce y oro; un juguete digno de un potentado asiático. El moño de color de mostaza se anudaba sobre la cabeza, y la nuca y hombros, emergiendo del escote, tenían las líneas suaves y puras de una ánfora. En cambio, el resto del cuerpo era de una felina sensualidad acentuada por la ceñidísima seda de   15
oro del vestido.

—Olga —la llamó él, ya en la otra sala, frente a la orquesta que comenzaba a pulsar los instrumentos—, si gustas* puedo ir al hotel por más dinero—. Ella le miró con unos ojos color violeta en donde parecían brillar todas las estrellas del cielo de Niza.   20

—Te lo agradeceré, Raúl. Tengo la certeza de que vamos a ganar si seguimos jugando. Yo te aguardo aquí fumando un cigarrillo.

Él la miró fascinado por sus ojos, luminosos como un mineral incandescente.

—Olga, tienes una mirada irresistible, y además lo sabes.

—Me lo han dicho tantas veces que dudo* de hallar a alguien que me diga una   25
cosa diferente. Pero suena bien cuando tú lo dices, mi Raúl.

—¡Presumida!

—¡Adulador! —Y Olga se dejó caer en uno de los sofás, en cuyo otro extremo estaba un hombre en traje de etiqueta, fumando plácidamente—. Date prisa mi amor. Aquí te aguardo, Raúl.   30

Cuando la espalda de su acompañante desapareció por la escalinata que daba a la planta baja del Casino, Madame Chaillon se volvió hacia el salón y miró en derredor suyo. Había unas parejas bailando en la pista, pero el salón tenía la tristeza propia del mes de octubre en Niza. Todo el Casino parecía un castillo en donde, terminada una fiesta, no queda sino la servidumbre que va y viene cargada de cande-   35
labros que necesitan bruñirse y de fundas para los muebles.

Al extremo del cigarrillo de Madame Chaillon, siguiendo la línea adiamantada de su boquilla, una cabeza grande y poderosa con una gran melena gris le tapaba parte de la pista. Era el hombre sentado al otro extremo del diván, reclinado, con la vista fija en las arañas de plata y cristal del techo y un perfil imperturbable de ídolo   40
azteca vaciado en cobre contra el telón de fondo de las parejas que bailaban. Madame era muy curiosa en cuanto a los hombres se refiere. Tan curiosa de almas

como de bolsillos. En ese momento y teniendo asegurado con Raúl su problema financiero, se podía permitir el lujo durante una media hora de investigar experimentalmente al interesante desconocido.

Como el hombre no parecía turbarse en absoluto* por su presencia, decidió
5 elegir la acción directa.

—¿Me haría el favor de decirme la hora? —le preguntó con voz acariciante e inclinándose levemente hacia adelante, como si fuera a dar un salto.* El desconocido se volvió hacia ella y los ojos de ambos se encontraron. Por vez primera, Olga se vio ante una mirada que no vacilaba ante la suya, ni expresaba sumisión ante su belleza.
10 Eran los ojos más bellos que jamás viera* en un hombre. Anchos, muy separados, de un verde de parra iluminada por el sol. El rostro atezado, estaba bordado de soles y curtido de vientos, y a no ser por el esmerado entalle de su *smoking,* hubiera podido pensar que se trataba de un marino en vacaciones. Decididamente un ejemplar varonil como* jamás se cruzara con ella en su larga carrera de domadora de hombres.
15 El desconocido no tuvo tiempo de responderle a su pregunta. El reloj cercano comenzó solemnemente a tañer* sus campanadas de la medianoche.

—La invención del hombre se le adelanta* al hombre —le repuso él—. Medianoche, la hora de las apariciones —hizo una pausa— celestiales, en este caso, y envueltas en una nube de perfume embrujador.
20 Aquello ya iba mejor, pensó Olga. Tenía un rato por delante* antes de que regresara Raúl y le interesaba atraer a aquel hombre.

—Yo no buscaba una galantería sino una información —le dijo ella en tono deliberadamente indiferente, pero su cuerpo un tanto contraído y su inclinación* hacia el desconocido traicionaban sus palabras.
25 —Y yo no esperaba hallar aquí más sueños que los míos propios —contestó él moviéndose ligeramente hacia ella en el sofá— pero la noche es siempre la bienhechora de los poetas.

—¿Es usted poeta?

—No, pero *usted* es la Poesía misma.
30 —Vamos, esta noche tiene usted abierto el grifo* de las galanterías.

—Nada de eso. Estoy hablando como siempre lo hago, con toda sinceridad. Y voy a pedirle un favor. Estaba distraído y no me enteré de su llegada, pero imagino que está aguardando a alguien. ¿Puede usted entretanto concederme un baile?

—Yo no bailo con desconocidos.
35 —Yo no perdería tampoco el tiempo bailando con usted. Cualquiera puede bailar con usted para no tener que hablar. Yo prefiero en vez de bailar una conversación, *hablar* un baile.

—¿Qué quiere usted decir?

—Que yo no puedo bailar, ni lo deseo, entre otros motivos porque en la
40 pasada guerra dejé, como recuerdo de una explosión, una de mis piernas, y la que llevo de repuesto no me permite grandes acrobacias, pero me encantaría que habláramos un baile.

—Oh, lo siento infinito —dijo ella—. Y me encantará que hablemos este baile, precisamente es mi favorito, un vals.

Callaron un instante mientras las notas de un vals imponían en el salón la dictadura de su celeste imperio esférico, y las parejas iniciaban las divinas vueltas en la pista.   5

Él la miró fijamente a los ojos, con los suyos altivos, de mirada despótica, leonina, desafiante. Y ella, un tanto desacostumbrada a no poder humillar la mirada de un hombre, irguió el busto* glorioso, y cruzó las manos sobre una de sus rodillas que dibujaban bajo el vestido su pulida convexidad.

—No nos presentemos —propuso él, sin cesar de mirarla—. Bailemos, hablán- 10 dolo, este vals y despidámonos luego como dos autos que se cruzan en una ruta solitaria de noche, y se dejan como recuerdo el resplandor de sus luces. Hablemos este vals, porque el vals es el más celestial de los bailes, una danza en la que los seres humanos empiezan a dejar de ser terrenales y tratan de empezar a volar. ¿Se ha fijado usted que cada pareja que baila un vals tiene algo de aves que comienzan* a aprender 15 a volar? Yo amo los valses románticos, los de Chopin, espolvoreados de claro de luna y polvo de lirio, los valses sinfónicos que más que piezas de música son visiones de catedrales góticas, y el vals sentimental que se toca en las ferias provincianas y que las modistillas recuerdan luego cuando con las agujas van enhebrando las ilusiones sembradas por el vals, y el vals de oro y seda de una fiesta palaciega. Pero el vals 20 puede ser también cruel. Y recuerdo un vals de mi juventud que no olvidaré jamás.

Pausa. Los torbellinos del vals giraban incesantemente en el aire cálido y Olga, fascinada, seguía mirando los ojos verdes en donde batían el mar y sus tormentas. Los ojos empeñados en humillar su fascinación magnética, y en no impresionarse por su belleza sensual que había destrozado tantas vidas de hombres.   25

—Fue en este mismo casino —siguió hablando él con una voz suave pero que tenía la vigorosa resonancia de un tantán chino—. Hace muchos años. Aún se juga- ban luises de oro, aún brillaban charreteras, botonaduras y tiaras de brillantes, sedas y tisúes, plumas y penachos, en torno a las mesas de juego. Yo era un joven estu- diante y vine, como todos, creyendo que mi mocedad era la red que me permitiría 30 cazar la mariposa de la fortuna. Comencé a jugar y a perder. A mi lado, una dama otoñal, cincuentona, su cuerpo un campo* donde luchaban esbelteces y corpulen- cias, con los ojos azules y el pelo teñido de rubio, de piel blanca, ya con una finísima telaraña de arrugas en torno a los ojos y la boca, jugaba a mi lado con la arrogancia que da el dinero a ciertas personas. Por cada una de mis tímidas fichas de cien fran- 35 cos, ella arrojaba un puñado de luises de oro. Y la fortuna, loca y ciega, la favorecía a ella, y me arruinaba y me despreciaba a mí. Sin darnos cuenta, fuimos los dos interesándonos* cada uno en el juego del otro. Ella, en mi pobreza imposible de ocultar por la modestia de mis puestas, y en la angustia reflejada en mi rostro cada vez que perdía; y yo, en su opulencia y en lo* mucho que la fortuna le estaba favo- 40 reciendo. Tres horas y varios miles de francos después, yo lo había perdido todo, muchas semanas de pensión y comida, y ella tenía ante su asiento varias pirámides de oro que relucían a la luz como el botín de un cuento de piratas. Tambaleándome,

me levanté sin un céntimo y salí al balcón en busca de aire. Al poco rato se me
acercó ella. La sentí llegar por su perfume, antes de verla. Traía apretado en la mano
su monedero lleno del oro ganado. Me habló con bondad y dulzura, pero yo estaba
ciego de ira contra mí mismo por haber perdido, y de rabia contra ella porque había

5   ganado. Me invitó a brindar con champaña por una suerte mejor y acepté. Era una
norteamericana rica, sola, viajera, y en esa edad en la que la mujer sola, al ver amarillear por el otoño su carne y su alma, busca desesperadamente el verdor de una
aventura* juvenil. Del casino fuimos a su hotel. En el balcón de su *suite,* le hablé de
amor. Se deshacía bajo mis palabras como si fuera de mantequilla. Un instante

10 después la tenía entre mis brazos y me pareció que la luna se burlaba de mí. Y
entonces, yo, que no había cesado un instante de pensar en mi situación, sin un
céntimo para pagar mi pupilaje, mi viaje de regreso a París, mi matrícula para los
estudios, callé un instante. Toda la noche habíamos tocado en su fonógrafo *El
Danubio* azul.* El vals parecía mezclarse con el claro de luna y envolvernos en su

15 magia circular. Y en aquel instante, yo estallé de rabia, y empujándola lejos de mí,
la llamé vieja, gorda y fea; le dije que todo su dinero y sus ganancias no podían
comprar un solo beso o una caricia mía. Dejándola aterrada y llorosa, salí del
cuarto, sintiendo que me había desahogado, y que había insultado al Destino que
tan mal me trató y me había vengado de mi mala fortuna. Y atrás quedó ella, en-

20 vuelta en la música cruel del vals romántico.

El hombre calló y Olga le miró fascinada y un tanto sobrecogida. La mágica
telaraña de sus palabras la tenía atrapada como a una tímida mariposa, y sus ojos
seguían hipnotizándola con su fijeza altanera y dominadora.

—Esa es mi historia de un vals cruel, pero tengo otros valses coleccionados en

25 mi vida —continuó él suavizando sus facciones talladas a navaja, con una sonrisa que
iluminó su rostro—. He coleccionado un loco vals que dancé una vez de legionario y
en Argel, cuando estando de centinela me entró el *cafard** en una noche de luna y
arrojando todas mis ropas, loco de Pinot y de nostalgias, bailé durante horas, desnudo
bajo la luna, sobre la arena del desierto, al son de los aullidos de los chacales que

30 se me antojaban en mi fiebre los lamentos de una orquesta de cíngaros. Y recuerdo
el vals del viento sobre las olas en las selvas* del mar, cada ola una hoja; o el
del viento entre las hojas en el mar de las selvas, con flores como espumas, y recuerdo un vals bailado en Bretaña* con una granjera francesa en una casa de campo
abandonada, el vals *Sobre* las olas,* puesto en un viejísimo fonógrafo, artefacto

35 desvencijado en el que el vals sonaba* más a quejido que a caricia. Queríamos ahogar
con el débil chorrito de música de vals el ruido del torrente de explosivos que desde
los aviones se desplomaba sobre el pueblo. Hasta que la explosión de un obús liquidó
de golpe a mi pareja, al vals y a mi aptitud para bailar valses el resto de mi vida.

Olga, anhelosa, jadeante, estaba ya junto al hombre de la cara leonina y los

40 ojos tiránicos. Por el extremo de la escalinata vio asomar la cabeza de su acompañante Raúl, ya de regreso del hotel.

—Óigame —le dijo al desconocido con tono apremiante— mi acompañante está
ya aquí, pero no tengo el menor interés en su compañía. ¡Vámonos juntos adonde

sea, y sigamos hablando otro vals! ¡Ahora o mañana, cuando sea! Dígame cómo podemos encontrarnos. Y apresúrese porque Raúl está aquí, y si nos ve juntos no le agradará.

Él la miró con los ojos verdes chispeando granitos* de sol.

—¿Su acompañante está aquí, madame? ¡Magnífico! El vals ha terminado 5 ya, y como no tengo mi bastón ni tampoco ha regresado mi lazarillo, confío que él me ayude a encontrar la puerta del salón. Y que me diga usted, antes de despedirnos, de qué color son sus ojos.

CUESTIONARIO

1. ¿En qué momento del juego hizo Madame Chaillon su última puesta? ¿Qué símil emplea el autor para describir su gesto? ¿A qué alude la frase "prado de hierba fresca"?

2. ¿Dónde se encontraba Raúl cuando se ofreció para ir por más dinero? ¿Dónde estaba cuando Madame Chaillon miró en derredor suyo?

3. ¿Qué parecidos ve el autor entre: **(a)** Raúl y una ficha de dominó; **(b)** el Casino de Niza y un castillo; **(c)** el cielo de Niza y Olga; **(d)** el hombre del diván y un ídolo azteca; **(e)** los ojos del desconocido y una parra; **(f)** los ojos de Olga y un mineral?

4. Explique por qué eligió Madame Chaillon la acción directa de una pregunta discreta.

5. Ante aquella mirada firme, indiferente, casi despótica, ¿qué piensa usted que sentía Madame Chaillon? ¿Cómo interpreta usted su súbito interés por el desconocido?

6. ¿Por qué no tuvo éste suficiente tiempo para contestar la pregunta de Madame Chaillon? ¿Cómo traicionaba ella sus propias palabras?

7. ¿Qué favor pide él? ¿Por qué no acepta Olga la invitación? ¿Por qué dice el desconocido que no puede bailar? ¿Qué sugiere, entretanto, que hagan? ¿Cómo prefiere que se despidan?

8. Según él, ¿cómo son los valses románticos de Chopin? ¿Qué comparación emplea el autor al hablar de los valses sinfónicos? ¿De qué valses se acuerdan las modistillas? ¿De qué vals de su juventud no se olvidará jamás?

9. De joven estudiante, ¿con qué propósito entró una vez en el mismo Casino de Niza? ¿Con qué se compara su mocedad?

10. ¿En qué época parece haber tenido lugar este incidente? ¿Quién se encontraba en el Casino por casualidad? ¿Por qué parecía jugar con arrogancia? Explique por qué fueron interesándose cada uno en el juego del otro.

11. ¿Por qué, al final de tres horas de juego, salió el joven en busca de aire? ¿En qué pensaba? ¿Quién se le acercó y adónde fueron? ¿Por qué se comportó tan cruelmente? ¿De qué se había vengado?

12. ¿Qué parecido ve el autor entre Olga y una mariposa?

13. ¿Cómo se comportó el desconocido una noche de luna, de legionario en Argel?

14. ¿Dónde y con quién bailó el vals *Sobre las olas?* ¿En qué época tuvo lugar? ¿Por qué se acuerda del obús con particular disgusto?

15. ¿Por qué dijo Olga de repente que se apresurase? Compare y contraste su actitud en este momento con la del comienzo de su conversación.

16. ¿A quién está esperando el desconocido? ¿Qué quiere saber antes de despedirse? ¿Qué se revela en este punto? Analice los pensamientos de Olga al llegar a comprender el significado de la última pregunta del desconocido. ¿Tristeza? ¿Alivio? Explique su respuesta.

TEMAS ESCRITOS U ORALES

1. Catalogue y comente los detalles descriptivos que emplea el autor para señalar la personalidad (a) fría, (b) regia, (c) felina, (d) lánguida, y (e) egoísta de Madame Chaillon.

2. De acuerdo con la pregunta anterior, ¿cómo debe entenderse la imagen que sigue: "tan curiosa de almas como de bolsillos"?

3. Discuta el efecto cumulativo del subjuntivo en el párrafo que comienza por "Óigame."

4. En su opinión, ¿consiguió el autor su propósito de guardar hasta la última frase el secreto de "los ojos más bellos que jamás viera en un hombre"? ¿Qué recursos artísticos empleó el autor para lograr dicho propósito? ¿En qué momento del relato comenzó usted a sospechar la verdad?

5. ¿Cuál parece haber sido la gran victoria del desconocido? Exponga el tema central del cuento y haga ver cómo dicho tema se manifiesta y desarrolla en los valses hablados.

6. ¿Qué papel parece representar la escalinata del Casino en la estructura del cuento?

7. Se ha dicho del autor de este cuento que "expone con elegancia e ingenio las paradojas del alma humana." Relacione esta observación con sus propias impresiones.

MODISMOS

Emplee los siguientes modismos en oraciones originales.

1. comenzar a + *inf* 2. darse prisa 3. empezar a + *inf* 4. fijarse en 5. tañer sus campanadas

El rescate

MEDARDO FRAILE

MEDARDO FRAILE (Madrid, 1925). Comediógrafo, narrador. Reside en Glasgow. Se doctoró en Letras en la Universidad de Madrid. En la actualidad enseña español en la Universidad de Strathclyde. Su labor teatral es muy importante. Como cuentista destaca por su sencillez y finura, y en el género se le considera uno de sus más altos cultivadores. Ha publicado cinco libros de cuentos: *Cuentos con algún amor* (1954); *A la luz cambian las cosas* (1959); *Cuentos de verdad* (1964), al cual pertenece *El rescate; Descubridor de nada y otros cuentos* (1970); y *Con los días contados* (1972). Los cinco merecieron elogiosas críticas, y *Cuentos de verdad* el Premio de la Crítica, correspondiente a 1965. Colabora, con cuentos y artículos, en los diarios y revistas españoles más importantes y buen número de latinoamericanos, y ha dado conferencias en España, Francia y Gran Bretaña. Dieciséis relatos suyos, hasta hoy, han sido recogidos en antologías españolas y extranjeras.

A José Luis Castillo Puche,*
por préstamo de personajes.

Se llevaron a Juana al camposanto. Bastantes viejos de la edad de Frasquito, el cuñado de Juana, los sobrinos y tres o cuatro mujeres fueron al entierro. Juana y Frasquito eran muy conocidos. Antes, por ser, aunque pobres, parientes lejanos de don Roque, el más rico del pueblo. Luego, desde hacía* cuatro años, por el robo de que habían sido víctimas. Don Roque les había dejado en el [5] pueblo próximo, al morir, una viña. Como no tenían hijos, la vendieron. Y cuando volvían de venderla, en el tren les robaron todo el dinero. Les habían robado la vejez tranquila y un viaje a Valencia para que Juana se arreglase* la boca. Los guardias civiles no averiguaron nada. Antes, a Juana y Frasquito les llamaban "los de don Roque". Luego, al referirse a ellos, decían "los del robo". [10]

La muerte de Juana, adelantada por el disgusto* y la guerra, había vuelto a airear los detalles del famoso hecho. Y Frasquito, detrás de la caja, oía a sus espaldas palabras sueltas, retazos de conversación, frases y hasta alguna amortiguada risa, que

aludían probablemente al robo del tren. Aquel robo no lo habían borrado ni tres años de guerra.* Una rabia desamparada se iba* apoderando de Frasquito, y al echar sobre la caja el primer puñado de tierra que la cubriría, dijo borrosamente en un sollozo oscuro, mojado: "Lo van a devolver todo. Ya verás. Todo el dinero, Juana."
5 No le entendieron, y la gente escuchó mirando al suelo, con frialdad y respeto, creyendo haber oído una promesa, un juramento o el anuncio de algo que el tiempo se encargaría de torcer y aventar.

Pasaron uno por uno los acompañantes dando la mano al viudo, al cuñado de Juana y a los sobrinos, y se fueron reuniendo en grupos o parejas camino del pueblo,
10 liando tabaco, charlando sobre el estado del campo, alejándose de espaldas a una muerte ajena.

Frasquito no fue a dormir a casa de ningún sobrino. Aguantó hasta muy tarde la compañía familiar y de las mujeres, que habían organizado un rosario. Luego se quedó en su casa solo, donde había vivido siempre con Juana. Atrancó la puerta,
15 echó detrás un jergón de paja y una manta y allí se arrebujó quieto, en la oscuridad, casi rozando con los pies la puerta de su cuarto, mirando al techo, pensando en lo que sería la muerte y en que su Juana estaría terriblemente sola y sentiría mucho frío y quizá se extrañara con mudo, inexpresable dolor, de que él no estuviera allí, con ella, como siempre; de que la hubiera dejado allí, tan lejos, debajo de la tierra,
20 como si ella, la pobre Juana, tan inocente, tan niña, pudiera entender una muerte tan en serio, tan irremediable, tan sellada. "Juana, hija, acostúmbrate a no estar conmigo; primero, un ratito; luego, otro; así, un poco más, un poco más. La tierra es seca, dura y ciega, pero Dios Nuestro Señor está al tanto, hija mía, y Él, poco a poco, con mano lenta y firme, te irá haciendo* a que no te vuelvas para mirarme, a que
25 estés sin mí días y días —y aquí se le llenaron los ojos de lágrimas—, y hasta puede que sea mejor, y que estés más alegre, y un día, Juana, sabrás cómo sufren en el infierno los que nos han robado".

No. Él estaba seguro de que el hombre obsequioso del tren tenía que vivir aún. ¿Era aquél el ladrón? ¿O había sido el fotógrafo del* caballo, que les hizo un
30 retrato en la plaza del pueblo? No lo sabía. No lo había sabido nunca. Habían sido todos. El notario, que les acuciaba tieso con brusquedad y prisa; los hermanos Gómez, que al hacer la compra entornaban, riéndose, los ojos, insistiendo en que habían pagado bien; el mediador Carrasco; los hombres parados en la plaza con sus blusas largas, oscuras, mirándoles con descaro, con malicia y sorna; el sacristán de la
35 iglesia, a la que Juana se empeñó en entrar para ofrecer una misa por don Roque; el mismo tren abarrotado de gente, de gritos, de humo, de sol y viento, de paradas inexplicables y mareantes, de ajetreo, vehemencia, empujones. Todo había sido una golfa complicidad para arrumbarles de nuevo al jornal de la tierra, a la miseria desolada, íntima. A él ya todo le daba igual.* Y murmuró elevando las cejas, volviendo
40 la mirada al cementerio: "Si no estoy aquí para los Difuntos,* Juana, piensa que nos están devolviendo el dinero, todo, hasta la última perra. Dios te arrimará alguna florecica en el viento". Y esperó* a que en la puerta del corral azulearan las rendijas.

Se levantó en silencio y estuvo un rato indeciso en la puerta de su alcoba. Abrió de golpe y entró dispuesto a no mirar, a no respirar casi. Vio sobre una silla su traje de pana. Se lo puso de prisa, torpemente. Abrió el último cajón de la ventruda cómoda y unos ojos fuertes, campesinos, vivos, le miraron desde una cartulina. Estaban los dos en aquel retrato de boda, tiesos y como clavados al suelo con raíces, pero a ella 5 se la veía en seguida, antes que a él. Lo guardó en el bolsillo interior de la chaqueta. Cogió un jersey pardo, una manta, su tapabocas negro, su gorra negra. Y salió de la alcoba a trompicones, casi ahogándose, y recostado en el pasillo se le fueron* dos lágrimas, porque, aunque no quería, la había sentido a ella, había olido a Juana, aún estaba en la alcoba su calor humano. Olía como él sabía que Juana olía los domin- 10 gos. Y la cómoda por dentro estaba llena de ella. Abrió la puerta de la calle cuando la oscuridad se iba hinchando de luz, y ahora solo, como la madrugada cruelmente alegre y azarosa en que salió con Juana, se fue* acercando despacio a la estación y se sentó al llegar, esperando. Apareció el tren como un animal negro, resollante, forzado a látigo a hendir la madrugada, como una ojera* desmedida y sucia. Sacó su 15 billete. Subió al vagón. Cuando arrancó el tren el campo estaba como aterido de frío, se oyó el viento silbar a un extremo* y aún quedaban estrellas. " ¡Qué noche! ¡Qué dureza para un cuerpo tan recién muerto! ¡Mi pobre Juana! ¡Qué oscuro abandono! ¡Qué horror es echar tierra encima de una vida, como un sencillo rito, como un juego casi, y no volver a levantarla más! ¡Nunca más!" Frasquito, con los ojos bien abier- 20 tos, miró por la ventanilla y movió sus labios hendidos, temblorosos: "¡Adiós, Juana! ¡Adiós, mi Juana, hija!" El andén estaba solo. Él movía una mano hacia las losas despidiéndose de su mujer muerta, que había sido además su hermana insepa- rable. Miraba los tejados del pueblo, la escuela, la casa de don Roque, la iglesia, la torre del Ayuntamiento y, en la primera curva de la vía, la tapia oeste del cemente- 25 rio y un ciprés.* Allí estaba acostumbrándose sin remisión a su muerte, enfriándose* de los besos de Frasquito, de la maraña hembra y corpórea de los quehaceres caseros, de las charlas y risas con la vecina, de las tardes templadas y largas, tan ricas, a la puerta. Allí estaba ahora, entrando opaca y tristemente en un mundo tan grande, tan ceremonioso, tan sin tierra,* que ella no sería nada. Porque sucedía que Juana, 30 la pobre, tan a la humilde hechura* de este mundo, ahora tenía una importancia increíble; entraba en un enfático, azarante, río de eternidad.

Cuando bajó del tren, la mañana se barnizaba con un sol claro, tibio. Pensó que Juana estaría ahora descansando de la horrible noche de frío y soledad; desentu- meciéndose, con sueño, y puede* que le llegara el piar de algún pájaro y la evidencia 35 de la luz arriba. Frasquito se adentró despacio por aquellas calles, que olían un poco a anís, a cántaro y esparto. El pueblo del robo, destartalado, grande, luminoso, se desperezaba aún. Al llegar a la plaza miró a un lado y otro con indiferencia y se sentó en un banco. Había, como cuando vinieron a vender la herencia, hombres parados, charlando o en silencio. Pasaron unas chiquillas acarreando agua. Pasó un 40 hombre con un burro pregonando algo. Y un *Ford* antiguo, negro, lleno de barro y polvo, con un claxón engolado, apremiante, que conseguía a duras penas que se

apartaran los hombres. En una esquina, sobre los soportales, un letrero de chapa:
"Notaría". Había sido ahí. Ahí empezó todo. Quizá desde la puerta les siguieran el
rastro. Alguien que lo sabía avisó a los desalmados, uno o más, los* que fueran.
Frasquito se acordó de Juana, temblequeó endureciéndose como un sarmiento,
5   apretó con las manos el mango de la cayada y se le humedecieron los ojos. Aquí
estaba ahora a pedir limosna, a pedir lo suyo,* perra a perra, a* que le mantuvieran
hasta el fin. Se lo devolverían todo. Viviría de lo suyo hasta que muriese. No podía
ni quería trabajar más. Ya lo hizo cuando vivía Juana, porque ella nunca habría
consentido que fuera un mendigo. Tampoco le habló en vida de sus propósitos,
10   porque le habría hecho jurar que nunca haría eso. Pero ahora lo tenía* pensado.
Siempre se pide lo que otro roba.* Donde hay ladrones tiene que haber mendigos.
Imaginaba su dinero esparcido en las familias del pueblo, formando, al extenderse,
una red de acequias, un árbol genealógico de la infamia. El que menos* llevaría en
el chaleco la calderilla del robo. Todos pagarían ahora como Dios manda.
15   Se acercó hasta la iglesia. Había dos mendigos en el suelo, a la puerta, y
Frasquito les saludó levantando una mano. Luego se les quedó mirando, les clavó
los ojos como advirtiéndoles: "Ni a pedradas me echaríais de aquí". Los mendigos
miraron al suelo y luego a un lado, hurtando los ojos como si les dañara el sol.
Sentóse en las gradas, puso en el escalón la gorra negra al revés* y esperó moviendo
20   los labios como él había visto que se hacía, como hacían los otros cuando pasaba
alguien. Entraron y salieron unas cuantas mujeres. El dinero empezó a relucir opaco
en la tela negra de la gorra, a caer como espaciada lluvia de goterones gordos. Él se
estaba quieto, mirando a lo lejos, más allá* de las calles, del campo. No hacían caridad para él, sino justicia. Le devolvían sin prisa y en fracciones pequeñas lo que le
25   debían todos. La caridad era su moneda de salvación. Él pensaba lo que pensaba y
ellos creían estar llenando la hucha* del Más Allá.
        Cuando llegó el mediodía, los otros pobres se fueron y únicamente el sol subió
despacio las gradas de la iglesia. Un sol picante, dorado. Por un callejón subía un
asmático olor a aceite y a pescado frito. Frasquito no tenía aún dinero para comer,
30   y esperó paciente, con cierto regodeo. Esperaba la novena, las confesiones de la
tarde. Y como no tenía otra cosa que hacer se coló en la iglesia tímidamente, y en la
última losa, junto a la puerta y la pila de agua bendita, rezó por Juana a Dios, que
estaba al otro extremo erizado* de oro. Se dio cuenta de que esto lo podía hacer
muy bien todos los días, y beatíficamente se alegró.
35   Frasquito fue acreditándose como recipiente de la caridad pública, se convirtió en costumbre de limosneros, en mendigo perfecto. Su indumentaria iba mejor
cada día con su condición, se hacía gastada, polvorienta, dócil.* Dormía Frasquito
en abrigos rocosos, apretado a las tapias contra el frío. Hacía cola con su lata alargada, reluciente, a la puerta del cuartel, del convento. Quisieron* echarle muchas
40   veces porque no era del pueblo. Pero él sabía que los que comen y no quieren man-
charse se cansan antes que los que no comen y ya están manchados, y no lo consiguieron. De cuando en cuando hablaba en voz alta. Era con Juana. Otras veces, de

noche, a ras de tierra, para que ella escuchara mejor su voz. Juana sabía ya lo que era el sol de fuego sobre su tumba; la lluvia helada, abundante, que atraviesa y encharca sin piedad a los muertos, el ancla al cuello de la muerte. Juana estaba definitivamente muerta, sin remedio.*

Él hacía cuentas casi todas las noches. "Nos han devuelto ya ocho mil dos- 5
cientas, ocho mil trescientas, ocho mil trescientas noventa y siete". Se lo contaba a Juana, de la* que había olvidado muchas cosas que se emperraba en recordar semanas enteras, sin conseguirlo a veces. Juana iba* siendo un nombre sólo, un interlocutor sin cuerpo, algo borroso y, sin embargo, ligado a él, no sabía por qué, misteriosamente. Así estuvo seis años, y una noche, harto y blanco de escarcha, se 10
le paró el corazón. En su chaqueta encontraron un retrato de boda doblado, des- vaído, mugriento. Y dos papeles sucios escritos a lápiz. Uno, lleno de sumas, con una cantidad repasada y subrayada varias veces. Y otro en el que ponía: "Que me entierren con Juana en Hécula. Soy Frasquito".

Aquel hombre le había costado al pueblo cuarenta y dos mil trescientas 15
dieciocho pesetas. Según sus cuentas, la caridad dejó* a deber a la justicia, salvo error, ochenta y dos mil seiscientas setenta y siete pesetas.

CUESTIONARIO

1. ¿Quiénes asistieron al entierro en el camposanto de Hécula? ¿Por qué eran tan conocidos Juana y Frasquito? Al echar el primer puñado de tierra sobre la caja, ¿qué promesa hizo Frasquito a la difunta?

2. Al llegar a casa, ¿qué hizo? ¿En qué comenzó a pensar? ¿Cómo estaría Juana? ¿Qué sentiría? ¿De qué se extrañaría? ¿Qué concepto de la muerte no llegaría nunca a comprender? ¿Qué querría Frasquito que tratara de hacer poco a poco? ¿Quién ayudará?

3. ¿Cómo se condujeron los hermanos Gómez el día de la compra de la viña? ¿En qué se empeñó Juana aquel mismo día?

4. Cuando se levantó Frasquito, ¿qué se puso de prisa? Describa lo de la cartulina. ¿Por qué salió casi ahogándose de la alcoba?

5. Señale la comparación que se hace entre el tren de la madrugada y un animal negro. Explique la imagen de la ojera.

6. Comente la frase: "su mujer muerta, que había sido además su hermana insepa- rable." ¿Cómo solía pasar Juana su tiempo?

7. ¿Con qué intención volvió Frasquito al pueblo del robo de la herencia? ¿Qué llevaba consigo en el bolsillo interior de la chaqueta? ¿Por qué no había discu- tido jamás su propósito con Juana? ¿Qué llevó consigo para ayudarse a andar?

8. ¿A quiénes vio Frasquito delante de la iglesia? ¿Por qué les miró con tanta fijeza? ¿Dónde y cómo puso la gorra negra? ¿Con qué se compara el dinero que en ella caía? ¿Qué representa el dinero para él? ¿y para los limosneros? ¿Por qué tenía que esperar la novena? ¿Dónde rezó por Juana y de qué se alegró? ˙

9. ¿En qué se convirtió lentamente? ¿Dónde hacía cola? ¿Qué hacía muchas veces a ras de tierra? ¿Y qué hacía casi todas las noches?

10. Con el tiempo, ¿qué se emperraba Frasquito en recordar semanas enteras, sin conseguirlo a veces?

11. ¿Qué encontraron en su chaqueta junto con dos papeles sucios escritos a lápiz?

12. En seis años de mendicidad, ¿cuántas pesetas había costado Frasquito al pueblo del robo? ¿Cuántas, según sus cuentas, dejó a deber la caridad a la justicia, salvo error u omisión?

TEMAS ESCRITOS U ORALES

1. Comente con detalles la manera de cumplir Frasquito la promesa hecha a la difunta Juana.

2. Analice y comente la metáfora de la "red de acequias, un árbol genealógico de la infamia".

3. Frasquito hacía cola con la lata alargada, reluciente, a la puerta del cuartel, del convento. Quisieron echarle porque no era del pueblo. Explique por qué no lo consiguieron.

4. El autor describe la muerte de Juana como una entrada "en un mundo tan grande, tan ceremonioso, tan sin tierra, que ella no sería nada." Continúa diciendo que Juana ahora tenía una importancia increíble porque "entraba en un río de eternidad". Analice el significado de cada cita y discuta la aparente paradoja que el autor sugiere.

5. Exponga el tema esencial del cuento y haga ver cómo dicho tema se relaciona con las dos citas siguientes:
   (a) Siempre se pide lo que otro roba; (b) Donde hay ladrones tiene que haber mendigos.

6. Frasquito estaba seguro de que el robo del tren fue obra de una complicidad en el pueblo próximo. Haga un pequeño estudio de los culpados. ¿Fue el notario? ¿el mediador Carrasco? ¿los hermanos Gómez? ¿Quién sería el hombre obsequioso del tren? ¿Por qué les miraron con malicia los parados en la plaza?

7. ¿Tendría razón Frasquito al hacer que el pueblo entero le restituyera todo el dinero perdido? Opine ampliamente.

MODISMOS

Emplee los siguientes modismos en oraciones originales.

1. a duras penas   **2.** a látigo   **3.** a pedradas   **4.** a ras de tierra   **5.** a (sus) espaldas   **6.** a trompicones   **7.** a un extremo   **8.** dar igual a   **9.** dar la mano a   **10.** de espaldas a   **11.** de golpe   **12.** días a días   **13.** estar al tanto (de)   **14.** hacer cuentas   **15.** subir a

Los informes

CARMEN MARTÍN GAITE

CARMEN MARTÍN GAITE (Salamanca, 1925). Novelista, cuentista. Reside en Madrid. Casada con el escritor Rafael Sánchez Ferlosio. Doctora en Filosofía y Letras. Publica cuentos en varias revistas. Ganó el Premio Café Gijón 1954 con *El balneario,* de que forma parte *Los informes,* y el Premio Nadal 1957. Una de las grandes revelaciones de la joven literatura española y una de las novelistas de más fina sensibilidad de la hora actual, cultiva el relato breve "en el que vierte un sentido irónico, lleno de ternura y honda poesía, y a veces de amargo escepticismo." Vive en sus obras la tristeza de la juventud sin esperanza. Ofrece un panorama sincero y desolador de "un mundo poblado de seres que sufren." *Los informes* también aparece en ACEC, 303-317.

Dice la señorita* que espere usted, que ahora está ocupada.

La doncella es alta, bien plantada y mira de frente al hablar. Va muy limpia* y le brilla el pelo. "Debe ser de mi edad" —piensa Concha—. Luego baja los ojos un
5 poco avergonzada y se queda apoyada contra la puerta. Hace fuerza como para sentirse más segura. Nota que se le clava en la espalda, a través del abriguillo raído, algo así como un hierro en espiral, de esos que sirven de adorno. Se está haciendo daño, pero le gusta sentir este dolor, lo necesita. Si no, caería al suelo de cansancio.

Hace cuatro noches que no pega ojo. La última, la del tren. Todavía tiene
10 metido en los sesos el exacto, invariable, agobiante, "chaca, chaca" de las ruedas del tren, marcando* el tiempo en lo oscuro.* Le parece que este resoplar trabajoso de los hierros* le ha formado por dentro de la cabeza dos paredes altísimas, entre las cuales se encajona y se estrecha todo lo que desea, lo que sufre y recuerda. Y que por eso lo siente avanzar* a duras penas, tarado, encarcelado, vacío de esperanza.
15 Sólo el ruido del tren en la noche. Era como contarse los latidos del corazón. Y ¿quién habría podido dormir con la incertidumbre y con aquella pena? Horas y horas mirando por la ventanilla, limpiando de vez en cuando el cristal empañado, acechando ansiosamente algún bulto de árbol o de casa sobre las tierras frías. Y alguna vez se veía un pueblo lejos, con las luces encendidas; diez o doce luces tem-

blonas, escasísimas, aplastadas* de bruces en lo negro. Y otras veces el tren pitaba largo, largo, como llorando, como si se fuera a morir, y echaba a andar más flojo* y llegaban a una estación. A lo mejor montaba alguien y se le veía pasar por el pasillo; se oían sonar sus pies y los ruidos que hacía hasta acomodarse. Era el tren correo, y en las estaciones se eternizaba. Casi se deseaba volver a oír el ruido de las ⁵ ruedas; tenía un miedo de quedarse para siempre en aquel pueblo tan solo, tan escondido, como visto a través de niebla y legañas, en aquel andén que levantaba su escuálida bombilla encima de unos letreros, de unos cajones, de un hombre borroso con bandera en la mano. Quería una volver a correr, a tragarse* la noche, porque de una manera o de otra era como caminar hacia el día. 10

—Pero pase usted, no se quede ahí. Siéntese un poco, si quiere.

Concha da las gracias y se separa de la puerta. El hierro se le ha debido* quedar señalado transversalmente en la carne, debajo de las paletillas. Siente ganas de rascarse, pero no lo hace por timidez. La chica le ha dicho que se puede sentar, y ella está muy cansada. Mira las sillas que tiene cerca; todas le parecen demasiado buenas. 15 También hay, unos pasos más allá, un banco de madera, pero tiene almohadones. A pesar de todo es, sin duda, lo más a propósito.* Se acerca a él. Todavía levanta los ojos, indecisa.

—¿Aquí? ...

—Sí, sí, donde usted quiera. 20

Vaya* con el desparpajo y el mando que tiene aquí esta chica. Seguramente estará hace mucho tiempo. La casa parece bonita y es de baldosa. Se ve bien por los lados, aunque hay una alfombra ancha. A lo mejor en alguna habitación tienen piso de madera, pero no es lo mismo; lo peor es cuando hay que sacarle cera a todo el pasillo. Claro es que a ella es muy posible que la quieran para la cocina, porque la 25 doncella parece esta otra chica. En la frutería no se lo han sabido especificar y ella tampoco se anduvo preocupando* mucho, porque no está la cosa para remilgos. Entró a comprar una naranja y preguntó si sabían de alguna casa. Le dijeron que en el treinta y dos de la misma calle, que eran sólo cuatro de familia y que daban buenos sueldos. A la misma frutera le dejó la maleta y se vino para acá corriendo. Vaya* 30 una suerte que sería colocarse pronto, no tener que ir a quedarse ni siquiera una noche en casa de la tía Ángeles. A lo mejor esta misma noche ya puede dormir aquí. Dormir, dormir. El ruido del tren se habrá ido alejando* y sólo quedará como un tamborileo calle abajo. Dormir. Estar colocada. A lo mejor esta misma noche.

Concha se mira insistentemente las puntas de los zapatos. ¿Se habrá ido la 35 otra chica? Encima de esta alfombra tan gorda no se deben sentir las pisadas, seguramente se ha ido. Pero alza los ojos y la ve un poco más allá, colgando un abrigo en el perchero. En este momento se ha vuelto y mira a Concha. Se acerca.

—¿Cómo se llama usted?

—Concha. Concha Muñoz. 40

—Yo me llamo Pascuala, pero me dicen* Pascua, porque es más corto y más bonito. ¿Ha servido más veces?*

—Sí, hace tres años. Luego me tuve que volver al pueblo, porque mi madre se puso mala.

—¿De qué pueblo es usted?

—De Babilafuente.*

5 Pascuala se da cuenta de que le tendría que preguntar qué tal está ahora su madre, pero no se atreve a hacerlo. La chica viene toda vestida de negro y se le marcan* mucho las ojeras tibias, recién surcadas, en vivo todavía.

—Babilafuente, Babilafuente..., eso cae por Salamanca,* ¿no?

Concha suspira.

10 —Sí, por allí cae.

Vuelve a bajar los ojos. Al decir que su pueblo cae le ha parecido verlo rodar por los espacios como a una estrella desprendida, lo ha vuelto a sentir dolorosamente perdido, hecho migas, estrellado contra el suelo. La estación, la fuente, la era,* las casas gachas y amarillas de adobe, el ladrar de los perros por la noche, los domingos, 15 las bodas, el verano, la trilla. Todo borrado, desaparecido para siempre.

—¿Tiene usted familia aquí?

—Sí, pero como si nada.* Una tía* segunda. Todas las veces que he venido me coge a desgana y como de limosna. Muy apurada tengo que verme para volver allí. Cuando* lo de mi madre se ha portado tan mal.

20 Pascuala comprende que no tiene más remedio que hacer la pregunta:

—Su madre, ¿ha muerto?

—Sí, hace tres semanas.

—Le acompaño* en el sentimiento.

Concha siente que se le inflan los ojos de lágrimas. Levanta la cabeza y mira a 25 la otra. Por primera vez habla violentamente, a la desesperada, como si diera patadas y mordiscos, como si embistiera. Busca el rostro de Pascuala, sus ojos, y quisiera verlos bañados por su mismo llanto.

—Me he quedado sola en el mundo, sola, sola. Ya ve usted. Dígame lo que hace una mujer sola, sin el calor de nadie. Aunque la madre esté enferma, aunque no dé 30 más que cuidados. Pero una vuelve a su casa y sabe que tiene su sitio allí esperando. Y cierra una las puertas y las ventanas y se está con su madre. Y si se comen unas patatas, se comen, y si no, no se comen. Pero está una en su casa, con los cuatro trastos que se han tenido siempre. Antes, cuando vine a servir la primera vez, me gustaba venir a la capital, pero es porque sabía que siempre tenía el pueblo detrás de 35 las espaldas y que, al primer apuro, me podía volver con mi madre, y que iría por las fiestas y tendría a quien escribir. Así es muy fácil hacerse la valiente y hasta decir que está una harta de pueblo y que no quiere volver nunca. Ahora he tenido que vender el cacho de casa y, con las cuatro perras que he sacado por ahí, sí he tenido para pagar las deudas y venirme. No tengo a nadie, nadie me ha ayudado; segura- 40 mente valía más la casa, pero a una mujer sola siempre la engañan. Tan sola qué voy a hacer, fíjese, tan sola como estoy.

Le tiemblan las palabras, se le atropellan, y le corren lágrimas en reguero por las mejillas enrojecidas. Pascuala se acerca y se sienta en el banco a su lado. Le alarga un pañuelo que saca de la manga.

—Vamos, no llore más. Ojalá se pueda quedar aquí. Ande, séquese los ojos. No tenga esa cara para cuando la vea la señorita. Qué le vamos a hacer, mujer. Lo que Dios mande.   5

Han llamado a la puerta, Pascuala se levanta y va a abrir. Es un hombre con una cesta llena de comestibles. La descarga en el suelo.

—Vaya,* ya era hora de que vinieras. No, no. No la dejes. Éntramela a la cocina, que pesa mucho. Y cierra, hijo. Vaya* un frío.

El hombre vuelve a coger la cesta y sigue a Pascuala por el pasillo. Pasan por   10
delante de Concha. Pascuala dice:

—¿Quiere venir a esperar a la cocina, que estará más caliente?

—No, no, gracias. Estoy bien aquí.

Ellos se meten por unas cortinas que deben dar a otro pasillo. Le parece a Concha que quedándose aquí, al lado de la puerta, la verán todos al entrar y al salir,   15
y es más difícil que se olviden de ella. Ahora que está sola, se seca bien los ojos a restregones y se promete a sí misma no volver a llorar delante de extraños. Esta chica la ha oído con simpatía y compasión, pero, después de todo, a nadie le importa* de las cosas de uno. Llorar es perder el tiempo. Nada más que perder el tiempo.   20

Casi se hace daño de pasarse tan fuerte el pañuelo por los ojos. Luego se suena, y lo guarda hecho un gurruño húmedo en el hueco de la mano. Dentro de una habitación un reloj da doce campanadas. Que no tarden,* por Dios, que no se olviden de ella. También la señorita ya podía acabar con lo que estuviera haciendo. Piensa si su maleta estará bien segura en la frutería. La mujer no puso* muy buena   25
cara, parece que no tenía ganas de guardársela. Como si la maleta le fuera a estorbar allí para algo. Le dijo: "Bueno, pero si no vuelves pronto, no respondo." ¿Se la robará alguien? La dejó bien escondida, detrás de un cesto de limones, pero había tanto barullo en la tienda. Por los retratos lo sentiría, casi sólo por los retratos. Más de lo que ha perdido ya no lo puede perder.   30

Enfrente, detrás del perchero, hay un tapiz grande en colores verdes y marrones representando una escena de caza. Aparecen allí unos señores vestidos muy raro,* como antiguos, y uno de ellos tiene cogido un ciervo por los cuernos y se ríe. Esta casa tiene que ser muy rica. Todas las sillas están tapizadas de terciopelo. Concha mira también los cuadros y la lámpara de cristalitos colgando. Se pregunta si todo   35
esto le llegaría a ser familiar, si ya mañana mismo y todos los días que sigan pasará delante de ello sin mirarlo más que para quitarle el polvo, sin que le extrañe su presencia. Ella se piensa portar muy bien. A lo mejor se hace vieja en esta casa, pisando por encima de esta alfombra, abriendo y cerrando estas puertas que ahora no sabe siquiera a qué habitaciones corresponden.   40

Las puertas son de cristal esmerilado. Detrás de la primera, según se entra de la calle, ve ahora Concha la silueta de un niño que se empina para alcanzar el pica-

porte. Se ve que le cuesta mucho trabajo llegar, pero por fin logra abrir y sale. Es un niño como* de cinco años. En la mano izquierda lleva unos cuadernos y unas cajas de cartón. Los sujeta contra la barbilla y saca la lengua muy apurado, mientras trata de volver a cerrar la puerta con la mano libre. Ve a Concha y se sonríe, como tra-
5 tando de disimular su torpeza.

—Es que no llego.* Ven.

La caja de más arriba se le está escurriendo. Concha se levanta y le coge todas las cosas. Luego cierra la puerta. El niño la mira, contento.

—Ya.* No se ha caído nada. Tenlo un poco todavía, que voy a abrir allí. Ven.
10 Ha echado a andar por el pasillo y ella le sigue. Se para delante de la puerta siguiente. Otra vez se empina.

—Aquí. Ahora aquí.

Concha adelanta el brazo y baja el picaporte. Luego le da al niño los cuadernos y las cajas.
15 —Toma, guapo.* Entra, que ya cierro yo.

El niño va a entrar, pero se vuelve. Alza la boca, como para dar un beso. Concha se agacha un poco y pone la mejilla. Luego cierra la puerta y se vuelve al banco de madera. La habitación parecía un cuarto de estar, pero no se ha fijado en lo de la baldosa. No ha visto a nadie dentro. El niño, qué rico* es. A Concha le
20 gustan los niños. Si se quedara en la casa seguramente llegaría a quererle mucho. Le gustaría quedarse en la casa.

Se oyen pasos y risas por el otro pasillo. Sale Pascuala seguida por el hombre de los ultramarinos, que ya trae la cesta vacía.

—Sí, claro, qué listo. Y un jamón.
25 —Nada de listo.* Ya verás como hablo yo con tu novio.

—Lo menos.*

—¿Qué te apuestas?

—Vamos, quita.*

Han llegado a la puerta.
30 —Adiós, preciosidad.

—Adiós, y que te alivies.*

—Entonces, ¿no sales el domingo?

—Sí, pero no contigo. Qué más quisieras.*

—Mala persona, orgullosa.
35 —Anda, anda, adiós. Vete de una vez.

Concha está muy triste y se vuelve a poner nerviosa acordándose de la maleta. ¿Serán ya las dos y cuarto? Cuando Pascuala cierra la puerta de la calle, alza los ojos y le pregunta:

—Por favor, ¿cree usted que tardará mucho la señorita?
40 —Ay, hija, según* se dé... Calle, parece que ahora suena el timbre de casa. Debe de ser ella. Espere.

Pascuala llama con los nudillos a la misma puerta por donde el niño acaba de entrar. Luego la abre y se queda en el umbral, recibiendo una orden que desde fuera no se entiende. Vuelve la cara y le hace una seña a Concha para que se acerque. Concha se levanta y va. El corazón le late fuertemente. Pascuala se retira para dejarle paso.

—Aquí está la chica, señorita. Ande, entre usted, mujer. 5

Concha avanza unos pasos.

—¿Da usted su permiso?

Pascuala ha cerrado la puerta y se ha ido. Concha, de pronto, se siente desamparada y tiene mucho miedo. De no saber qué decir, de echarse a llorar como antes. La señorita está sentada a la camilla,* delante de un balcón que hay al fondo. Tiene 10 unos ojos claros, bonitísimos, los más bonitos que ha visto Concha, y el pelo muy rubio. A ella le desconcierta que sea tan guapa. Menos mal que está el niño también, sentado enfrente, al otro lado de la camilla, delante de sus cajitas y sus cuadernos, Los dos han levantado la cabeza y la miran fijamente. La mirada de la señorita le produce a Concha mucho malestar. 15

De un solo recorrido los ojos azules han formado su juicio. "Vaya, de las que no han perdido el pelo de la dehesa.* Qué facha, Dios mío. Qué pies, qué permanente. Atroz, impresentable. De* quedarse tiene que ser para la cocina."

—Pase, pase usted. No se quede ahí, a la puerta. "Tal vez limándola, arreglándola un poco..." La chica se acerca. Los ojos azules van de un desaliento a otro. 20 Ahora se detienen en el abrigo parduzco, recosido, dado la vuelta,* apurado por los codos, teñido varias veces, heredado de alguien que ya lo desechó cuando era muy viejo. Todavía conserva de su antiguo esplendor algunos cortes y adornos sin sentido. Esta chica va a ser de las que hay que vestir de arriba abajo. Aunque quizá convenga más si, en cambio, es desdolida para el trabajo. Desdolida y que rinda* bien y que 25 no presuma.* Seguramente tendrá pocas pretensiones y no le importará ir cargada a la calle con cualquier clase de paquetes. Cargada con lo que sea, sin cansarse, sin protestar, como tiene que ser una criada. Estas cerriles tienen casi siempre esa ventaja.

—¿Usted entiende de cocina?

Concha siente un alivio enorme al oír hablar a la señorita. Si se queda callada 30 un rato más no lo hubiera podido resistir. Traga saliva y contesta atropelladamente:

—De cocina no mucho, señorita. Bueno, lo corriente, lo que se sabe en los pueblos. Pero yo puedo aprender a lo que sea. Antes he estado siempre de doncella.

—¿Dónde ha servido usted?

—Primero allí, en el pueblo, con unos señores.* Luego vine a Madrid y estuve 35 en una casa.

—¿Cuánto tiempo?

—Seis meses.

—Y ¿por qué se salió?

—Porque mi madre se puso mala y me tuve que ir a cuidarla. No me tenía 40 más que a mí.

—¿Cuánto tiempo* hace de eso?

—Tres años.

—¿Tres años ha estado mala su madre? Qué raro.

Concha siente otra vez mucho desasosiego. No sabe cómo dar pruebas de lo que dice. Contesta mirando de frente, con amargura:

—Era cáncer. Usted habrá oído hablar. Una enfermedad muy larga.

Hay una breve pausa.

—Entonces, ¿a usted no le importaría quedarse para la cocina?

—Yo, como usted diga.

—Bien, y de sueldo, ¿qué?

—En la otra casa ganaba veintiún duros.

—¿Se conforma con eso?

—Sí, señorita.

En los ojos azules hay un imperceptible parpadeo. Después de todo puede tener ventajas esta chica. Todas las que han venido a pretender pedían doscientas pesetas.

—Bueno, pues vuelva usted. Pediré los informes.*

A Concha se le viene* el mundo encima.

—¿Volver? Ay, señorita, si pudiera pedir los informes ahora. En la casa donde estuve tenían teléfono. Se llaman Ortiz, en la calle de Cervantes.* Podía usted llamar.

La señorita la mira. Cada vez que la mira, a Concha le dan ganas de desaparecer, de marcharse a la tierra con su madre.

—¿Tanta prisa tiene?

Concha siente deseos de contarle lo de su tía, lo de su madre, lo de su pueblo, todo lo que le aprieta el corazón, lo que está taponándole el aire que respira. Pero se contiene a tiempo y se limita a responder:

—Lo digo por no trotar más casas y porque tengo abajo la maleta. Como parece que nos hemos entendido, si le gustan los informes me puedo quedar ya.

La señorita se ha levantado y está a su lado ahora. Qué bien huele a colonia.

—Bueno, vamos allá.* Espere aquí un momento. Dice usted que Ortiz.

—Sí, Ortiz. En la calle Cervantes.

La señorita se dirige a una puerta lateral que comunica con otra habitación. Con la mano en el pestillo, se vuelve.

—Ah, se me olvidaba. ¿Cómo se llama usted?

—Concha Muñoz, para servirle.

—Está bien; ahora vuelvo. Fernandito, tú no te muevas de ahí.

Deja la puerta entreabierta y desaparece. El niño la mira irse con los ojos asombrados. Él, ¿por qué va a moverse de aquí, si está tan a gusto al brasero pintando de colores sus mapas? A mamá casi nunca se la entiende. Se alegra de haberse quedado solo con la chica nueva, que todavía no ha visto sus cuadernos. Le hace una seña para que se acerque.

—Mira, ven. ¿A que no sabes lo que estoy pintando?

En la habitación contigua, a través de la rayita de la puerta, le parece a Concha haber oído el ruido de un teléfono al descolgarse, y esos golpes* que se dan luego a la rueda, metiendo un dedo por los agujeritos* de los números. Todo su cuerpo está en tensión, esperando. Se acerca a la camilla y mira los cuadernos del niño con ojos distraídos. Tiene abiertos tres o cuatro, y alrededor hay diseminados muchos lapiceros. 5

— ¡Huy, qué bonito!

—Es el mapa de España. Mira, este cachito que estoy pintando de verde es Barcelona, y ahí nací yo. Tú, ¿de dónde eres?

—Yo, de la provincia de Salamanca.

—¿Dónde está? 10

Concha señala al azar por un sitio cualquiera. Mueve el dedo por el mapa, abarcando un pedazo muy grande.

—No sé. Por ahí.

En la habitación de al lado ya ha empezado la conversación telefónica. Se oye muy mal, sólo pedazos sueltos. A Concha le parece oír su nombre. El niño no deja de hablar. 15

—¿De qué color quieres que lo pintemos?

—De amarillo.

—Con éste, o con éste más oscuro? 20

—Con el que tú quieras.

El niño coge un lápiz y lo chupa. Se pone a pintar de amarillo un pedazo de mapa, apretando mucho. Ahora no se oye nada. Deben estar hablando del otro lado del teléfono, o habrán ido a buscar a la señora. Ahora hablan, pero ¡qué bajo! "Muy amable... molestia... sí... sí". Ahora no se oye nada otra vez. El niño levanta 25 la cabeza y la vuelve a la chica, que está detrás de él.

—¿Por qué no te sientas aquí conmigo?

—No, guapo, voy a esperar a que vuelva tu mamá.

—¿Te vas a quedar a vivir aquí?

—No sé. A lo mejor. 30

—Yo quiero que te quedes. ¿Por qué no te vas a quedar?

Concha abre mucho los ojos. En este momento ha oído clarísimamente cómo la señorita decía: "¡Qué barbaridad, por Dios!", con un tono más alto y voz indignada. ¿Por qué puede haber dicho una cosa semejante? No puede soportarlo. Se acerca a la puerta y la cierra. Que sea* lo que quiera; por lo menos este rato, 35 mientras está esperando, quiere vivir tranquila. Se acabó.

Le tiemblan un poco las manos y las pone sobre la camilla. El niño mira la sortija* gorda de hueso con un retrato desdibujado y amarillento, como los que están en los cementerios. Le pasa un dedo por encima.

— ¡Qué bonita es! Yo tengo una sortija guardada. Me la tiene guardada* mi 40 mamá, pero es más fea. Yo la quería con retrato metido por dentro.

Concha está muy nerviosa. Le gustaría coger la cabeza de este niño y apretarla

fuertemente contra su regazo para no sentirse tan sola, tan amenazada. Querría darle muchos besos, tenerle contra ella sin que hablase. ¿Por qué habrá dicho eso la señorita? ¿Tardará mucho en salir? Un reloj da la media. Las doce y media. En la pausa que sigue, el niño vuelve a pintar de amarillo aquel trozo de mapa por donde
5 debe estar su pueblo; amarillo el suelo y el cielo, amarilla la casa vendida.* El niño calca muy fuerte. Va a romper el papel.

—Oye, yo tengo muchos soldaditos, ¿los quieres ver?

—Sí, luego los veremos.

—Si te quedas aquí, jugarás conmigo, ¿verdad?

10 —Sí, guapo, claro que sí.

—¿Sabes pintar?

En este momento se abre violentamente la puerta y sale la señorita. Pasa por delante de Concha, sin mirarla, y aprieta un timbre que hay en la pared. Luego se queda de pie, paseando. No habla. Concha siente que tiene la lengua pegada al
15 paladar. Hace un gran esfuerzo para ser capaz de decir alguna cosa. Pone todo su empeño en ello, lo tiene que lograr. Después de todo es justo que le expliquen lo que pasa.

—Señorita...

No contesta; está vuelta* de espalda, mirando a través del balcón. Qué ma-
20 lestar..., pero ahora que ha empezado sí que tiene que seguir, sea como sea.

—Por favor, señorita, ¿es que le han dado malos informes?

Los ojos azules se vuelven y la enfocan de plano.*

—Ah, ¡tiene usted la desfachatez de preguntármelo! ...

Ahora se abre la puerta y aparece Pascuala.

25 —¿Llamaba usted?

—Sí, haga el favor de acompañar a esta chica a la puerta de la calle.

—¿No se queda?

—¡Qué* se va a quedar! Estaríamos buenos.*

Concha no entiende nada, pero a su flaqueza de hace unos instantes ha sucedido
30 una energía desesperada y rabiosa. No se puede ir sin que le expliquen lo que sea. Este no es el trato que hay derecho a darle a una persona. Se queda de pie, sin moverse, en el centro de la habitación. Dice con voz firme y fría, sin suplicar ni temblar:

—Perdone, pero debe haber un error. Yo, en casa de esos señores, me porté siempre muy bien, como se portan las personas decentes. Quiero saber lo que han
35 dicho de mí.

—Ah, con que quiere usted que se lo diga. Yo creí que, al oírlo, se le iba a caer la cara de vergüenza.

La señorita está muy excitada. Hace una breve pausa y, después, casi chillando:

—Quiere usted que le recuerde que la echaron de allí por ladrona, ¡¡¡por
40 ladrona!!! Quiere que se lo recuerde porque lo ha olvidado, porque usted no sabe nada, porque usted se fue a cuidar a su madre que estaba enferma. Cinismo como el suyo no lo he visto. ¡No lo he visto en mi vida!

La señorita se ha callado y respira agitadamente. Concha se queda mirando al vacío con unos ojos abiertos, sin parpadeo, como los de un animal disecado. Va a hablar, pero no sabe decir ninguna cosa. Es tan tremendo lo que le han dicho, que le pesa como una losa de mármol, y no se lo puede sacudir* de encima. Le parece que ya tendrá que andar siempre debajo de este peso que le han añadido a su saco* de penas y de años. Ni siquiera se puede mover ni llorar. Se pregunta lo que habrá podido pasar, se lo pregunta como buceando en un sueño. A lo mejor un cruce de teléfono, o que ha llamado a otro número equivocada. O que había otros Ortiz en la misma calle. O quizá en la misma casa donde ella estuvo la han confundido con otra Concha que entró después. Concha es un nombre muy vulgar.* Piensa todas estas cosas vagamente, como si le quedaran terriblemente lejos, como si se le fueran de las manos* y no las pudiera distinguir. Se da cuenta de la inutilidad de sus conjeturas, de que a esta señora no va a poder convencerla de nada, y, además, le será imposible llegar a reunir las fuerzas que se necesitarían para intentarlo. No merece la pena. Quiere irse de aquí.

—Ea, Pascuala. Ya pueden irse.

Sí, irse cuanto antes. Comprende que con su actitud, en lugar de justificarse ha aceptado la culpa y se ha cubierto totalmente de ella, hasta la cabeza, sin remedio. Pero le da* lo mismo. Sólo siente deseos de marcharse de allí.

Da media vuelta* y sigue a Pascuala fuera de la habitación, al pasillo. Pasan por delante del banco de madera otra vez; ahora por delante del perchero y del tapiz con la escena de caza. Se acuerda de todas estas cosas, las reconoce. Ya han llegado a la puerta, se han parado. Concha levanta los ojos hacia la otra. Debía bastar con esto, así, sin hablar nada; pero se da cuenta de que tiene que decir alguna cosa ahora, lo que sea,* de cualquier manera, porque si no, no se podría ir.

—Se ha debido equivocar con otra casa. Todo lo que ha dicho es mentira — afirma débilmente como para oírlo ella misma.

Luego, sin esperar respuesta, sin pararse a recoger la respuesta en los ojos incrédulos de la otra, abre la puerta y va a salir. Oye que Pascuala le dice:

—Oiga, mi pañuelo; se lleva usted mi pañuelo.

Concha lo encuentra sudoroso, arrugado y pequeñísimo en el hueco de su mano. Lo saca de allí y se lo da a Pascuala, sin añadir una palabra más. Después, secamente, la puerta se ha cerrado a sus espaldas.

En el cuarto de estar, Fernandito le pregunta a su madre:

—Mamá, ¿va a volver Concha?

La madre está leyendo un periódico. No contesta nada.

—Mamá, que* si va a volver Concha, que si va a volver, que yo quiero que vuelva...

Los ojos azules se levantan distraídos, clarísimos.

—¡Ay, qué dices, hijo! Me duele la cabeza.

—Que si va a volver Concha.

—¿Qué Concha?

El niño lloriquea.

—Concha, Concha. La chica que se ha ido.

— ¡Qué niño tan estúpido! ¿Para qué la quieres tú? No va a volver, no. Déjame en paz.

5   El niño se escurre de la silla y se arrima al balcón. Pega las narices al cristal, que está muy frío, y se queda allí esperando. Ve a Concha que sale del portal y que cruza a buen paso a la otra acera. Allí se ha parado un momento y mira a los lados para orientarse. Está pensando que son las doce y media, que tiene que ir a la frutería a recoger su maleta, que hasta la noche hay todavía tiempo de buscar. Que tiene que
10 olvidarse de lo que le ha ocurrido en esta casa, olvidarse de todo. Se sube* el cuello de su abriguillo teñido y toma* por la izquierda calle abajo. El niño la va siguiendo empeñadamente con los ojos, a través del vaho que se le forma en los cristales al respirar tan cerca. Ya casi no la ve, es sólo un punto negro entre la gente. Ha empezado a nevar.

CUESTIONARIO

1. ¿Qué técnica emplea la autora para señalar la soledad y desesperanza de Concha en el tren nocturno? ¿Qué propósito cumple el término "chaca-chaca"?

2. Describa cómo llegó Concha a la casa número treinta y dos.

3. ¿Por qué dice Pascua: "Le acompaño en el sentimiento"? ¿Está Concha completamente sola en Madrid? Explique su respuesta.

4. Al venir a Madrid la primera vez, ¿por qué estaba más tranquila?

5. ¿Por qué exclama Concha: "Esta casa tiene que ser muy rica"?

6. Describa brevemente la llegada de Fernandito.

7. ¿Por qué se agacha Concha un poco y pone la mejilla?

8. ¿A quién y por qué dice Pascua: "Vete de una vez"?

9. Comente esta frase: "De un solo recorrido los ojos azules han formado su juicio." ¿Por qué hay, sin embargo, un súbito e imperceptible parpadeo en los ojos azules?

10. ¿Cómo se comporta Concha con Fernandito?

11. Mientras habla con el niño, ¿qué oye Concha a través de la rayita de la puerta entreabierta? Explique por qué le comienzan a temblar las manos.

12. Después de salir del portal del treinta y dos, ¿adónde tiene que ir Concha? ¿Por qué será preferible que se dirija también a la calle Cervantes?

TEMAS ESCRITOS U ORALES

1. Analice los pensamientos de Concha al viajar de noche en el tren correo a Madrid. Relacione las siguientes citas con su incertidumbre, soledad e impaciencia:
   (a) "acechando *ansiosamente* algún bulto de árbol o de casa sobre las tierras frías";
   (b) "diez o doce luces *temblonas, escasísimas,* aplastadas de bruces en lo negro";
   (c) "y en las estaciones *se eternizaba*";
   (d) "quería una volver a correr, a *tragarse la noche*".

2. Señale algunas diferencias de temperamento y de carácter entre Concha y Pascua. Analice brevemente el tono animado del diálogo entre ésta y el hombre de los ultramarinos. ¿Qué revelan sus últimas palabras a Concha? ¿Qué importancia desempeña Pascua en el desarrollo del relato?

3. Catalogue y estudie las palabras y frases que, a su modo de ver, despiertan nuestro afecto y cariño para con Fernandito. ¿Cuáles son las cosas que interesan más al chico? ¿Cómo explica usted la inmediata y sincera amistad que surge entre él y Concha? ¿Qué buscan los dos? ¿Cuál parece ser la vital importancia del niño en el desarrollo del cuento?

4. Estudie para presentación oral el pequeño diálogo entre la señorita y Concha, antes y después de la llamada telefónica. Añada otras tantas preguntas y respuestas que le parezcan apropiadas.

5. ¿De dónde provienen la incertidumbre y soledad de Concha? Estudie su desánimo. ¿Lo encuentra usted exagerado? Explique.

6. ¿Qué aspectos de una gran ciudad se evocan en el cuento? Fíjese en las últimas frases. ¿Qué tono se acentúa? ¿Qué elemento contribuye la naturaleza? ¿Qué nota añade al desenlace la pequeña figura de Fernandito en la ventana?

7. ¿Cuál parece ser el tema fundamental del cuento? ¿Crítica social? ¿Un desamparo del individuo ante la indiferencia del mundo? Explique su respuesta.

8. Describa brevemente con sus propias palabras la acción del relato. ¿Rechaza o acepta usted el desenlace?

9. Añada un pequeño epílogo.

MODISMOS

Emplee los siguientes modismos en oraciones originales.

1. a desgana **2.** alguna vez **3.** a lo mejor **4.** aplastado de bruces **5.** a tiempo **6.** cuanto antes **7.** darle (las) ganas a uno **8.** dejar paso a **9.** de una vez **10.** estar a gusto **11.** hacerse daño **12;** hecho migas **13.** lo más a propósito **14.** llegar a ser **15.** más allá **16.** más veces **17.** mirar de frente **18.** no tener más remedio que + *inf* **19.** quedarse de pie **20.** tardar en + *inf* **21.** tragarse la noche **22.** ya mañana mismo

Viajera de segunda

ELENA SORIANO

ELENA SORIANO (Fuentidueña del Tajo, Madrid, 1917). Novelista. Reside en Madrid. Realizó estudios de Magisterio y de Filosofía y Letras. Desde 1949 ha tenido gran actividad literaria. Cultiva diversos géneros literarios en prosa, como novela, cuento, ensayo, artículo, conferencia. Colabora en la revista *Índice* y en otras publicaciones literarias españolas. Cultiva un realismo entreverado de intelectualismo. *Viajera de segunda* (1952) aparece en *ACEC,* 112-120.

La muchacha estaba sola en la plataforma, medio agazapada, los brazos un poco separados del cuerpo, rígidamente apoyados en los lados del ángulo que formaba la puerta del lavabo con la gran puerta* de fuelle, que seguía abierta casi del todo en un jugueteo monótono de acordeón, sobre la oscuri-
5 dad fugaz y vertiginosa de fuera. Permanecía inmóvil en aquel rincón, en atroz contracción muscular y nerviosa, con las pupilas dilatadas y fijas sobre la fascinante, elástica abertura, tan cercana, que a intervalos iguales podía ver los luminosos focos de señales a ras de tierra y el brillante deslizamiento velocísimo del alambre que orillaba la vía.
10 El viento, cada vez más fresco e impregnado de aromas serranos, entraba con una violencia dulce y la envolvía en rumores, como haciendo patente su exclusivo y secreto testimonio. La muchacha se daba cuenta de esto, de la única presencia del viento, acariciando con cierta furia sus brazos desnudos, su frente golpeada en el interior por un oleaje alternativamente ardiente y frío. Y vagamente razonaba que
15 este viento era puro y confortador, indiferente a todo ignorándolo quizá, pues tal vez no fuese ya el mismo viento de un minuto antes, minuto que se iba quedando también kilómetros y kilómetros atrás, dejándola liberada.
Debería tranquilizarse, moverse, apartarse del peligroso rincón, desde el cual podía ser lanzada al exterior por un vaivén violento... Sí, en cuanto lograra vencer
20 su pasmo absoluto —tenía la esperanza de lograrlo, como en medio de una pesadilla

se tiene la esperanza de despertar— volvería al interior del departamento* y se pondría su chaqueta de punto. La había dejado sobre el asiento y la echaba de menos, porque el viento se hacía cada* vez más fuerte y más frío... (El recuerdo del hermoso color verde de la chaqueta pasó como una ola marina sobre su cerebro candente y le produjo una especie de alivio divagador.) Ella misma se había con- 5
feccionado, por las noches, aquella prenda copiándola de un modelo del taller, lo mismo que el vestido que llevaba puesto y que otros de su escaso ropero. Pero tenía que usarlos en días de asueto, subrepticiamente, para que no se enterase Madame, porque Madame era intolerante y prohibía a sus dependientes, bajo pena de despido, imitar el menor detalle de las creaciones de la Casa. No obstante, la muchacha lo 10
hacía, hábil y serenamente; por eso, en ocasiones, podía pasar muy bien por una chica distinguida y no por una obrera de quince pesetas de jornal. (El concreto y alucinante sentido de su situación presente le revino de pronto y renovó su crispado enervamiento; pero ahora pudo seguir pensando.) Pensó, con odio repentino, en el taller de Madame, en las zarandajas con que Madame estafaba a sus clientes, en la 15
misma Madame, blanca, grasienta y dulzona como la mantequilla de Soria;* en sus modales afectados y en sus rotundas sentencias* sobre la elegancia y el buen gusto. Ella siempre se burló de la franchuta, y hacía reír a sus compañeras remedando graciosamente sus ademanes y sus frases gangosas. Pero ahora se daba cuenta, con indecible repugnancia, de que los copiaba para su provecho, de que los había 20
asimilado por completo y formaban ya parte de su propia naturaleza. Y hallaba una oscura relación entre todo ello y esto de ahora. (Tuvo un estremecimiento con-vulsivo.) Pero esto de ahora había sido algo muy distinto, de raíz más entrañable, en cierto modo justificado, aunque ella no lo pudiese definir, ni nadie pudiese entenderlo por más* que intentara explicarlo. 25

Durante todo el verano le había salido bien, gracias a la aglomeración de viajeros los sábados y los lunes: precisamente los días en que ella tenía que ir y venir en los trenes serranos, para pasar el domingo con mamá y el hermanito, en casa de la tía. Al principio, lo hizo casualmente o por necesidad, empujada por el gentío precipitado, con cierto sentimiento de timidez y vergüenza al utilizar algo 30
que no le correspondía. Pero pronto se dio cuenta de que muy pocas personas llevaban el billete de la clase que ocupaban; incluso algunas no llevaban ninguno y hacían maniobras hábiles para escapar al revisor. De modo, que ella también em-pezó a subirse en departamento de segunda deliberadamente, procurando llegar temprano para hacer el viaje sentada —y no por mero afán de comodidad, sino por 35
una extraña complacencia vanidosa—, a sabiendas* de que el tren se ponía tan abarrotado en la misma estación, que el revisor no podía decirle nada, las pocas veces que llegara a tiempo de picarle su billete antes de apearse. Terminó por hacerlo así siempre, se acostumbró a lo largo* de tres meses, hasta convertirlo en un acto natural y legítimo, sin ningún carácter de fraude: subía directamente al 40
vagón de segunda, se instalaba en él como con todo derecho —incluso algún viajero con billete de tercera se apresuraba a cederle su asiento cuando la veía mirar en

torno suyo con aire imperativo—, y miraba de igual* a igual a los pocos viajeros que evidentemente llevaban el billete debido,* y afectaba, a veces, el gesto de quien viaja en segunda porque los trenes de cercanías no tienen primera... A nadie, ni a ella misma, podía ocurrírsele dudar de que era una auténtica viajera de segunda, que sabía vestir con gusto y pronunciar una docena de palabras francesas como si   5 se hubiese educado en el *Sacré* Cœur. Era un juego inconsciente de su vanidad, una presunción pueril de muchacha pobre y bonita, sin ninguna intención trascendente ni aspiración malsana. Pues, a pesar de que hacía sola aquellos cortos viajes, a pesar de que adoptaba a veces actitudes coquetuelas y cinematográficas,* se percibía en todo ello un matiz limpio, digno e inequívoco que detenía a los hombres en los   10 límites de la corrección y del respeto. Si alguno intentaba el *flirt,* tropezaba con un desarmante candor y una frigidez de niña, porque el vislumbre del amor aun provocaba en ella solamente orgullo y risa...

Todo fue fácil hasta septiembre, cuando pidió permiso a Madame para pasar cuatro días en las fiestas del pueblo de la tía. El regreso a Madrid tuvo que hacerlo   15 en mitad de semana... Naturalmente, se subió a un vagón de segunda, sin pensarlo siquiera, de manera automática. Por un momento, al instalarse a placer, se dio cuenta de que el departamento no iba lleno y esto la chocó por inusitado,* pero no despertó en ella la menor inquietud ni el menor sentimiento de clandestinidad. En la estación siguiente subieron algunos viajeros más; pero no invadieron en masa el   20 tren, como las mañanas de los lunes. Y la gente que aquel día la acompañaba era toda circunspecta y bien vestida, como a ella le gustaba, como la hacía sentirse más de veras viajera de segunda... Procuraba permanecer en postura distinguida, observando de reojo la impresión que causaba en sus compañeros de viaje; efectivamente, era tan joven, tan guapa, tan graciosa; iba ataviada con tanto acierto, que atraía la   25 atención simpática de todo el mundo...

¡Y en esto, él!... En el primer segundo no la alteró su presencia, apenas la advirtió. Pero reaccionó en seguida con la loca esperanza de pasar inadvertida si se volvía* casi de espaldas, mirando con fingido interés por la ventanilla.

—Señorita...   30

Se lo hizo repetir* tres veces y eso fue una torpeza, pues concentró todavía más la atención de los demás viajeros. Y su sorpresa fue exagerada, al volverse bruscamente.

— ¡Ah! ¿Qué? —exclamó como una mala actriz.

Lo vio ante sí, alto, serio, antipático, como si no fuera joven.   35

—Billete, por favor —estaba diciendo en tono indiferente.

Con un nudo en la garganta, roja como el coral, todo su orgullo en suplicio bajo las miradas múltiples, alargó su billetito pardo. Y él dijo, reteniendo el billete y observándola con curiosidad:

—Tengo que hacerle diferencia,* señorita.   40

Ella no sabía qué era aquello; pero, presintiendo* una salida digna, murmuró:

—Bueno, hágala.

El tío antipático la miró de nuevo — ¡todos seguían mirándola en silencio, con una fijeza absurda!—, y después de tardar un tiempo indefinido en tomar nota de su pobre cartón pardo, se lo devolvió, junto con un papel garrapateado:

—Son doce ochenta.

Le dio el dinero con desdén, sin mirarle siquiera, manteniendo la cabeza muy   5
erguida y vuelta al lado opuesto, mientras él, con gran amabilidad, le daba las gracias. Luego mantuvo una actitud señorial y altiva, pero en su interior sentía esfumarse toda la distinción y las buenas formas adoptadas, y tenía que esforzarse para no lanzar en alta voz una sarta de epítetos castizos y malsonantes contra la Renfe* y todos sus empleados.   10

Después se enteró en el taller de que eso de la diferencia de clase era una martingala muy corriente ahora, incluso entre la gente rica: nadie un poco listo sacaba billete de segunda para cercanías: adquiría tercera, se aposentaba en segunda, y si el tren no se llenaba, para justificarlo, siempre cabía pagar la diferencia. Esto no chocaba a nadie; era como una represalia táctica y general contra los disparatados   15
precios de los ferrocarriles. Saberlo así la tranquilizó a medias; de todos modos, ella no podía jugar semejante albur con frecuencia; ella era una buena chica, de las pocas que todavía entregan el jornal íntegro a mamá y reciben un dinerillo escaso para sus gastos...

Pero ni un solo instante le pasó por las mientes dejar de viajar en segunda. El   20
instinto confortable se había hecho desprecio definitivo y repulsión invencible hacia el ignominioso tercera* con asiento de tablas; la costumbre inocente se había con-vertido en una necesidad concienzuda y como viciosa. Nadie la entendería, desde luego, ni ella podía explicárselo; pero así era: tenía que seguir siendo viajera de segunda. Sin embargo, ya no pudo serlo con la facilidad y el aplomo de antes: sus   25
viajes semanales se hicieron accidentados y vergonzantes y, al mismo tiempo, llenos del interés y del morboso aliciente del riesgo: el riesgo pequeño y grotesco de ser descubierta por el revisor. Porque el revisor la tomó* con ella, evidentemente: era siempre el mismo en aquellos viajes, y sin duda la había calado* y se divertía en darle caza:* tal vez acechaba su subida* al departamento y la buscaba por todo el tren,   30
sólo para comprobar que llevaba siempre un mísero tercera, aunque fuera sentada en segunda con perfecto derecho, porque no hubiese otro sitio. Incluso llegó en una ocasión a levantarla del asiento y a llevarla a otro, en el vagón correspondiente (porque ella se negó a pagar la diferencia), y la dejó instalada entre un soldado borracho y una vieja cargada de cestas, haciéndole, antes de marcharse, una burlona   35
reverencia. Aunque nunca le miró de frente, se daba cuenta de que era joven, moreno, de barba muy cerrada, odioso... Sí, llegó a odiar cordialmente a aquel hombre que la tenía en vilo* todo el trayecto, que la perseguía con saña y la obli-gaba a levantarse bruscamente cortando una conversación grata con el viajero de enfrente,* a salirse con frecuencia a la plataforma, a quedarse en el pasillo largos   40
ratos con medio cuerpo inclinado* sobre la ventanilla, incluso a esconderse en el retrete...

Y así, las cuatro últimas semanas, hasta hoy. Hoy era su último viaje al pueblo. El lunes regresaría con mamá y el niño definitivamente. Dejaría de comer fiambre en el mismo taller y de irse a dormir a casa de una compañera, compartiendo su cama sórdida y sus disgustos de familia mal educada. Por ahora, adiós al tren, al
5 segunda* ilegítimo y al doloroso juego humillante con el revisor. Por eso, precisamente, hoy, había querido jugar* fuerte: se había puesto su vestido más elegante, sus mejores medias de nylon y su chaqueta de punto de color verde mar; se había maquillado algo más que de costumbre y se había peinado con primor; y se había perfumado con el extracto francés auténtico que le regaló la tía en su santo;* y
10 había acudido muy temprano a la estación y, después de comprar allí mismo una revista de cine muy decorativa,* para completar su atuendo, se había acercado a la taquilla a pedir su billete en voz alta, tan ufana como si pidiese un tren especial:

— ¡Un segunda!

El departamento estaba aún vacío —ni se llenó después, porque el tráfico se-
15 rrano había disminuido mucho ya—, y ella pudo elegir el asiento más visible desde las puertas. Se arrellanó cómodamente, estiró con discreción las piernas para lucir mejor sus lindas fundas, desplegó la revista sobre sus rodillas y se puso a fingir que leía, pero alzando hacia cada viajero que entraba una breve ojeada de displicencia y de superioridad: seguramente todos con pase. ¡Ella sola auténtica viajera de segunda!
20 ¡Hoy era su día! (Su día —se repitió ahora con horror, y sollozó convulsivamente, al sentir un dolor atroz en las uñas, que clavaba en la madera del vagón.) En seguida se sintió impaciente y temerosa del rápido avance del tren, y con frecuencia miraba hacia las puertas y hacia el asiento frontero,* que iba vacío y cuyo respaldo llevaba el velillo de malla colgado del revés:* EFNER, ponía* en grandes letras a ganchillo,
25 y esto le producía desazón. De buena gana lo hubiese descolgado y colocado bien; pero contuvo su impulso porque no resultaría distinguido* y si él entraba en aquel momento... Pero pasaban estaciones, y no venía. Se bajaban viajeros, y no subía ninguno. La luz sobre los campos era cada vez más débil, como si el tren fuese entrando en un vastísimo túnel. Alguien, sensible* al relente del véspero, se levantó
30 y cerró con estrépito las puertas de salida a las plataformas... ¡Dios santo, qué ansiedad! ¿Tendría tan mala suerte? Podía ocurrir que él no llegase a tiempo, que hoy estuviese de descanso, que hubiera cambiado de tren o de horario en el servicio. ¡El último día, el único día en que ella había gastado su dinero en un billete de segunda, sólo para reírse de su chasco y ver confundida aquella cara tan seria y tan
35 dura que venía siendo su obsesión durante un mes! La idea del fracaso le producía no sólo despecho, sino un curioso sentimiento de tristeza, que intentaba calificar de venganza insatisfecha...

¡Por fin! Aquí estaba. Con su irritante aire cortés y su guardapolvos de hortera. Naturalmente, como siempre, fue a ella a quien* miró primero. Pero ella
40 le sostuvo* esta vez la mirada y vio en la suya la chispa divertida y amenazadora que esperaba y le devolvió otra plena de rencor y desafío. Y él fue examinando con mucha calma los billetes de los escasos viajeros que quedaban, dejándola a ella como

plato sabroso que se reserva para postre. Hasta hizo el movimiento de marcharse, como olvidándola. Pero no: de pronto se volvió y se fue derecho a ella:

—Billete, señorita, por favor —y se rió silenciosamente.

Ella tenía pensado* rebuscar despacio su cartoncito azul y alargárselo con callado desprecio. Pero, no supo cómo, perdió el dominio de sus nervios y se lo dio 5
de prisa, casi atropelladamente, y dijo con voz alta y rabiosa:

— ¡Tome, lobo feroz!

La oyeron los otros viajeros y se quedaron mirándolos con estupor. Pero él, imperturbable, perforó el billete, se lo devolvió con una reverencia más acentuada que de costumbre y dijo, como siempre: 10

—Gracias, señorita —con una voz que estallaba de risa* contenida.

Y se marchó.

Y aunque ella se había quedado muy satisfecha y orgullosa, sentía un gran sofoco y una especie de descontento de su triunfo, como si no fuese lo bastante rotundo y definitivo, como si fuera otra cosa más importante la que esperaba de este 15
último viaje. Además, en aquel instante se había dado cuenta de que no era ella quien se había salido* con la suya, sino él, obligándola a gastar doble. Se había sentido nerviosa hasta el temblor, y como no la calmaba asomarse a la ventanilla y la contemplación ansiosa de los hombres del departamento le era insoportable, había salido a la plataforma solitaria y luego entró un momento en el lavabo. Y al 20
salir, de sopetón, él de nuevo, como si estuviera acechándola. Había intentado esquivarle, con la cabeza alta, como si no le viera; pero él le había cortado* el paso, le había impedido llegar a la puerta, hacia el interior y le había dicho con voz jovial y respetuosa:

—Óigame, pequeña. Tengo que decirle una cosa.   25

Ella le había mirado con infinito desprecio:

—Oiga usted; ni tiene que llamarme pequeña, ni tiene nada que decirme.

Y él se había reído sin ruido, como siempre. E inesperadamente la había empujado a este rincón, dejándola encerrada* en el hueco de sus brazos.

—Ya lo creo que tengo que decirte —dijo, con otra voz más opaca, cuyo 30
curioso matiz conocía ella de otros hombres y que esta vez la hirió de un modo extraño—. Tengo que decirte, guapa, que si quieres viajar siempre en segunda tienes que casarte con un revisor de la Renfe. ¿Sabes?...

— ¡Grosero, burro, estúpido..., tonto! —mientras él la besaba furiosamente, quería gritar ella, mareada por la repentina sensación vertiginosa de la velocidad del 35
tren, por la velocidad del tren y nada más...

Y fue entonces cuando le había dado el empujón: en el preciso instante en que él aflojó su abrazo para mirarla con alegre intensidad. Le había empujado con todas las fuerzas de su vanidad humillada, de su feminidad recién despierta, de su erotismo bruscamente revelado... Y apenas tuvo tiempo de ver una vez más la gran 40
sonrisa silenciosa desapareciendo hacia atrás, sin una palabra, como si se riese de ella todavía y todo fuese aún el juego de escondite que durante aquellas semanas había habido entre los dos.

Y ahora, ella seguía aquí, crispada y atónita, como en el punto culminante de una pesadilla, sin poder mover un solo músculo, ni siquiera para recoger su bolso, caído a sus pies y que se iba deslizando* poco a poco hacia el borde del inquieto, flexible, entreabierto biombo terrorífico.

CUESTIONARIO

1. Describa la apariencia física de la muchacha. ¿En qué rincón de la plataforma se encuentra? ¿Con qué se compara la gran puerta de fuelle? ¿Con qué palabras señala la autora la velocidad del tren? ¿Es de día o de noche?

2. ¿Por qué, a su juicio, estaba el viento cada vez más fresco e impregnado de aromas serranos?

3. ¿Por qué debería apartarse del rincón cuanto antes?

4. ¿Con qué se compara el súbito recuerdo de la chaqueta de punto que dejara en el departamento? ¿Cuándo la había copiado? ¡Por qué tenía que usarla sólo en días de asueto?

5. ¿Cómo se burlaba de la franchuta? ¿De qué se daba cuenta con indecible repugnancia? ¿Qué modales y pensamientos había inconscientemente asimilado? ¿Qué piensa usted de la modistilla? ¿Era esnob? ¿Se sentía superior?

6. Durante tres meses, ¿cómo le fue posible subirse en departamento de segunda sin el billete correspondiente? ¿Qué gestos asumía? ¿Cuándo y cómo se alteró esta agradable rutina?

7. ¿Por qué siempre fue ella objeto de simpática atención por parte de todos?

8. ¿Qué incidente atrajo sobre ella la máxima curiosidad de los demás pasajeros?

9. A pesar de su postura señorial y altiva, ¿qué impulso sentía en su interior? Explique por qué se consoló después en el taller.

10. ¿Por qué había tanta repugnancia contra el tercera? En una ocasión, ¿qué llegó a hacer el joven revisor cuando ella se negó a pagar la diferencia? ¿Cómo la perseguía en otras ocasiones?

11. Hoy, cuando hace su último viaje al pueblo, ¿qué ha comprado por primera vez? ¿Qué preparativos ha hecho para presentarse lo más elegante posible? ¿Por qué siente tanta ansiedad cuando el "odiado enemigo" tarda en aparecer? Explique su curioso sentimiento de tristeza a la idea del fracaso de su plan.

12. ¿Por qué se levanta un pasajero, sensible al relente del véspero?

13. ¿De qué manera tiene pensado la modistilla alargarle al revisor su cartoncito azul?

14. Aunque bastante satisfecha con su pequeño triunfo, ¿por qué siente una especie de descontento?

15. ¿Por qué sale a la plataforma solitaria?

16. ¿Cómo la tiene encerrada?

17. Explique por qué la hiere tanto la voz jovial y respetuosa del joven revisor.

18. ¿En qué instante le da el empujón fatal? ¿Por qué lo hace?

19. ¿Cuál es la última visión que guarda en su pesadilla? ¿Qué le parece indicar la última sonrisa del revisor?

20. ¿En qué ángulo de la plataforma se encuentra?

21. Fíjese en el bolso caído a sus pies. ¿Qué simboliza para ella? ¿Cómo se describe la elástica abertura hacia donde se desliza el bolso poco a poco?

TEMAS ESCRITOS U ORALES

1. Analice la técnica de retrospectiva empleada en el cuento y comente su eficacia.

2. Haga un pequeño estudio del carácter de la modistilla. Muestre el efecto en ella de la personalidad, modales e ideas de la franchuta.

3. Examine el papel del joven revisor en el desarrollo de la acción. ¿Qué representa? Señale el verdadero significado de sus últimas palabras.

4. ¿Qué opina usted del juego de escondite entre los dos jóvenes? ¿Por qué seguía siendo viajera de segunda una vez descubierta por el revisor?

5. Analice el significado del título y sintetice con sus propias palabras la acción del relato. ¿Cuáles son las ideas fundamentales expresadas entre líneas en la historia?

6. ¿Cuál tiene que ser el probable desenlace del accidente? Invente y organice la escena de la pesquisa judicial.

7. Exponga brevemente la moraleja de la historia.

MODISMOS

Emplee los siguientes modismos en oraciones originales.

1. a lo largo de 2. a medias 3. a placer 4. a sabiendas de que 5. burlarse de 6. dar caza a 7. de costumbre 8. de sopetón 9. de todos modos 10. en cuanto 11. en vilo 12. estallar de risa 13. estar de descanso 14. mirar en torno 15. pasar por las mientes 16. por completo 17. por más que + *subj* 18. salirse con la suya 19. tomarla con alguien 20. ya lo creo (que)

Un momento de decisión

JOSÉ CORRALES EGEA

JOSÉ CORRALES EGEA (Larache, Marruecos). Novelista, ensayista, cuentista. Actualmente reside en París, en cuya Universidad enseña desde 1959. A principios de 1936, teniendo sólo quince años, apareció su primera novela, *Hombres de acero*, editada por Espasa Calpe de Madrid. Su segundo libro, publicado en 1954 por "Ínsula," es una colección de relatos titulada *Por la orilla del tiempo*. Entretanto, Corrales Egea se licenció en lingüística románica en la Universidad de Madrid en 1942, y obtuvo el grado de Doctor en la misma Universidad en 1968. Su segunda novela apareció primeramente en francés con el título de *L'autre face* (Gallimard, París 1960), un año antes que la versión original, *La otra cara* (Les éditions espagnoles, París). De *Un momento de decisión*, dice el autor: "Mi cuento quiere reflejar el ambiente de mediocridad y pobretería en que se debatía una clase media de pequeños empleados y funcionarios que, dentro de los oscuros años de la posguerra, no acertaban a tomar conciencia de su propia situación social." *Un momento de decisión* salió por primera vez en "Ínsula" (No. 85, 1958), y aparece también en *ACEC*, 166-174.

I

Remedios se lo estaba repitiendo siempre:

—No, Casimiro; esto no puede seguir así. Como tú comprenderás, hay que tomar una decisión. Después de todo, ese don Filomeno es un vivales que te está robando el dinero; sí, no pongas esa cara; robando el dinero. Y si fuera por nosotros 5 solos, mal estaría ya; pero piensa en la niña. . .

Casimiro Lobato no respondía nada. Demasiado sabía él que su mujer tenía toda la razón, que había que decidirse. Pero ¿cómo?, ¿cuándo? ... Ahí estaba el problema. Porque él no era de los que saben hablar* alto, y hacerse valer, y encararse. No; él tenía horror a las escenas, a las discusiones. Sobre todo a las 10 discusiones materiales, de dinero. Lo malo era que —como decía Remedios—, estaba la niña, esa criaturita de cinco años, esmirriada, con las rodillas saliéndosele del pellejo y unos ojos siempre de par* en par, asustados, bajo un flequillín de color de paja. Le daba pena mirarla; y vergüenza. Vergüenza de ser un pobretón; de no haber

conseguido (a pesar de que uno ha hecho también sus estudios) una posición más holgada, y tener que depender todavía, a los treinta y seis años cumplidos,* de los caprichos de don Filomeno. (Don Filomeno Porras, agente comercial; importación y exportación; automóvil; cincuenta y ocho años; noventa kilos; soltero; hombre de solvencia, persona de orden.) Vamos, que eso* de regatearle en las horas* extraordi-   5
narias y embarullarle las cuentas, era algo que no le cabía en la cabeza, por más vueltas* que le daba. ¡A un pobre diablo como él...!

En el fondo, en lo único que había acertado era en el matrimonio. Una mujer menos fina que él, menos cultivada; eso, de acuerdo. Pero una mujer de una vez, con arranque, que es lo que a él le convenía. Y además, guapa: trigueña, de pupilas   10
brillantes, suculentas grupas, frescachona. No la hubiera soñado mejor. Sobre todo cuando uno es tan huesudo y menguado de talla, con la nuez sarediza y, para remate, con el pelo rojo, muy escaso ya y muy bien distribuido sobre el cráneo, por aquello* de disimular la escasez. Pensándolo bien, no podía quejarse, ¡qué carape!; ni siquiera cuando cada noche, mientras se desnudaban para meterse en la cama, le repetía   15
aquella monserga que ya se sabía de memoria:

—No, Casimiro; esto no puede seguir así; como comprenderás, hay que tomar una decisión, etc., etc....

*   *   *

Aquel verano del cuarenta y seis hizo un calor sofocante. Había llovido muy poco durante el invierno y la sequía causaba estragos por el país. El diecisiete de   20
julio, víspera* de la fiesta del Glorioso Movimiento, don Filomeno Porras dio las vacaciones a sus empleados. Hacía un bochorno tremendo y, en cuanto se vio en su casa —a eso de las dos de la tarde—, Casimiro se puso* en mangas de camisa y se dejó caer sobre una silla, todo espatarrado. Era un alivio poder interrumpir el trabajo al fin, relajar los miembros, pensar que uno podría levantarse tarde durante   25
varios días seguidos, tomar la fresca por la noche hasta que le diese* la gana. Pero lo que más consolaba era saber que iban a marcharse a la sierra, a pasar una semana al aire puro, al aire sano, que para eso se había estado reventando los últimos tiempos, haciendo horas extraordinarias y trayéndose correspondencia a casa. El sobre de la paga era más voluminoso que otras veces y al entregárselo a Remedios   30
no había podido disimular la satisfacción. Después de cinco años encajonados en este cuarto,* el viaje parecía todo un acontecimiento. La niña, de seguro, iba a mejorarse con aquellas pinedas, y tomaría buen color. Sólo el figurárselo era ya un placer; y luego, aquel olor a jaral que lo embalsama todo. Un olor fuerte, resinoso; caliente, montaraz... Eso es, montaraz...   35

El cuerpo de Casimiro Lobato dio una sacudida, lo mismo que si se lo hubiesen enchufado a una corriente. Al mismo tiempo, sus oídos comenzaron a percibir la voz de Remedios, más fuerte que de costumbre, impaciente.

—Vamos, hombre, espabílate, ¿es que no me oyes? ¡Ni que te hubieras dormido!*   40

Casimiro parpadeó unos momentos. Era, en efecto, la voz de Remedios.

—¿Qué dices?

—Te he preguntado ya veinte veces si ajustaste bien tus cuentas con las de don Filomeno.

—¿Mis cuentas? ... —se sentía aturdido, embotado. Sus cuentas. Mis cuentas.
5 Don Filomeno. ¡Qué laberinto! Demasiado sabe ella que no acostumbro a llevar mis cuentas, que me basta con las de los demás, que me las confío a la memoria. Mis cuentas. Sus cuentas. Un absurdo—. No; no he ajustado nada.

—Lo que suponía yo. Claro, como tienes tan buena experiencia.

El sudor le corría por los flancos, haciéndole cosquillas. Era algo que no podía
10 resistir, que le ponía muy nervioso.

—Bueno, ¿quieres explicarte de una vez, carape?

—¿Que* si quiero explicarme? Claro que sí, y ahora mismo... Toma el sobre, anda; y cuenta el dinero. Vas a ver cómo te han vuelto a engañar.

El sudor* se le puso frío; sintió la boca pringosa, lo mismo que si la sangre se
15 le hubiera mezclado a la saliva, salándole la lengua.

—¿Estás segura?

—¡Cómo* y que si estoy!... Mira: el martes, día uno, dos horas; el jueves, día tres, hora y media, más la relación que te trajiste para traducir; el viernes, día cuatro...

No había duda; todo estaba ahí, apuntado en la libreta de hule negro en donde
20 ella hacía la cuenta cada noche. Todo, hasta el último céntimo.

—¿Te convences ahora?... Como comprenderás, no podemos continuar así. Si tú no quieres ir a ajustar las cuentas a ese tío, iré yo misma, esta misma tarde, pues las cosas, frescas*... Yo y la niña; las dos iremos... (ya le estaba mentando a la pequeña, echándosela en cara, y él no podía mirarla, no podía verla allí, sentadita*
25 ante la mesa puesta, con los ojos asustados...). Lo que oyes; iremos las dos; porque hay que saber defenderse, qué caramba, y tener redaños, que si no hasta dónde iríamos a parar* con los abusos...

(Hace calor: en este piso hace mucho calor. Un calor de horno. Y hay una radio por el patio, que lo alborota todo; y unos críos que berrean allá abajo, en el
30 entresuelo. Y luego, esta llamarada de luz que viene de la pared de enfrente, blanca, cegadora. Lo mejor es cerrar la ventana. Para evitar esta luz. Para que no la oigan. Eso es: para que no la oigan... Pero ahora, con todo cerrado, no puede resistirse este olor a cebolla cocida, a refrito, a bragas de niño, a agua podrida; este olor a pobretería, a cloaca, que lo invade todo, que lo inunda todo...)
35 —¡Basta! ¡Cállate!

No había podido contener el grito. Le salió de dentro, de un salto, como una fiera. Y le había desgarrado la garganta, chupándole la sangre, hasta dejarle vacío. Sintió que el piso oscilaba, durante un segundo. Luego, se dio cuenta de que ella se había callado, extrañada quizá de verle así, y de que sólo se escuchaba una música
40 muy conocida, que venía por la radio del patio.

—No es necesario que nadie vaya. Yo mismo iré, esta tarde. De cuatro a cinco estará todavía en su despacho. Después de todo...

II

Después de todo —se dijo Casimiro mientras bajaba a la calle— alguna vez había que decidirse. Claro que la cantidad que faltaba era ridícula, y que a las tres de la tarde, a mitad de julio, Madrid no invita a caminar; pero una vez tomada la resolución no podía volverse atrás, y menos ahora, que Remedios le había hecho 5 vestirse de limpio, con la chaqueta blanca recién traída del tinte, y la corbata verde a lunares* (la de los festivos de verano). Lo más importante, como reza el refrán, es el porte; el porte y los modales, que te abren las puertas principales.

Al llegar a la esquina se paró un momento. No es que le faltara ya el coraje, pasado el primer momento; ni mucho menos que fuese un bebedor. No; no era nada 10 de eso. Lo que ocurre es que, en ciertos trances (y recordó, de pronto, la noche de bodas), le constaba que un poquitito de alcohol le remonta a uno la moral.* Además, estaba también la voz, que se le había quedado un poco ronca después de haber gritado, y que convenía aclarar con una copita.

—Buenas tardes. 15

El tabernero, de bruces y a horcajadas sobre una silla, dormitaba lo mismo que un animal satisfecho.

—Muy buenas tardes, don Adoración.

Don Adoración Verdugo, industrial, abrió un ojo amarillento. Estaba en camiseta, con los brazos desnudos, muy blancos y alunarados, de jamona.* 20

—¿Qué se le sirve, don Casimiro?

—Una de aguardiente. Del de siempre.*

En estas bodegas grandotas, oscuras, es donde se está más ricamente* cuando hace tanto calor. Aquí, y en las iglesias. Era curioso... Claro que el olor es muy distinto. Aquí huele a serrín, a pellejos de vino, a meados de gato. Los de este gato 25 que duerme encima de la caja de cambio.

—Aquí tiene;* y buenas tardes.

—A seguir* bien, don Casimiro.

De buenas ganas se hubiera quedado dentro, echando la siesta, sin cuello almidonado y sin corbata. De buenas ganas se hubiera cambiado por el gato, en vez 30 de echarse a la calle, en donde todo quemaba: las paredes, el suelo, el aire. Un aire pegajoso, que parecía un telo de leche y que zumbaba sobre uno, lo mismo que una corriente de alta tensión...

Al cabo de unos minutos, Casimiro juzgó muy oportuno hacer un nuevo alto. Era la única forma de cobrar* ánimos. Lo malo es que, conforme* uno se va acer- 35 cando al despacho de don Filomeno, las tabernas y las bodegas que a él le gustaban, amplias, oscuras, frescas, se van haciendo raras. Nunca, durante los doce o catorce años que habitaba en el barrio, había tenido ocasión de observarlo. Y, sin embargo, era muy cierto: pasados determinados límites, las bodegas y las tascas desaparecen. No encuentra uno más que bares a la americana, donde sólo te sirven bebidas de 40 botella, de marca, demasiado caras para el bolsillo de Casimiro Lobato (vaya un nombrecito, ¿eh?... vaya un nombrecito que se le ocurrió a tu papá... Me lo han dicho alguna vez, en alguna parte, hace tiempo. Seguramente hace mucho tiempo, cuando era niño y me leyeron las rayas de la mano y me dijeron que me perdería una mujer... ¡qué ocurrencia!).

En estos bares hace tanto calor como en la calle, a pesar de haber ventiladores
5 y alfombras. Ventiladores y alfombras, como* si nada. Y luego, son estrechos y largos, igual que cajas de muerto. Eso, cajas de muerto, muy lujosas, de caoba fina y forros de terciopelo y dorados. Y en vez de cirios, banderitas de papel de todas las naciones civilizadas del mundo, pues en todas las naciones civilizadas del mundo se fabrican cajas así, con el mismo olor a recuelo, a tabaco rubio y a betún (el betún
10 con que le están lustrando los zapatos a ese caballero del traje a rayas...).

—Usted dirá.*

—Una copa de manzanilla. (Los licores cuestan media paga, carape.)

—De Montilla.

—No, no; de man-za-ni-lla.

15 El barman es un poco sordo. O quizá es que uno no sabe pedir las cosas como es debido, con esa indiferencia que te da señorío y te distingue de los catetos...

* * *

La calle de don Filomeno llamea de sol: larga, ancha, desierta. En cuanto la vio ante sí, toda recta, cuesta arriba, Casimiro sintió un sobresalto. No es que fuese una calle fea, ni siniestra. Al contrario, es una calle alegre, bordeada de acacias (claro
20 que unas acacias castigadas por la sequía, polvorientas, marchitas, que apenas* si ofrecen un reguero de sombra por donde caminar). Su sobresalto no tenía fácil explicación. Había sido... como un frenazo; eso es: como si lo hubieran parado en seco.*

En medio del arroyo seguían las mismas boñigas de mula de la mañana, ahora
25 casi deshechas, deshilachadas bajo el sol y abiertas. Un poco más arriba, de un garaje, salía un olor espeso, a aceite de ricino, a esmalte de uñas y a recauchutados. A Casimiro se le sublevaron las tripas y tuvo que apoyarse en un árbol. Estaba sudando como si tuviera fiebre, como si le hubieran embadurnado el pellejo de resina caliente. Mejor le sería acortar el paso; así, mas poco a poco. "Chi va piano va lontano", como
30 decía Sócrates.* Y luego, en esta maldita calle en que no hay bares, ni estancos, ni cafés, ni fuentes públicas... Es una calle residencial, muy seria, en donde no puedes sentarte a descansar, ni refrescarte con un trago de agua, ni hacer pipí. Aquí sólo hacen pipí los perros. Ya que se las tiene uno que aguantar, lo mejor será abrocharse la americana,* componerse. La buena presencia ante todo. Buen porte y buenos
35 modales. Porque uno no es ningún obrero. Claro que tampoco es un señorito; ni una persona solvente, como don Filomeno; ni un pobre* de solemnidad... Bueno, y entonces, ¿qué diablos es uno?... (—Vaya una pregunta. Tú eres un ciudadano: el ciudadano Casimiro Lobato. —Sí, ¿eh?... Y, además, un súbdito, un vecino, un residente...), eso halaga los oídos pero no me sirve* de nada. Yo no soy vecino, ni
40 hermano, ni padre de familia, ni... El corazón le dio un brinco y se le encaramó* en la garganta: allí lo sentía, blando, convulso, como un sapo asustado. Poco más arriba,

ante el portal del treinta y seis, había un auto parado. Largo, negro, reluciente, igual que un enorme zapato de charol. El zapato de don Filomeno Porras. Ya no había duda: lo encontraría en su despacho. La certeza, sin embargo, no le produjo ningún alivio. Al contrario, sintió que la angustia le crecía, lo mismo que si el sapo se le hiciera grande y gelatinoso y le llegase hasta la campanilla.   5

(Esto que me pasa es muy raro. Por lo visto, la mezcla no me ha sentado bien. Con este bochorno... y con esta falta de urinarios públicos que hay en Madrid. No creo que sea el momento más oportuno para tener una discusión con don Filomeno. Claro que mañana es fiesta y que se marcha de viaje. Pero esto no quita* que el momento no sea apropiado. —Completamente inoportuno, en efecto; y tú tienes la 10 culpa. —¿...? —Sí, por consentir que en tu casa sea Remedios quien lo gobierne todo y quien disponga lo que tienes que hacer. Por eso te encuentras en estos trances, por calzonazos* y consentido. —¿Yo, un consentido? —Lo que oyes: de tomo* y lomo; y no vayas a hacerte el bravo ahora, que no es el momento. Fíjate a qué situación tan ridícula te ha traído tu calzonería. Don Filomeno va a tener risa para 15 todo el verano. —¿Don Filomeno? —Sí, por tu grotesca precipitación; y eso, si es que consigues hablarle, pues van a dar las cinco, ¿no lo sabías?, las cinco... (en este enorme reloj de bolsillo, el que me dejó el tío Bartolomé —el que murió del síncope— son, en efecto, las cinco...) y menuda* prisa que tendrá; como* para recibirte... "Pero, Lobato, ¿cómo me viene usted a estas horas? ¿Qué es lo que le ocurre a 20 usted?". Te lo dirá sin mirarte, mientras mastica el puro y se sacude las cenizas de la solapa, a manotazos. Y antes de que contestes, gritará: "Bueno, que no se olvide Paquita de telefonear a donde le dije, y que apunte el número de la agencia... Lucas, usted no dejará de telegrafiar en cuanto que reciba la contestación," etc., etc. —Sí, no cabe duda: el momento no es el más apropiado... pero ¿y Remedios? ¿Qué 25 voy a decirle a Remedios? —A Remedios no le dices nada: en tu casa mandas tú, y en tu persona mandas tú, ¿no es eso...?)

Había acudido un grupo de gorriones, hasta el borde de la acera, para disputarse una corteza de plátano. Más allá, sobre el asfalto, relucía una mancha viscosa y verde, de grasa de auto, purulenta. Casimiro lanzó un suspiro y aspiró su propio olor, 30 que era agrio y sofocante, lo mismo que el de una perrera. De pronto, escuchó un ruido de voces, como si fuesen a salir de alguno de los portales. Del treinta y seis casualmente. No, no es. Sí, sí es. Y el sol, al pegar contra la grupa* del auto, te envía dardos de luz que se te hunden* por los ojos... Ya no podía seguir atento: se le aflojaron todos los músculos, todos los resortes, súbitamente, y el sudor empezó a 35 afluirle con una abundancia inusitada, desconocida, corriéndole por el cuerpo abajo, inundándole las piernas, las piernas, sobre todo, como una ducha caliente... Fue esto lo que le aterrorizó, lo que le hizo retroceder a toda prisa, hasta doblar la esquina y encontrar una entrada discreta en donde poder guarecerse. No recordaba una vergüenza igual. Nunca, en toda su vida. Pero todo ello le estaba bien empleado* por 40 dejarse mangonear por su mujer, por Remedios, a la que iba a apretar* las clavijas en cuanto llegase a casa. Porque uno, al fin y al cabo, es un hombre, y debe de tener un momento de coraje y decisión alguna vez, ¡qué carape!...

CUESTIONARIO

1. ¿Qué cualidades dinámicas no había sabido nunca Casimiro cultivar con éxito? ¿A qué tenía una particular aversión?

2. ¿De qué trataba la queja de Remedios? ¿Por qué le causaba pena mirar a su hijita?

3. ¿De qué le daba vergüenza, a pesar de haber hecho sus estudios?

4. ¿Qué decisión no le había pasado nunca por la cabeza? ¿Por qué, sin embargo, se consideraba un hombre afortunado? ¿Cuál es, en su opinión, la palabra que más se destaca de la apariencia física de Casimiro?

5. ¿Qué había causado estragos en el país? Explique el gran alivio de Casimiro a eso de las dos de la tarde. ¿Qué entregó a Remedios? Explique su satisfacción.

6. ¿Adónde pretendía llevar a la familia por una semana? ¿Cuánto tiempo llevaban anhelando este suceso? ¿Por qué iba seguramente a mejorarse la hijita?

7. ¿Estaba soñando Casimiro con ajustar cuentas con su jefe, cuando le despertó la voz de Remedios? ¿Qué diferencia había descubierto ella entre el contenido del sobre de la paga y el de la libreta?

8. ¿Qué alboroto hay en el patio y entresuelo? ¿Qué será preferible, cerrar o dejar abierta la ventana del piso?

9. ¿Por qué se calló de pronto la voz de Remedios? ¿Qué decisión había tomado Casimiro en ese momento?

10. Mientras baja la escalera, ¿de qué se convence Casimiro? Al llegar a la esquina, ¿qué le consta? ¿Qué significa la frase "Del de siempre"? ¿Qué habría hecho de buena gana, en vez de echarse a la calle?

11. Conforme se iba acercando al despacho de don Filomeno, ¿qué fenómeno observaba Lobato por primera vez?

12. Señale la diferencia entre una tasca y un bar a la americana. ¿Qué relación se sugiere entre éste y una caja de muertos? En vez de cirios, ¿qué se encuentran?

13. ¿Qué hace el limpiabotas?

14. ¿Cómo es la calle de don Filomeno? Según Casimiro, ¿de qué facilidades carecen estas calles residenciales? ¿Con qué se compara el sobresalto de Casimiro?

15. A medida que avanza cuesta arriba, ¿qué ve? ¿qué huele? ¿qué acorta? ¿De dónde proviene su sensación de malestar? ¿Con qué palabras se alienta y conforta?

16. ¿De qué se acusa a sí mismo de ser sin lograr formular las palabras? ¿En qué pueden compararse un corazón y un sapo? ¿Por qué se llama un consentido?

17. ¿En qué momento se le aflojan todos los músculos? Explique por qué retrocede a toda prisa. ¿En qué lugar pudo guarecerse?

18. Comente su reflexión final.

TEMAS ESCRITOS U ORALES

1. Explore cómo forma parte integral del cuento la hija de Casimiro y Remedios aunque no lleva nombre. ¿De qué manera contribuye ella al momento de frustración que sufre su padre? Comente el efecto que se produce con la palabra "sentadita".

2. Haga un estudio de las diferencias de personalidad y carácter entre Casimiro y su jefe.

3. ¿Qué significado simbólico ofrece la imagen de las acacias marchitas? ¿Considera usted exagerada la comparación que se hace entre el coche y un zapato? Explique. ¿Cómo contribuyen estas imágenes al desaliento de Casimiro en el momento crítico?

4. Analice con detalles cómo Casimiro, en el monólogo interior, utiliza (a) la mezcla, (b) la fiesta, (c) Remedios, (d) la irrisión de don Filomeno, y (e) su propia calzonería, para justificar su retirada y convencerse de que es inoportuno el momento para una discusión.

5. El autor optó, en una parte de su relato, por una narración en primera persona. Explore la eficacia de esta técnica frente a la de la tercera persona.

6. Trace la transformación de un espléndido momento de resolución y decisión en uno de irresolución y derrota.

7. Exponga brevemente con sus propias palabaras el tema esencial de la historia.

8. Haga ver, en un corto epílogo, cómo se comportó Casimiro al regresar a casa.

MODISMOS

Emplee los siguientes modismos en oraciones originales.

1. a eso de   2. aguantárselas   3. a horcajadas sobre   4. a mitad de   5. apenas si   6. a toda prisa   7. caberle a uno en la cabeza   8. cobrar ánimos   9. como si nada   10. dar la hora   11. de bruces   12. de buenas ganas   13. de par en par   14. de tomo y lomo   15. doblar la esquina   16. echar la siesta   17. hablar alto   18. hacer calor   19. hacer cosquillas a   20. hacerse el bravo   21. hacerse valer   22. no cabe duda   23. parar en seco   24. poner una cara   25. por la noche   26. por lo visto   27. tomar la fresca   28. tomar una decisión

La romería

CAMILO JOSÉ CELA

CAMILO JOSÉ CELA (Iria-Flavia, Ayuntamiento de Padrón, provincia de La Coruña, 1916). Novelista, cuentista, poeta. Reside en Palma de Mallorca. Académico de la Real Academia Española. Nace de padre español, madre inglesa y abuela italiana. Estudió, viajó y llegó a la más alta dignidad literaria, después de haber sido periodista, poeta, torero, actor de cine, pintor y vagabundo. Su primer libro, *La familia de Pascual Duarte* (1942), marca un hito en la narración española de la posguerra. De esta novela surge el "tremendismo" o tendencia a presentar lo violento, lo macabro, lo que causa sufrimiento y angustia. En 1954 Cela da un ciclo de conferencias en diversas universidades de los Estados Unidos. La bibliografía de Camilo José Cela excede los cuarenta títulos, y sobre el autor y su obra se han escrito libros, ensayos, tesis doctorales y centenares de artículos. Sus libros han sido traducidos a numerosísimos idiomas extranjeros. *La romería* aparece en *ACEC,* 74-88.

La romería era muy tradicional; la gente se hacía lenguas* de lo bien que se pasaba en la romería, adonde llegaban todos los años visitantes de muchas leguas a la redonda. Unos venían a caballo y otros en unos autobuses adornados con ramas; pero lo realmente típico era ir en carro de bueyes;

5 a los bueyes les pintaban los cuernos con albayalde o blanco* de España y les adornaban la testuz con margaritas y amapolas...

El cabeza* de familia vino todo el tiempo pensando* en la romería; en el tren, la gente no hablaba de otra cosa.

—¿Te acuerdas cuando Paquito, el* de la de Telégrafos, le saltó* el ojo a la

10 doña Pura?

—Sí que me acuerdo; aquélla sí* que fue sonada. Un guardia civil decía que tenía que venir el señor juez a levantar el ojo.

—¿Y te acuerdas de cuando aquel señorito se cayó, con pantalón blanco y todo, en la sartén del churrero?

15 —También me acuerdo. ¡Qué voces pegaba* el condenado! ¡En seguida se echaba de ver que eso de estar frito debe dar mucha rabia!

El cabeza de familia iba todos los sábados al pueblo, a ver a los suyos, y regresaba a la capital el lunes muy de mañana para que le diese tiempo de llegar a buena hora a la oficina. Los suyos, como él decía, eran siete: su señora, cinco niños y la mamá de su señora. Su señora se llamaba doña Encarnación y era gorda y desconsiderada; los niños eran todos largos* y delgaditos, y se llamaban: Luis (diez 5 años), Encarnita (ocho años), José María (seis años), Laurentino (cuatro años) y Adelita (dos años). Por los veranos se les pegaba* un poco el sol y tomaban un color algo bueno, pero al mes de estar de vuelta en la capital, estaban otra vez pálidos y ojerosos como agonizantes. La mamá de su señora se llamaba doña Adela, y, además de gorda y desconsiderada, era coqueta y exigente. ¡A la vejez, viruelas!* La tal 10 doña Adela era un vejestorio repipio que tenía alma de gusano comemuertos.

El cabeza de familia estaba encantado de ver lo bien que había caído su proyecto de ir todos juntos a merendar a la romería. Lo dijo a la hora de la cena y todos se acostaron pronto para estar bien frescos y descansados al día siguiente.

El cabeza de familia, después de cenar, se sentó en el jardín en mangas de 15 camisa, como hacía todos los sábados por la noche, a fumarse un cigarrillo y pensar en la fiesta. A veces, sin embargo, se distraía y pensaba en otra cosa: en la oficina, por ejemplo, o en el Plan* Marshall, o en el Campeonato de Copa.

Y llegó el día siguiente. Doña Adela dispuso que, para no andarse con apuros de última hora, lo mejor era ir a misa de siete en vez de a misa de diez. Levantaron* 20 a los niños media hora antes, les dieron el desayuno y los prepararon* de domingo; hubo sus prisas y sus carreras, porque media hora es tiempo que pronto pasa, pero al final se llegó a tiempo.

Al cabeza de familia lo despertó su señora.

—¡Arriba, Carlitos; vamos a misa!   25

—Pero, ¿qué hora es?

—Son las siete menos veinte.

El cabeza de familia adoptó un aire suplicante.

—Pero, mujer, Encarna, déjame dormir, que estoy muy cansado; ya iré a misa más tarde.   30

—Nada. ¡Haberte acostado* antes! Lo que tú quieres es ir a misa de doce.

—Pues, sí. ¿Qué ves* de malo?

—¡Claro! ¡Para que después te quedes a tomar un vermut con los amigos! ¡Estás tú muy visto!*

A la vuelta de misa, a eso de las ocho menos cuarto, el cabeza de familia y los 35 cinco niños se encontraron con que no sabían lo que hacer. Los niños se sentaron en la escalerita del jardín, pero doña Encarna les dijo que iban a coger frío, así, sin hacer nada. Al padre se le ocurrió que diesen todos juntos, con él a la cabeza, un paseíto por unos desmontes que había detrás de la casa, pero la madre dijo que eso no se le hubiera ocurrido ni al que asó* la manteca, y que los niños lo que necesita- 40 ban era estar descansados para por la tarde. El cabeza de familia, en vista de su poco éxito, subió hasta la alcoba, a ver si podía echarse un rato, un poco a traición,* pero se encontró con que a la cama ya le habían quitado las ropas. Los niños anduvieron vagando como almas en pena hasta eso de las diez, en que los niños del jardín de al lado* se levantaron y el día empezó a tomar, poco más o menos, el aire de todos los días.

5   A las diez también, o quizá un poco más tarde, el cabeza de familia compró el periódico de la tarde anterior y una revista taurina, con lo que, administrándola bien, tuvo lectura casi hasta el mediodía. Los niños, que no se hacían cargo de las cosas, se portaron muy mal y se pusieron perdidos* de tierra; de todos ellos, la única que se portó un poco bien fue Encarnita —que llevaba un trajecito azulina y un gran
10 lazo malva en el pelo—, pero la pobre tuvo mala suerte, porque le picó una avispa en un carrillo, y doña Adela, su abuelita, que la oyó gritar, salió hecha* un basilisco, la llamó mañosa y antojadiza y le dio media docena de tortas, dos de ellas bastante fuertes. Después, cuando doña Adela se dio cuenta de que a la nieta lo que le pasaba era que le había picado una avispa, le empezó a hacer arrumacos y a compadecerla,
15 y se pasó el resto de la mañana apretándole una perra gorda contra la picadura.

    —Esto es lo mejor. Ya verás cómo esta moneda pronto te alivia.

    La niña decía que sí, no muy convencida, porque sabía que a la abuelita lo mejor era no contradecirla y decirle* a todo amén.

    Mientras tanto, la madre, doña Encarna, daba órdenes a las criadas como un
20 general en plena batalla. El cabeza de familia leía, por aquellos momentos, la reseña de una faena* de Paquito Muñoz.* Según el revistero, el chico había estado muy bien...

    Y el tiempo, que es lento, pero seguro, fue pasando, hasta que llegó la hora de comer. La comida tardó algo más que de costumbre, porque con eso de haber
25 madrugado tanto, ya se sabe: la gente se confía y, al final, los unos* por los otros, la casa sin barrer.

    A eso de las tres o tres y cuarto, el cabeza de familia y los suyos se sentaron a la mesa. Tomaron de primer plato fabada asturiana; al cabeza de familia, en verano, le gustaban mucho las ensaladas y los gazpachos y, en general, los platos en crudo.*
30 Después tomaron filetes y de postre, un plátano. A la niña de la avispa le dieron, además, un caramelo de menta; el angelito tenía un carrillo como un volcán. Su padre, para consolarla, le explicó que peor había quedado la avispa, insecto que se caracteriza, entre otras cosas, porque, para herir, sacrifica su vida. La niña decía "¿Sí?", pero no tenía un gran aire de estar oyendo eso que se llama una verdad*
35 como una casa, ni denotaba, tampoco, un interés excesivo, digámoslo así.

    Después de comer, los niños recibieron la orden de ir a dormir la siesta, porque como los días eran tan largos, lo mejor sería salir hacia eso de las seis. A Encarnita la dejaron que no se echase,* porque para eso* le había picado una avispa.

    Doña Adela y doña Encarnación se metieron en la cocina a dar los últimos
40 toques a la cesta con la tortilla de patatas, los filetes empanados y la botella de Vichy catalán para la vieja, que andaba nada más que regular de las vías digestivas; los niños se acostaron, por eso* de que a la fuerza ahorcan,* y el cabeza de familia

y la Encarnita se fueron a dar un paseíto para hacer la digestión y contemplar un poco la naturaleza, que es tan varia.

El reloj marcaba las cuatro. Cuando el minutero diese dos vueltas completas, a las seis, la familia se pondría en marcha, carretera adelante, camino de la romería.

Todos los años había una romería...   5

* * *

Contra lo que en un principio* se había pensado, doña Encarnación y doña Adela levantaron a los niños de la siesta a las cuatro y media. Acabada* de preparar la cesta con las vituallas de la merienda, nada justificaba ya esperar una hora larga sin hacer nada, mano sobre mano como unos tontos.

Además el día era bueno y hermoso, incluso demasiado bueno y hermoso, y 10 convenía aprovechar un poco el sol y el aire.

Dicho y hecho; no más* dadas las cinco, la familia se puso en marcha camino de la romería. Delante iban el cabeza de familia y los dos hijos mayores: Luis, que estaba ya hecho* un pollo, y Encarnita, la niña a quien le había picado la avispa: les seguían doña Adela con José María y Laurentino, uno de cada mano, y cerraba 15 la comitiva doña Encarnación, con Adelita en brazos. Entre la cabeza y la cola de la comitiva, al principio no había más que unos pasos; pero a medida que fueron* andando, la distancia fue haciéndose mayor, y, al final, estaban separados casi por un kilómetro; ésta es una de las cosas que más preocupan a los sargentos cuando tienen que llevar tropa por el monte: que los soldados se les van sembrando* por el 20 camino.

La cesta de la merienda, que pesaba bastante, la llevaba Luis en la sillita de ruedas de su hermana pequeña. A las criadas, la Nico y la Estrella, les habían dado suelta, porque, en realidad, no hacían más que molestar, todo el día por el medio,* metiéndose donde no las llamaban.   25

Durante el trayecto pasaron las cosas de siempre, poco más o menos: un niño tuvo sed y le dieron un capón porque no había agua por ningún lado; otro niño quiso hacer una cosa* y le dijeron a gritos que eso se pedía antes de salir de casa; otro niño se cansaba y le preguntaron, con un tono de desprecio profundo, que de qué le servía respirar el aire de la sierra. Novedades gordas, ésa es la verdad, no hubo 30 ninguna digna de mención.

Por el camino, al principio, no había nadie —algún pastorcito, quizá, sentado sobre una piedra y con las ovejas muy lejos—, pero al irse acercando a la romería fueron apareciendo mendigos aparatosos, romeros muy repeinados que llegaban por otros atajos, algún buhonero tuerto o barbudo con la bandeja de baratijas colgada 35 del cuello, guardias civiles de servicio, parejas de enamorados que estaban esperando a que se pusiese el sol, chicos de la colonia* ya mayorcitos —de catorce a quince años— que decían que estaban cazando ardillas, y soldados, muchos soldados, que formaban grupos y cantaban asturianadas, jotas y el mariachi con un acento muy en su punto.   40

A la vista ya de la romería —así como a unos quinientos metros de la romería—, el cabeza de familia y Luis y Encarnita, que estaba ya mejor de la picadura, se sentaron a esperar al resto de la familia. El pinar ya había empezado y, bajo la copa de los pinos, el calor era aún más sofocante que a pleno sol.* El cabeza de familia,
5 nada* más salir de casa, había echado la americana en la silla* de Adelita y se había remangado* la camisa y ahora los brazos los tenía todos colorados y le escocían bastante; Luis le explicaba que eso le sucedía por falta de costumbre, y que don Saturnino, el padre de un amigo suyo, lo pasó muy mal hasta que mudó la piel. Encarnita decía* que sí, que claro; sentada en una piedra un poco alta, con su traje-
10 cito azulina y su gran lazo, la niña estaba muy mona, ésa es la verdad; parecía uno de esos angelitos que van en las procesiones.

Cuando llegaron la abuela y los dos nietos y, al cabo de un rato, la madre con la niña pequeña en brazos, se sentaron también a reponer fuerzas, y dijeron que el paisaje era muy hermoso y que era una bendición de Dios poder tomarse un des-
15 canso todos los años para coger fuerzas para el invierno.

—Es muy tonificador —decía doña Adela echando un trago de la botella de Vichy catalán—, lo que se dice muy tonificador.

Los demás tenían bastante sed, pero se la tuvieron que aguantar porque la botella de la vieja era tabú —igual que una vaca sagrada— y fuente no había ninguna
20 en dos leguas a la redonda. En realidad, habían sido poco precavidos, porque cada cual podía haberse traído su botella; pero, claro está, a lo hecho,* pecho: aquello ya no tenía remedio* y, además, a burro* muerto, cebada al rabo.

La familia, sentada a la sombra del pinar, con la boca seca, los pies algo cansa-dos y toda la ropa llena de polvo, hacía verdaderos esfuerzos por sentirse feliz. La
25 abuela, que era la que había bebido, era la única que hablaba:

—¡Ay, en mis tiempos! ¡Aquéllas sí que eran romerías!

El cabeza de familia, su señora y los niños, ni la escuchaban; el tema era ya muy conocido, y además la vieja no admitía interrupciones. Una vez en que, a eso de "¡Ay, en mis tiempos!", el yerno le contestó, en un rapto de valor: "¿Se refiere
30 usted a cuando don Amadeo?",* se armó un cisco tremendo que más vale no recordar. Desde entonces el cabeza de familia, cuando contaba el incidente a su primo y compañero de oficina Jaime Collado, que era así como su confidente y su paño de lágrimas, decía siempre "el pronunciamiento."

Al cabo* de un rato de estar todos descansando y casi en silencio, el niño
35 mayor se levantó de golpe y dijo:

—¡Ay!

Él hubiera querido decir:

—¡Mirad por dónde* viene un vendedor de gaseosas!

Pero lo cierto fue que sólo se le escapó un quejido. La piedra donde se había
40 sentado estaba llena de resina y el chiquillo, al levantarse, se había cogido* un pellizco. Los demás, menos doña Adela, se fueron también levantando; todos esta-ban perdidos* de resina.

Doña Encarnación se encaró con su marido:

— ¡Pues sí que has elegido un buen sitio! Esto me pasa* a mí por dejaros ir delante, ¡nada más que por eso!

El cabeza de familia procuraba templar gaitas:

—Bueno, mujer, no te pongas así; ya mandaremos la ropa al tinte.*

— ¡Qué tinte ni qué niño muerto! ¡Esto no hay tinte que lo arregle!   5

Doña Adela, sentada todavía, decía que su hija tenía razón, que eso no lo arreglaba ningún tinte y que el sitio no podía estar peor elegido.

—Debajo de un pino —decía—, ¿qué va a haber?* ¡Pues resina!

Mientras tanto, el vendedor de gaseosas se había acercado a la familia.

— ¡Hay gaseosas, tengo gaseosas! Señora —le dijo a doña Adela—, ahí se va a   10
poner* usted buena de resina.

El cabeza de familia, para recuperar el favor perdido, le preguntó al hombre:

—¿Están frescas?

— ¡Psché! Más bien* del tiempo.

—Bueno, deme cuatro.   15

* * *

Las gaseosas estaban calientes como caldo y sabían a pasta de los dientes. Menos mal que la romería ya estaba, como quien dice, al alcance de la mano.

* * *

La familia llegó a la romería con la boca dulce; entre la gaseosa y el polvo se suele formar en el paladar un sabor muy dulce, un sabor que casi se puede masticar como la mantequilla.   20

La romería estaba llena de soldados; llevaban un mes haciendo prácticas* por aquellos terrenos, y los jefes, el día de la romería, les habían dado suelta.

—Hoy, después de teórica —había dicho cada sargento—, tienen ustedes permiso hasta la puesta del sol. Se prohíbe la embriaguez y el armar bronca con los paisanos. La vigilancia tiene órdenes muy severas sobre el mantenimiento de la   25
compostura. Orden del coronel. Rompan filas, ¡arm...!*

Los soldados, efectivamente, eran muchos; pero por lo que se veía, se portaban bastante bien. Unos bailaban con las criadas, otros daban conversación a alguna familia con buena merienda y otros cantaban, aunque fuera con acento andaluz, una canción que era así: 30

> Adiós, Pamplona,
> Pamplona de mi querer,*
> mi querer.
> Adiós, Pamplona,
> cuándo te volveré a ver.   35

Eran viejas canciones de la guerra, que ellos no hicieran* porque cuando* lo de la guerra tenían once o doce años, que se habían ido transmitiendo, de quinta* en quinta, como los apellidos de padres a hijos. La segunda parte decía:

No me marcho por las chicas,
que las chicas guapas son,
guapas son.
Me marcho porque me llaman
5 a defender la Nación.

Los soldados no estaban borrachos, y a lo más que llegaban,* algunos* que otros, era a dar algún traspiés, como si lo estuvieran.

La familia se sentó a pocos metros de la carretera, detrás de unos puestos de churros y rodeada de otras familias que cantaban a gritos y se reían a carcajadas.
10 Los niños jugaban todos juntos revolcándose sobre la tierra, y de vez en cuando alguno se levantaba llorando, con un rasponazo en la rodilla o una pequeña descalabradura en la cabeza.

Los niños de doña Encarnación miraban a los otros niños con envidia. Verdaderamente, los niños del montón,* los niños a quienes sus familias les dejaban
15 revolcarse por el suelo, eran unos niños felices, triscadores como cabras, libres como los pájaros del cielo, que hacían lo que les daba la gana y a nadie le parecía mal.

Luisito, después de mucho pensarlo, se acercó a su madre, zalamero como un perro cuando menea la cola:

—Mamá, ¿me dejas jugar con esos niños?
20 La madre miró para el grupo y frunció el ceño:

—¿Con esos bárbaros? ¡Ni hablar!* Son todos una partida de cafres.

Después, doña Encarnación infló* el papo y continuó:

—Y además, no sé cómo te atreves ni a abrir la boca después de cómo te has puesto el pantalón de resina. ¡Vergüenza debiera darte!
25 El niño, entre la alegría de los demás, se azaró* de estar triste y se puso colorado hasta las orejas. En aquellos momentos sentía hacia su madre un odio infinito.

La madre volvió a la carga:

—Ya te compró tu padre una gaseosa. ¡Eres insaciable!

El niño empezó a llorar por dentro con una amargura infinita. Los ojos le
30 escocían como si los tuviese quemados, la boca se le quedó seca y nada faltó* para que empezase a llorar, también por fuera, lleno de rabia y de desconsuelo.

Algunas familias precavidas habían ido a la romería con la mesa de comedor y seis sillas a cuestas. Sudaron mucho para traer todos los bártulos y no perder a los niños por el camino, pero ahora tenían su compensación y estaban cómodamente
35 sentados en torno a la mesa, merendando o jugando a la brisca como en su propia casa.

Luisito se distrajo mirando para una de aquellas familias y, al final, todo se le fué pasando. El chico tenía buen fondo y no era vengativo ni rencoroso.

Un cojo, que enseñaba a la caridad de las gentes un muñón bastante asqueroso,
40 pedía limosna a gritos al lado de un tenderete de rosquillas; de vez en vez caía alguna perra y entonces el cojo se la tiraba a la rosquillera.

— ¡Eh! —le gritaba—. ¡De las blancas!

Y la rosquillera, que era una tía gorda, picada de viruelas, con los ojos pitañosos y las carnes blandengues y mal sujetas, le echaba por los aires una rosquilla blanca como la nieve vieja, sabrosa como el buen pan del hambre* y dura como el pedernal. Los dos tenían bastante buen tino. 5

Un ciego salmodiaba preces a Santa* Lucía en un rincón del toldo del tiro al blanco, y una gitana joven, bella y descalza, con un niño* de días al pecho y otro, barrigoncete, colgado de la violenta saya de lunares, ofrecía la buenaventura por los corros. 5

Un niño de seis o siete años cantaba flamenco acompañándose con sus propias palmas, y un vendedor de pitos atronaba la romería tocando el "no me mates con tomate, mátame con bacalao". 10

—Oiga, señor, ¿también se puede tocar una copita de ojén?

Doña Encarnación se volvió hacia el hijo hecha un basilisco:

—¡Cállate, bobo! ¡Que pareces tonto! Naturalmente que se puede tocar; ese señor puede tocar todo lo que le dé* la real gana. 15

El hombre de los pitos sonrió, hizo una reverencia y siguió paseando, parsimoniosamente, para arriba y para abajo, tocando ahora lo de la copita de ojén para tomar con café.

El cabeza de familia y su suegra, doña Adela, decidieron que un día era un día y que lo mejor sería comprar unos churros a las criaturas. 20

—¿Cómo se les va a pedir que tengan sentido a estas criaturitas? —decía doña Adela en un rapto de ternura y de comprensión.

—Claro, claro...

Luisito se puso contento por lo de los churros, aunque cada vez entendía menos todo lo que pasaba. Los demás niños también se pusieron muy alegres. 25

Unos soldados pasaron cantando:

> Y si no se le quitan* bailando
> los dolores a la taberna,
> y si no se le quitan bailando,
> dejáila,* dejáila que se muera. 30

Unos borrachos andaban a patadas con una bota vacía, y un corro de flacos veraneantes de ambos sexos cantaban a coro la siguiente canción:

> Si soy como soy y no como tú quieres
> qué culpa tengo yo de ser así.

Daba pena ver con qué seriedad se aplicaban a su gilipollez. 35

Cuando la familia se puso en marcha, en el camino de vuelta al pueblo, el astro rey se complacía en teñir de color de sangre unas nubecitas alargadas que había allá lejos en el horizonte.

*　*　*

La familia, en el fondo* más hondo de su conciencia, se daba cuenta de que en la romería no lo habían pasado demasiado bien. Por la carretera abajo, con la romería ya a la espalda, la familia iba desinflada y triste como un viejo acordeón mojado. Se había levantado un gris* fresquito, un airecillo serrano que se colaba
5 por la piel, y la familia que formaba ahora una piña compacta, caminaba en silencio con los pies cansados, la memoria vacía, el pelo y las ropas llenos de polvo, la ilusión defraudada, la garganta seca y las carnes llenas de un frío inexplicable.

A los pocos centenares de pasos se cerró la noche sobre el camino: una noche oscura, sin luna, una noche solitaria y medrosa como una mujer loca y vestida de
10 luto que vagase por los montes. Un buho silbaba, pesadamente, desde el bosquecillo de pinos y los murciélagos volaban, como atontados, a dos palmos de las cabezas de los caminantes. Alguna bicicleta o algún caballo adelantaban, de trecho en trecho, a la familia, y al sordo y difuso rumor de la romería había sucedido un silencio tendido, tan sólo roto, a veces, por unas voces lejanas de bronca o de jolgorio.

15 Luisito, el niño mayor, se armó de valentía y habló:

—Mamá.

—¿Qué?

—Me canso.

—¡Aguántate!   ¡También nos cansamos los demás y nos aguantamos!   ¡Pues
20 estaría bueno!

El niño que iba de la mano del padre, se calló como se calló su padre. Los niños, en esa edad en que toda la fuerza* se les va en crecer, son susceptibles y románticos; quieren, confusamente, un mundo bueno, y no entienden nada de todo lo que pasa a su alrededor.

25 El padre le apretó la mano.

—Oye, Encarna, que me parece que este niño quiere hacer sus cosas.

El niño sintió en aquellos momentos un inmenso cariño hacia su padre.

—Que se espere a que lleguemos a casa; éste no es sitio. No le pasará nada por aguantarse un poco; ya verás cómo no revienta. ¡No sé quién me habrá metido a mí
30 a venir a esta romería, a cansarnos y a ponernos perdidos!

El silencio volvió de nuevo a envolver al grupo. Luisito, aprovechándose de la oscuridad, dejó que dos gruesos y amargos lagrimones le rodasen por las mejillas. Iba triste, muy triste y se tenía por uno de los niños más desgraciados del mundo y por el más infeliz y desdichado, sin duda alguna, de toda la colonia.

35 Sus hermanos, arrastrando cansinamente los pies por la polvorienta carretera, notaban una vaga e imprecisa sensación de bienestar, mezcla de crueldad y de compasión, de alegría y de dolor.

La familia, aunque iba despacio, adelantó a una pareja de enamorados que iba aún más despacio todavía.

40 Doña Adela se puso a rezongar en voz baja diciendo que aquello no era más que frescura, desvergüenza y falta de principios. Para la señora era recusable todo lo que no fuera el nirvana* o la murmuración, sus dos ocupaciones favoritas.

Un perro aullaba, desde muy lejos, prolongadamente, mientras los grillos cantaban, sin demasiado entusiasmo, entre los sembrados.

A fuerza de andar y andar, la familia, al tomar una curva que se llamaba el Recodo del Cura, se encontró cerca ya de las primeras luces del pueblo. Un suspiro de alivio sonó, muy bajo, dentro de cada espíritu. Todos, hasta el cabeza de familia, 5 que al día siguiente, muy temprano, tendría que coger el tren camino de la capital y de la oficina, notaron una alegría inconfesable al encontrarse ya tan cerca de casa; después de todo, la excursión podía darse por bien empleada sólo por sentir ahora que ya no faltaban sino minutos para terminarla.* El cabeza de familia se acordó de un chiste que sabía y se sonrió. El chiste lo había leído en el periódico, en una 10 sección titulada, con mucho ingenio, "El humor de los demás": un señor estaba de pie en una habitación pegándose martillazos en la cabeza y otro señor que estaba sentado le preguntaba: "Pero, hombre, Peters, ¿por qué se pega usted esos martillazos?", y Peters, con un gesto beatífico, le respondía: "¡Ah, si viese usted lo a gusto que quedo cuando paro!" 15

En la casa, cuando la familia llegó, estaban ya las dos criadas, la Nico y la Estrella, preparando la cena y trajinando de un lado para otro.

— ¡Hola, señorita! ¿Lo han pasado bien?

Doña Encarnación hizo un esfuerzo.

—Sí, hija; muy bien. Los niños la han gozado mucho. ¡A ver, niños! —cambió—, 20 ¡quitaos los pantalones, que así vais a ponerlo todo perdido de resina!

La Estrella, que era la niñera —una chica peripuesta y pizpireta, con los labios y las uñas pintados y todo el aire de una señorita de conjunto sin contrato que quiso veranear y reponerse un poco—, se encargó de que los niños obedecieran.

Los niños, en pijama y bata, cenaron y se acostaron. Como estaban rendidos 25 se durmieron en seguida. A la niña de la avispa, a la Encarnita, ya se le había pasado el dolor; ya casi ni tenía hinchada la picadura.

El cabeza de familia, su mujer y su suegra cenaron a renglón seguido de acostarse los niños. Al principio de la cena hubo cierto embarazoso silencio; nadie se atrevía a ser quien primero hablase; la excursión a la romería estaba demasiado 30 fija en la memoria de los tres. El cabeza de familia para distraerse, pensaba en la oficina; tenía entre manos un expediente para instalación de nueva industria, muy entretenido; era un caso bonito, incluso de cierta dificultad, en torno al que giraban intereses muy considerables. Su señora servía platos y fruncía el ceño para que todos se diesen cuenta de su mal humor. La suegra suspiraba profundamente entre 35 sorbo y sorbo de Vichy.

— ¿Quieres más?

—No, muchas gracias; estoy muy satisfecho.

— ¡Qué fino* te has vuelto!

—No, mujer; como siempre... 40

Tras otro silencio prolongado, la suegra echó* su cuarto a espadas:

—Yo no quiero meterme en nada, allá vosotros; pero yo siempre os dije que me parecía una barbaridad grandísima meter* a los niños semejante caminata en el cuerpo.

La hija levantó la cabeza y la miró; no pensaba en nada. El yerno bajó la cabeza y miró para el plato, para la rueda de pescadilla frita; empezó a pensar, pro-
5 curando fijar bien la atención en aquel interesante expediente de instalación de nueva industria.

Sobre las tres cabezas se mecía un vago presentimiento de tormenta...

CUESTIONARIO

1. ¿De dónde venían los romeros? Mencione tres o cuatro modos de ir a una romería. ¿Cuál le parece la tradición más pintoresca? ¿Qué había perdido un romero en una ocasión? En otra, ¿por qué había pegado voces un señorito?

2. ¿Dónde trabajaba Carlos, y cuándo solía regresar al pueblo? ¿Quiénes componían su familia? Califique a la suegra con unos adjetivos. ¿Qué nombre recibirá Carlos en el cuento? ¿Qué proyecto había propuesto para el domingo?

3. El sábado por la noche, ¿por qué se acostaron pronto? ¿Qué solía hacer Carlos todos los sábados por la noche? El domingo de la romería, ¿por qué dispuso Adela que se levantaran los niños tan temprano? ¿Qué se pudo llevar a cabo antes de ir a misa? ¿Por qué adoptó Carlos un aire suplicante? ¿Cuál fue el primer error del día? ¿Por qué?

4. ¿Qué cosas hicieron padre e hijos por distraerse hasta la hora de comer?

5. La abuelita, hecha un basilisco, regaña furiosamente a su nieta; después la compadece. ¿De qué se había dado cuenta? En su opinión, ¿era astuta y caprichosa la niña? Explique. ¿Qué le dijo su padre después, para consolarla?

6. ¿Qué parecido ve el autor entre la madre y un general? ¿Por qué tardaron todos en sentarse a la mesa? Explique por qué a Carlos le habría gustado no tomar fabada asturiana de primer plato.

7. En la cesta de la merienda, con los filetes empanados y una tortilla de patatas, había una botella. ¿Para quién era? ¿Por qué?

8. Camino de la romería, ¿formaba la comitiva una piña compacta? ¿Cómo llevaba Luis la cesta? ¿Por qué recibió uno de los chicos un capón? ¿A quiénes vieron al irse acercando?

9. ¿Dónde se sentó el padre con Luis y Encarnita a esperar al resto de la familia? ¿Quiénes aparecieron con doña Adela? ¿Y en brazos de la madre? ¿Cómo se llamaba la niña pequeña? ¿Por qué? Explique por qué dijo " ¡Ay!" uno de los niños. ¿Por qué parece haber sido la familia poco precavida?

10. ¿Qué órdenes severas habían recibido los quintos? ¿Cómo se comportaban en la romería? ¿A qué familias mostraban especial atención?

11. ¿Dónde se sentó la familia finalmente? ¿Por qué los niños de doña Encarnación miraban a los otros niños con envidia? ¿En qué se parecía Luisito a un perro?

12. ¿Por qué estaban algunas familias como en su propia casa?

13. ¿Qué recibía el cojo al pedir " ¡De las blancas!"? ¿Por dónde ofrecía la joven gitana la buenafortuna? ¿Dónde salmodiaba el ciego? ¿Por qué sonrió el vendedor de pitos? ¿Cuál era el sentido de la canción de los veraneantes?

14. En el camino de vuelta al pueblo, ¿por qué formaba la familia una piña compacta? ¿Por qué no charlaban animadamente?

15. Al tenerse por el más infeliz y desdichado de los niños de la colonia, ¿hacia quién, sin embargo, no deja de sentir Luisito un enorme afecto? ¿Cuándo sonó un suspiro de alivio general?

16. ¿Qué relación ve el autor entre este suspiro y el chiste del señor que se pegaba martillazos en la cabeza?

17. ¿Qué se apresuraron a hacer Nico y la Estrella al llegar la familia a casa? ¿Con quién se compara la Estrella?

18. Al principio de la cena, ¿cómo lograron Carlos, Encarna y Adela esconder sus sentimientos? ¿De qué se daban cuenta los tres en el fondo de su conciencia?

19. ¿Qué opinión expresa la suegra, finalmente?

20. ¿Cuál es el probable significado de la "tormenta" con la que se termina la historia?

TEMAS ESCRITOS U ORALES

1. ¿Con la repetición de qué palabra empieza y termina la primera parte del cuento? ¿Continúa esta técnica? ¿Qué representa?

2. ¿Qué mundo pretende reflejar el autor en su cuento? ¿Cree usted que ha conseguido dicho objetivo? ¿Puede decirse que éste es un cuento de tesis, cuyo propósito es una crítica mordaz? Explique su punto de vista. ¿Qué parecido ve usted entre *La romería* y, por ejemplo, *El cock-tail?*

3. ¿Qué relación se insinúa entre la última palabra del cuento y aquellas nubecitas alargadas que había en el horizonte cuando la familia se puso en marcha camino de casa?

4. ¿Qué efecto ha logrado el autor al referirse constantemente a don Carlos como "el cabeza de familia?" ¿Cuál es la ironía fundamental?

5. Haga un pequeño estudio de la sátira del cuento. Analice el "humor" de las siguientes citas:

    (a) Doña Adela, su abuelita, salió hecha un basilisco, la llamó mañosa y le dio media docena de tortas.

    (b) ¿Cómo se les va a pedir que tengan sentido a estas criaturitas? —decía doña Adela en un rapto de ternura.

    (c) —Mamá, ¿me dejas jugar con esos niños?
        —¿Con esos bárbaros? ¡Ni hablar! Son todos una partida de cafres.

    (d) Doña Encarnación se volvió hacia el hijo hecha un basilisco: —¡Cállate, bobo!

    (e) —Mamá.
        —¿Qué?
        —Me canso.
        —¡Aguántate!

    (f) —¿Quieres más?
        —No, muchas gracias; estoy muy satisfecho.
        —¡Qué fino te has vuelto!

6. Comente la pequeña digresión del autor en lo que se refiere a los niños, susceptibles y románticos, que quieren, confusamente, un mundo bueno y no entienden nada de todo lo que pasa a su alrededor.

7. ¿Encuentra usted exagerada la imagen de la noche oscura como una mujer loca? Explique su respuesta. Catalogue y comente otros símiles y metáforas en el cuento.

8. Comente con detalles la importancia de los personajes menores del cuento, por ejemplo, las criadas, los soldados, los niños del montón.

9. ¿Le parece a usted un cuento logrado? Sintetice con sus propias palabras la acción de la historia.

MODISMOS

Emplee los siguientes modismos en oraciones originales.

1. a fuerza de **2.** a gritos **3.** a la espalda **4.** al mes de + *inf* **5.** andar a patadas con **6.** a renglón seguido de **7.** armar bronca **8.** armarse de valentía **9.** armarse un cisco **10.** caer bien **11.** darse por bien empleado **12.** dar un paseíto **13.** dar un traspié **14.** de trecho en trecho **15.** de vez en vez **16.** echarse de ver **17.** estar muy visto **18.** hacerse cargo de **19.** hacerse lenguas de **20.** hasta eso de **21.** ir de la mano de **22.** para toda la tarde **23.** pedir a gritos **24.** ponerse en marcha **25.** preparar de domingo **26.** reírse a carcajadas **27.** templar gaitas **28.** tener sed **29.** ya no faltan sino (horas) para

El vendedor de corbatas

JOSÉ AMILLO

JOSÉ AMILLO (Madrid, 1922). Periodista, cuentista. Residió en Madrid hasta su muerte el día 26 de abril de 1972. Licenciado en Derecho por la Universidad de Madrid. Tuvo también el título de la Escuela Oficial de Periodismo. Sus narraciones y cuentos están dispersos por revistas y sólo han sido recogidos en libro los que figuran en *Historias de cada día,* que obtuvo el accésit del Premio Nacional de Literatura en el año 1956, del que forma parte *El vendedor de corbatas.* Otra narración suya titulada *Solsticio de invierno* consiguió el premio "La Felguera" en 1958. Respecto a su cuento, *El vendedor de corbatas,* escribió el autor: "Quizá pensara al escribirlo en que la 'Incomunicación,' tan explorada en personas de los ambientes acomodados, se da en otras gentes que llevan una vida difícil y que la monotonía de una existencia menos que mediocre llega a desequilibrar a personas sencillas, caso de la mujer del vendedor." *El vendedor de corbatas* también aparece en *ACEC,* 249-262.

Carmelo colgó sobre su antebrazo izquierdo el pedazo de tela blanca, echó sobre él un grueso manojo de corbatas y dijo adiós a su mujer. Cristina, sentada en una silla baja, junto a la ventana, cosía un delantal. Sin levantar la cabeza de la costura, respondió con un adiós cansado, apenas perceptible.

Con paso lento descendió Carmelo la escalera. Hacía calor: eran las cuatro de 5 la tarde y el mes de julio finalizaba. Aun en aquella escalera sombría, el aire, quieto y tibio, se aplastaba pegajoso contra la piel. Carmelo bajaba con desgana, con un miedo instintivo de ver aparecer el portal, deslumbrante de luz, por el que se introducía el vaho espeso de la ciudad. Era una sensación muy natural la suya. La perspectiva de lanzarse a recorrer las calles bajo el sol implacable, de detenerse ante 10 las mesas de los bares ofreciendo su mercancía a gentes* sudorosas, fácilmente irritables, no presentaba, en verdad, aliento alguno. Sin embargo, tenía que hacerlo. Carmelo estaba empleado en una tienda de artículos para caballero, una tienda de modesta categoría en la que lo mismo se vendían corbatas y ropa interior que pipas, petacas y otros cachivaches. Su trabajo en la tienda tenía dos fases: por las 15

mañanas despachaba en el local* como los demás dependientes; por las tardes se le confiaba la misión de la venta ambulante de corbatas. Realmente, resultaba algo extraño que hubiera sido a él a quien le encomendaran este segundo trabajo, ya que Carmelo era hombre tímido y callado, y la cortedad no va bien con un cometido que
5   exige desenvoltura y palabrería. No obstante, así era, y Carmelo nada tenía que oponer a su régimen de trabajo. Por el contrario, la reducción del sueldo que suponía* acudir a la tienda sólo por las mañanas se veía compensada con creces por la comisión que le correspondía en la venta ambulante. Además, salvo las tardes calurosas de verano, resultaba preferible caminar por la ciudad que pasar el día
10 encerrado entre el mostrador y las cajas de mercaderías.
    El desaliento de Carmelo al descender la escalera aquella tarde no era debido solamente al calor que le aguardaba. No; acaso ese panorama desagradable se le apareciera notablemente aumentado por el abatimiento que otra causa le producía En su espíritu pobre, sin arranque, se venía acumulando, hacía semanas, un amargo
15 resentimiento contra sí mismo. Era algo incierto, difícil de definir. Desde hacía más de un mes se preguntaba Carmelo: ¿qué le pasa a Cristina? Sí, allí estaba el secreto de su actual abatimiento. ¿Qué le pasaba a su mujer? Razonablemente, no debía* pasarle nada. Y así se respondió Carmelo cuando por primera vez se planteó la cuestión. Sin embargo, íntimamente, aquella respuesta no le había convencido y,
20 por tanto, tampoco le había tranquilizado. Llevaban cerca de tres años casados y Cristina no era la misma de antaño. Cierto que Carmelo sabía, y lo tenía en cuenta, que eso de no parecer la misma persona después de unos años de matrimonio no era sino lo que sucedía con demasiada frecuencia. Porque las gentes llegan a casarse movidas por muy débiles motivos; el fuego de la pasión los desfigura* y luego,
25 cuando la llama se reduce, surgen diferentes, verdaderas. Mas, a pesar de tal reflexión, a Carmelo le preocupaba la actitud de su mujer. Cristina languidecía; Cristina, cada vez más, se abandonaba a un estado de indiferencia, de tedio, de hastío. Eso era todo. Y él se encontraba impotente para detener ese languidecimiento progresivo, alarmante. Más de una vez, en los últimos días, le había preguntado qué le ocurría.
30 Pero ella contestaba siempre: "nada". Un "nada" evasivo, carente de fuerza y de significado. Carmelo cavilaba, dando vueltas y más vueltas en busca de la posible causa. ¿Acaso la falta de hijos? No. Sabía que a Cristina nunca le gustaron mucho los niños; además, al poco tiempo de casados, cuando no aparecían indicios de maternidad, hablaron de ello y Cristina le dijo que lo prefería así, que los hijos traían
35 más disgustos que satisfacciones. ¿Qué, entonces? ¿Quizá la vida modesta, mediocre, que llevaban? Podía ser eso, aunque, bien mirado, tampoco constituía una justificación, puesto que ella, hija de una familia muy humilde, había ganado* de condición con la boda.
    Carmelo, ante el mutismo de su mujer y la propia incapacidad para hallar una
40 explicación, se culpaba a sí mismo. "Debo ser yo. Debo ser yo que no sé hacerla feliz, que no sé hacer feliz a nadie, ni hacer reír ni llorar a nadie; yo, que no sé más que vender corbatas por las calles..." Carmelo se culpaba calladamente: a veces,

también en silencio, culpaba al mundo que le rodeaba y a la vida. Pero no se rebelaba; nunca se rebelaba, ni contra sí ni contra el mundo, porque para eso Carmelo era demasiado tímido.

Atravesó el portal. El aire de la calle parecía hervir en pequeñas burbujas doradas. Sintió sobre la cabeza descubierta el peso del calor. Echó a andar. Cruzó 5 a la acera en sombra y caminó despacio hacia el centro de la ciudad.

La tarde se le hizo larga,* muy larga. Comercialmente, fue una tarde normal. A las diez de la noche había vendido tres corbatas: una a dieciocho pesetas; las otras dos, a quince. Le quedaban para él dieciocho pesetas, pues en la tienda tenía que entregar diez por cada corbata. Por otra parte, a última hora solía darse una vuelta 10 por algunos bares concurridos y casi siempre conseguía alguna venta.

Se dirigió a Casa Dionisio. Casa Dionisio era una taberna donde comía gente de dinero, una de esas tabernas que de pronto se ponen de moda y hacen su agosto. Dionisio, el dueño, hombre astuto y con mano* izquierda, había remozado el establecimiento y atraído a cierto tipo de clientes (artistas y toreros) hasta hacerlos 15 asiduos. Con tal motivo fue subiendo poco a poco los precios. Ahora cobraba como un buen restaurante, lo cual no impedía que Casa Dionisio estuviera siempre llena.

Carmelo se había hecho amigo del mozo de la barra. Allí recalaba hacia las diez a tomar un vaso y charlar un poco.

Aquel día, como de costumbre, estaban casi todas las mesas ocupadas. No 20 había hecho más que apoyarse en la barra y saludar a su amigo cuando oyó que gritaban a su espalda:

—¡Eh, oiga,* el de las corbatas!

Carmelo giró sobre sus talones. Lo llamaban desde una mesa grande, al fondo de la habitación. En torno a la mesa se sentaban varias señoras y caballeros, jóvenes, 25 elegantemente vestidos. Carmelo se dirigió a la mesa con diligencia.

—Vamos a ver, queremos cinco corbatas, las más llamativas que tenga —dijo uno de los caballeros.

Carmelo extendió las corbatas sobre el antebrazo y fue entresacando algunas de vivos colores. La elección, hecha entre risas por las señoras, terminó pronto. 30 Luego, el que lo había llamado sacó del bolsillo un puñado de billetes y preguntó:

—¿Cuánto valen?

—Veinticinco pesetas cada una, señor.

Carmelo dijo la cifra sin miedo. Había adquirido ya práctica en su negocio: de primeras pedía siempre veinte o veinticinco pesetas, según el aspecto del compra- 35 dor, con idea de rebajar después algo. Había comprobado que esto facilitaba mucho las ventas, pues era indudable que la gente lo que quería era dar menos de lo que le pidieran, no importando que el primer precio fuera excesivo.

El señor contó cinco billetes.

—Tome, ciento veinticinco. 40

Carmelo, sin poder reprimir una ancha sonrisa, cogió el dinero y dio las gracias con efusión. En verdad, que no le regatearan le había extrañado un poco; aunque, bien pensado, esto sucedía a veces, cuando los compradores estaban acompañados

de damas. Pero lo que más le extrañó fue que eligieran las corbatas fijándose sólo en lo llamativas. ¡Habría* que ver para qué las querrían! Así se lo comunicó poco después a Pedro, el mozo de la barra, el cual, ocupado en servir unas cervezas, le respondió con un signo afirmativo de cabeza y un gesto de enterado. Luego le
5 explicó lo que ocurría.

—Sí, hombre; antes les he oído hablar. Van a ver a la Patachou. ¿No sabes quién es la Patachou? Es una francesa, una cantante, que está ahora aquí, en Pavillón.

Pedro hizo pausas para servir cervezas y vasos de vino. Mientras, gustaba la curiosidad que la cara de Carmelo mostraba. Al cabo de un silencio prosiguió:

10 —Bueno, pues, como te decía, van a ver a la Patachou, y esta señora tiene en Francia un cabaret en el que una de las gracias que hace es cortarles las corbatas a los hombres...

Aproximó la cabeza a la de Carmelo y guiñó maliciosamente.

—Y a estos señoritos no debe gustarles nada que les estropeen esas corbatas
15 que llevan, que serán caras...

A Carmelo aquel asunto de la Patachou le hizo mucha gracia. En realidad, cualquier cosa que le hubieran contado le habría hecho gracia porque, de momento, todo lo consideraba a través de las ciento veinticinco pesetas que acababa de embolsar. En el alma simple de Carmelo las pequeñas alegrías y las pequeñas tristezas
20 llenaban instantáneamente el horizonte entero de su vida. Así, cuando salió de Casa Dionisio iba alegre, despreocupado, como si de repente la actitud de su mujer y sus propias cavilaciones se hubieran desvanecido en el aire cálido de la noche.

Anduvo hacia su casa con presteza. Varias veces, en el camino, hizo la sencilla cuenta de sus ganancias limpias: dieciocho y setenta y cinco, noventa y tres pesetas.
25 En una sola tarde estaba muy bien.

Al subir la escalera iba calculando la mejor forma de darle la noticia a Cristina; aquella noticia que le parecía un suceso extraordinariamente feliz. Disfrutaba repitiéndose a sí mismo la descripción que haría a su mujer de la magnífica venta y de la curiosa historia de la Patachou. Carmelo no pensaba en otra cosa mientras se
30 acercaba a su puerta. Decidió —y se frotó las manos infantilmente— no contárselo de golpe, nada más llegar, sino esperar a la cena. Y decidió también que después de cenar la llevaría a dar un paseo, a tomar unas copas o al cine, lo que ella prefiriese.

En efecto, no sin esfuerzo, Carmelo contuvo las ganas de hablar hasta que finalizaba la frugal cena. Si Cristina se hubiera fijado en su marido habría notado,
35 no obstante, que sus gestos eran más vivos que de costumbre y su mirada menos blanda y opaca. Pero Cristina apenas se había dado cuenta de la presencia de Carmelo. Lo mismo que él, envuelto en aquella simple alegría, no había advertido que los ojos de su mujer, los bellos ojos hacía años tan brillantes, tenían ahora un velo turbio, una extraña inmovilidad, que los mantenía apagados, esquivos, casi ocultos,
40 como si día a día hubieran ido hundiéndose en lo hondo de las cuencas oscuras.

Torpemente, luego de* limpiarse la mano del zumo de frutas que la impregnaba, sacó Carmelo del bolsillo los billetes arrugados y los puso sobre la mesa. Dirigió a Cristina una sonrisa expectante. Ella lo miró sin interés, sin muestra alguna de sorpresa, y siguió callada. Entonces habló Carmelo; habló de prisa, tartamudeando a veces, enredándosele las sílabas entre los dientes, que el jugo de la fruta hacía relucir. Habló durante un rato, atropelladamente, de corbatas llamativas, de señoritos ricos, de Pedro, de una tal Patachou...   5

Cuando se calló, casi falto de aliento, la boca de Cristina dibujó una mueca que quería ser un signo de complacencia.

—Está bien. Has tenido suerte —dijo con voz cansada.

—Sí, mucha suerte...

Hizo una pausa y añadió: 10

—Y ahora, anda, arréglate un poco, que vamos a dar una vuelta, a tomar un refresco o al cine, a donde quieras.

—No, yo no tengo ganas. Vete tú.

Carmelo enarcó las cejas. Continuaba con el semblante alegre, lleno de optimismo.   15

—¿Cómo me voy a ir yo, mujer? Si lo que quiero es festejarlo contigo, que te distraigas un poco...

—No, ya te he dicho que no tengo ganas. Vé tú solo —dijo ella con sequedad.

A Carmelo se le heló* la sonrisa en los ojos. De nuevo surgía en su mente lo que por una hora había olvidado. Otra vez se hallaba frente a su mujer actual;*   20 frente a aquella mujer extraña, apática, incomprensible. Y ahora la decepción, aquel jarro de agua fría sobre su entusiasmo, llegaba a desesperarle.

—Pero, Cristina, ¿qué te ocurre? ¿Qué te ocurre* hace tiempo?

Cristina lo miró con impaciencia.

—Nada, no me ocurre nada, ya te lo he dicho cien veces. Que no tengo ganas 25 de salir. ¿Es que no puedes irte solo?

Carmelo bajó la voz.

—No, mujer..., ¿cómo me voy a ir solo? ...

Entonces el rostro de Cristina enrojeció de pronto. Sintió como un insulto el acento suave, conciliador, de su marido. Mirándole fijamente, explotó con voz agria: 30

—¡Cómo me voy a ir solo! ¿No sabes andar solo? ¿Te vas a perder? ¿No sabes dar un paso si no es cogido a mi falda? ¡Eres insoportable! ¡Siempre igual!* ¡Igual! ¡Todo es monotonía en ti y en esta casa! ¡Monotonía inaguantable!

Carmelo palideció: palideció de rabia y de amargura. Aquello era injusto. Todo lo que decía su mujer era injusto. "Pegado a su falda." "Insoportable." ¡Por qué 35 decía eso? No era cierto. No. Iba a responder, cuando ella prosiguió:

—¡Anda, por Dios, vete a dar un paseo, vete de una vez a ver si respiras un poco del aire que aquí falta!

Carmelo apretó los puños y los dientes. Por primera vez sentía ganas de abofetear a su mujer. Sin embargo, no lo hizo. Estuvo contemplándola durante 40 unos segundos, indeciso. Hasta que, con mano temblorosa, recogió el dinero, que seguía sobre la mesa, lo guardó y salió del cuarto dando un portazo.

En la calle, la noche de verano envolvía los cuerpos en un bochorno húmedo. El cielo, entoldado, caliente, parecía haber descendido hasta el borde de los tejados. Junto a los portales abiertos, en medio de las aceras, hombres y mujeres formaban tertulias, en círculos de sillas y mecedoras. El barrio tenía un olor dulzón de sudor.

5   Maquinalmente, Carmelo dirigió sus pasos hacia el centro de la ciudad, hacia Casa Dionisio. Nada le llevaba allí. Nada le llevaba a ninguna parte. Sentía en el alma una mezcla de furor y tristeza que no le permitía pensar en su mujer, ni en sí mismo, ni en lo que iba a hacer en aquel momento. La tormenta interior le hacía andar tenso, rígido, ajeno a la vida de la ciudad.

10   En Casa Dionisio quedaban todavía los rezagados de la cena. Cuando Carmelo llegó a la barra sólo tenía una decisión clara: beber. Beber coñac. Pidió una copa y la vació de un trago. Pidió otra y otra. Pedro le observaba con absoluta sorpresa. ¿Carmelo bebiendo coñac tras coñac? Algo le ocurría; algo más extraordinario que vender de un golpe cinco corbatas a cinco duros cada una.

15   Cuando la taberna quedó vacía, Carmelo había bebido un buen número de copas. Y sus efectos comenzaban a sentirse. Por ello, Pedro no tuvo que preguntarle dos veces a qué se debía aquella forma desacostumbrada de beber. Carmelo le contó con todo detalle lo que le había sucedido desde que salió de allí, hacía menos de dos horas. Se mostraba locuaz y la influencia del alcohol, si bien* no le impedía relatar
20 con entera veracidad lo ocurrido, ponía no obstante en sus palabras un acento ligero que quitaba importancia a lo que para el pobre hombre constituía una dolorosa tragedia. De ahí que Pedro, joven desenvuelto y un tanto cínico, le respondiera* con suficiencia:

—Bah, ¿eso es todo? ¡Pues sí que te ahogas en un vaso de agua! Yo, en tu
25 pellejo, pronto arreglaba a la parienta...

Carmelo le miró interrogante. El alcohol empezaba a teñir levemente sus mejillas y a poner en sus ojos una mancha brillante.

—¿Qué ibas tú a hacer en mi lugar?

—¡Bueno...! Eso no son más que tonterías de mujeres que están demasiado
30 tranquilas. Un poco de marcha...* Sí, un poco de marcha, Carmelo, eso es lo que le hace falta. Y si no se arregla, un par de sopapos bien dados. Te lo aseguro.

Carmelo sonrió de mala gana. ¡Qué fácil era aconsejar así! Pero no, lo suyo era una cosa seria; no había sido un choque pasajero, de un día. Era algo que venía incubándose* hacía tiempo, hacía semanas, quizá meses, aunque él sólo se diera
35 cuenta últimamente; sí, algo que venía hinchándose, hinchándose, y que un día tenía que explotar.

Pedro se inclinó sobre el mostrador y dio una palmada en la espalda a Carmelo.

—Mira, ¿sabes lo que debes hacer? —le dijo—. Esta noche que tienes cuartos vete por ahí y gástatelos alegremente. Después, ya de madrugada, te vuelves a casa
40 oliendo bien a vino y a mujeres. Ya verás: mañana como una seda...

Carmelo comenzaba a mecerse en los vapores del alcohol. El consejo de Pedro, que en condiciones normales le habría parecido disparatado, se le antojó* de pronto de posibles resultados. Su mirada, siempre lenta, había adquirido una inusitada vivacidad. Sentía el cuerpo ligero y el ánimo increíblemente decidido. Sin más comentarios, pagó su consumición, se despidió de Pedro y salió a la calle.

En la medianoche, la atmósfera se iba haciendo más limpia y más fresca. Con las manos metidas en los bolsillos anduvo Carmelo un rato, sin rumbo, por las calles ⁵ todavía animadas. En una esquina se detuvo. ¿A dónde ir? Luego de hacerse esta pregunta, advirtió que había olvidado los lugares de diversión, los antros a los que, si no con frecuencia, había sido arrastrado a veces por los amigos. Pero de eso hacía ya muchos años. Desde que conoció a Cristina no había vuelto a pisarlos; cerca de ocho años. "¡Qué absurdo! —se dijo—. Un hombre de treinta y seis años que no ¹⁰ sabe dónde hay un sitio de diversión en la ciudad en que vive." "Veamos... En la calle... ¡cómo se llama?... Donde estaba aquella tía..." Carmelo hablaba casi en voz alta consigo mismo. Seguía detenido en la esquina, al borde de la acera. Algunos transeúntes le miraban al pasar. De repente, le vino a la memoria la Patachou. "¿Ir a ver a la Patachou? Pavillón. No, un lugar elegante, muy caro. Es tonto, no hay ¹⁵ mujeres solas." En cambio se acordaba ahora de aquel otro local, entre cabaret y taberna... No podía recordar el nombre de la calle, pero sabía ir. Allí se bebía barato. Y las mujeres también... también baratas. Fácil.

Tardó en dar con el tugurio. Cuando entró, un aire cargado de humo y calor se le introdujo en los ojos. Se sentó en una mesa vacía. Había poca gente. Unos ²⁰ cuantos jóvenes de tipo achulado y diez o doce mujeres vestidas con trajes llamativos, gastados, con grandes escotes, mostrando el comienzo de los senos blandos, caídos. Al fondo de la sala una orquesta de tres músicos interpretaba piezas de baile. Dos parejas bailaban entre las mesas, apretados los cuerpos, sudando.

Una de las mujeres se acercó a la mesa de Carmelo. Se apoyó en el borde y le ²⁵ sonrió. Tenía la cara envejecida, cubierta de pintura y de polvos húmedos. Al sonreír, entre los labios marchitos, enseñó los dientes, blancos e iguales. Aquellos dientes sanos, limpios, no parecían de la misma persona.

—¿Tomamos una copa? —preguntó la mujer.

Carmelo hubiera preferido que aquella mujer no se sentara con él, pero no supo ³⁰ negarse. Un viejo que estaba sentado en una mesa a su derecha lo miraba. Carmelo se encontró azarado. El viejo estaba solo; tenía ante sí un vaso vacío, y, aunque a primera vista parecía adormecido, le miraba, sonriente, con insistencia.

—Bien —dijo Carmelo, al fin.

La mujer se sentó. Olía a perfume barato.   ³⁵

—¿Aguardiente? —dijo.   .

—Bueno —contestó Carmelo.

La mujer pidió a gritos dos vasos de aguardiente. Después se aproximó a Carmelo hasta rozarle con su cuerpo.

—¡Estás muy serio, hombre! —le dijo.   ⁴⁰

—No, no... —respondió él.

Pero se sentía molesto. No sabía por qué. Aunque no tenía ganas de beber, bebió un trago de aguardiente. Era un aguardiente muy fuerte y áspero. Habló un poco con la mujer sobre la gente que estaba en el local. Ella le echaba ya un brazo al cuello. El viejo de al lado* lo seguía mirando sonriente. Todo era molesto, todo

5 lo que le rodeaba. Y también los súbitos recuerdos que, de vez en cuando, en medio de la banal conversación, surgían de su interior. "Cristina. Todo es monotonía. Cristina. Igual, siempre igual..."

—¿Quieres que bailemos? —le preguntó la mujer.

Carmelo no tenía ganas. Sin embargo, antes de que él contestara, la mujer

10 estaba en pie y tiraba de su brazo. Bailaron. La mujer lo atraía con fuerza contra su cuerpo. Un cuerpo blando, caliente, triste.

Cuando se sentaron de nuevo en la mesa la mujer le señaló su vaso vacío y le preguntó si le invitaba a otro. El vaso de Carmelo también estaba casi vacío, aunque él hubiera jurado que sólo había bebido un trago. Se los llenaron otra vez. Y la ope-

15 ración se repitió. El baile, el vaso de ella vacío, el suyo mediado. Al cabo de unos bailes, Carmelo se dio cuenta de lo que ocurría. Cuando les servían, la mujer no hacía más que mojar los labios y, sin embargo, a la vuelta* de cada baile, su vaso aparecía vacío. Y el mismo suyo descendía hasta la mitad no obstante haber bebido sólo un trago.

20 Esperó al siguiente baile, y mientras giraban enlazados observó de reojo, disimuladamente, la mesa. En una de las vueltas vio al viejo coger con toda rapidez uno de los vasos y bebérselo de un golpe. Lo hacía con tal destreza que era cosa de un segundo.

Al volver a la mesa, Carmelo no se sentó. El viejo lo seguía mirando, como

25 adormecido, sonriendo beatíficamente. ¿Qué hacerle? Nada. Era claro que allí todos estaban de acuerdo. Carmelo llamó al camarero con una palmada. Todo le parecía una burla: el viejo impasible; la mujer, que acababa de proponerle pasar la noche juntos; el camarero de chaqueta blanca, raída, que le decía ahora el precio de las consumiciones con un tono irónico y un gesto insufrible de desprecio. Seis

30 consumiciones dobles: noventa y seis pesetas. Carmelo miró al viejo. Por un instante, le dieron ganas de decir que lo pagara él. Mas no se decidió. Pagó y salió de prisa del tugurio.

Eran cerca de las tres de la madrugada. Anduvo despacio camino de su casa. Tuvo que atravesar de nuevo las calles céntricas, ya silenciosas. Ahora le oprimía

35 más el recuerdo de Cristina. Había querido castigarla corriéndose una juerga y sólo había conseguido convencerse de que él no servía para eso.

Antes de llegar a su casa encontró un kiosco* abierto y se tomó otra copa. En realidad, no le apetecía. Fue un movimiento involuntario el que le llevó al kiosco. O quizá en lo hondo de su mente perdurara la intención de llegar borracho a

40 su casa; el exceso de alcohol se reflejaba sólo en una enorme pesadez de la cabeza y una sequedad ardiente en la boca. Subió muy despacio. Se detuvo, al fin, ante la

puerta de su cuarto. Torpemente sacó la llave. Luego de introducirla en la cerradura, quedó vacilante. Sin abrir, permaneció durante un rato, inmóvil, con la vista fija en el marco oscuro de la puerta.

"Ahora estará durmiendo. Y yo estoy borracho. ¿De qué me ha servido?* ¿Qué me dirá ahora? Yo no tengo valor para castigarla. Mañana como una seda... 5 ¿Por qué castigarla? Ella no es feliz. No sé hacerla feliz. Yo la sigo queriendo, la quiero más que nunca. Estoy borracho y me he gastado el dinero. Ella lo quiso. Me dijo que me fuera. Todo es monotonía, monotonía inaguantable... ¿Y yo qué puedo hacer? Monotonía. Siempre igual. Sí, no somos ricos. Pero vivimos. Y tú no trabajas como una mula, como antes de casarte. ¿Qué quieres? ¿Qué quieres, Cristina? 10 Dímelo. Haré lo que tú quieras. Pero sonríeme. Mírame como antes. Bésame como antes. Fuimos muy felices cuando nos casamos. ¿Recuerdas? Tú me esperabas, a la vuelta del trabajo, con la cara alegre, arreglada, perfumado el pelo. Éramos felices... ¿Por qué todo ha cambiado? Yo soy el mismo. Sí, un pobre hombre, pero soy el mismo. Eres tú la* que ahora eres distinta. Eres injusta, Cristina. Dices que en 15 nuestra casa falta el aire. ¿Por qué? Eres injusta, Cristina. No puedes echarme a mí la culpa. No, yo no tengo culpa de nada. Tú lo sabes. Tienes que comprenderlo. Debes ser razonable. Yo haré todo lo que tú quieras. Cambiaremos de vida. Sí. Perdóname lo de esta noche. Ya ves, no he conseguido más que sentirme desgraciado. Y yo no quería salir, ni beber. No era mi intención..." 20

A la espalda de Carmelo sonó un ruido. Partía de la escalera. Un rumor tenue de pasos. Pasos lentos, despaciados. Carmelo dejó la llave en la cerradura y giró sobre sus talones. Se asomó al hueco. Oía las pisadas, pero no veía a nadie. Esperó. De pronto, su cara se tornó lívida. Se cogió a la barandilla con fuerza. Se inclinó ligeramente hacia fuera. En los ojos tenía ahora una mirada turbia, húmeda, que giraba 25 lenta, siguiendo el espiral de la escalera. Un sudor frío comenzó a cubrirle la frente. Quiso retirarse del hueco, volver a la puerta. Pero no pudo; estaba como atado a la barandilla, atraído por el embudo sombrío de la escalera. Mientras, el ruido de las pisadas se iba haciendo más claro, más sonoro.

Hasta que en el último tramo apareció Cristina. Cristina subía con paso cansa- 30 do, indeciso. Traía el pelo revuelto; en la cara, pálida, despintada, se marcaban profundamente las ojeras. Cuando vio a Carmelo se detuvo, tres escalones antes del rellano. Sus ojos, hasta entonces entornados, se abrieron sin expresión. Eran unos ojos muertos, vacíos, sin calor. Todo en su figura daba la sensación de abandono. Frente a frente, quietos, en silencio, estuvieron un instante. Luego habló Cristina: 35

—He vuelto* —dijo con voz débil.

Carmelo no contestó. Tenía la vista clavada en el rostro desvaído de su mujer. Las palabras de Cristina quedaron flotando en el aire en torno a su cabeza. "He vuelto". La miraba como idiotizado, ausente, y no comprendía nada. "He vuelto". Sólo un sonido en la atmósfera pesada de la escalera. Al cabo, trabajosamente, 40 logró balbucir Carmelo:

—¿Qué dices?

Cristina inclinó la cabeza. Un largo mechón de pelo negro cayó hasta cubrirle media cara.

—¿No has entrado? —dijo

Ante el silencio de él, continuó:

5 —¿No has leído entonces...? Mejor... Sí, es mejor. Déjame entrar primero...

Cristina subió los tres escalones que la separaban del rellano. Se sentía su respiración en el silencio hostil. Carmelo seguía sin comprender, pero un dolor agudo le martilleaba dentro del cuerpo. Su mujer estaba allí, pálida, desencajada. Eran cerca de las cuatro de la madrugada. Su mujer tenía en los ojos una sombra de cansancio 10 infinito. ¿Por qué estaba allí? ¿Por qué ocurría todo aquello?

Cuando ella se dirigía a la puerta, Carmelo le cortó el paso. Involuntariamente. Quedó inmóvil, callado ante Cristina. No sabía por qué se había interpuesto en su camino. Miró largo tiempo el rostro de su mujer. Estaba muy bella. Tenía una adorable mirada triste. Le gustaba su cara, joven todavía, apagada. Alzó las manos y 15 las puso a ambos lados de la cabeza, sobre las orejas de Cristina. Sintió en las palmas el contacto de su pelo y de su piel. Una piel tersa, suave, cálida.

Luego, bajó las manos, lentamente, sin despegarlas de la piel, hasta el cuello. Notó en las yemas* de los dedos las blandas venas del cuello. Le golpeaban leve, acompasada, dulcemente. Carmelo lo hacía todo sin reflexión, movido por una 20 extraña fuerza en la que se unían el dolor* interno y una repentina ternura.

Cuando separó las manos del cuello de su mujer, Cristina se desplomó pesadamente. Sonó el choque violento de su cuerpo con el suelo. Después, la escalera quedó envuelta de nuevo en silencio.

CUESTIONARIO

1. ¿Cuál puede ser el sentido del "adiós" de Cristina? ¿Por qué cose precisamente un delantal y no, por ejemplo, una camisa?

2. ¿Cómo se explica la desgana de Carmelo al descender la escalera? ¿A qué hora sale? ¿Cuáles son las dos fases de su trabajo? ¿Pierde o gana en su cometido de la venta ambulante? Explique.

3. ¿Qué cuestión venía planteándose a sí mismo desde hacía dos meses? ¿Cuánto tiempo lleva casado? ¿Cuántos años tiene?

4. Explique la contradicción entre ese "nada" evasivo de Cristina y su languidecimiento alarmante.

5. Al poco tiempo de casados, ¿qué había dicho ella una vez? ¿Por qué había ganado ella al casarse?

6. Ante el extraño mutismo de su mujer, ¿de qué se culpaba Carmelo?

7. ¿Por qué cruzó la calle al salir del portal? En las seis horas siguientes, ¿cuántas corbatas vendió? ¿Cuántas llevaba consigo?

8. ¿Por qué se dirigió a Casa Dionisio? Explique por qué fueron subiendo poco a poco los precios de la taberna. ¿Era Carmelo buen amigo del dueño?

9. ¿Por qué giró Carmelo sobre sus talones? Discuta su sonrisa de satisfacción al vender las corbatas. Explique la selección que hicieron los jóvenes. ¿Por qué está en lo cierto lo de las noventa y tres pesetas?

10. Si se hubieran fijado el uno en el otro al cenar juntos, ¿qué habrían notado Carmelo y Cristina?

11. ¿En qué momento se hiela la sonrisa en los ojos de Carmelo? ¿De qué se da cuenta de nuevo?

12. ¿Por qué se aprieta Carmelo los puños y los dientes? Fíjese en esta crisis; ¿qué parece indicar? ¿Cómo la interpreta usted?

13. ¿Cómo estaban las calles de su barrio cuando se dirigió hacia Casa Dionisio? ¿Qué le sugirió Pedro que hiciera?

14. ¿Por qué decidió ir al tugurio y no a Pavillón? ¿Por qué tardó en hallarlo? ¿Dónde se sentó? ¿Con quién bailó? ¿Qué notaba al sentarse después de cada baile? ¿Por qué vaciló antes de pagar la cuenta?

15. Antes de abrir la puerta de su cuarto, ¿qué hace Carmelo? ¿Por qué no quiere entrar en seguida? ¿Qué ansiedades se revelan en su soliloquio? ¿De qué pide perdón con antelación?

16. Describa el pequeño ruido que suena a espaldas de Carmelo. ¿Adónde se asoma él? ¿Qué adivina? ¿Por qué gira lenta su mirada?

17. Describa la apariencia física de Cristina. ¿En dónde se para? ¿Qué dice a Carmelo en voz baja? ¿Por qué prefiere entrar primero?

18. Describa el movimiento involuntario de Carmelo. ¿Qué siente en las palmas? ¿Qué nota en las yemas de los dedos? ¿De qué se compone la extraña fuerza de sus manos?

19. ¿Qué suena cuando separa las manos del cuello de Cristina?

20. ¿Qué envuelve de nuevo a la escalera?

TEMAS ESCRITOS U ORALES

1. Algo que se nota inmediatamente en el cuento es el elemento psicológico. Catalogue con detalles las características personales de Carmelo (por ejemplo: "callado"). Enumere con cuidado las de Cristina (por ejemplo: "extraña").

2. Compare y contraste la vida actual de los dos personajes con la de los primeros meses de casados.

3. ¿Cuál parece ser la causa del abatimiento de Cristina? ¿La falta de hijos?, ¿la soledad?, ¿la vida modesta que lleva?, ¿la mediocridad y timidez del marido? Defienda su punto de vista.

4. Analice el realismo de la escena en el tugurio: la mujer, el viejo, el camarero. ¿Cómo contribuye al tono general del cuento?

5. Discuta el cinismo de Pedro.

6. Explore la manera con que se utiliza el monólogo interior al final del cuento.

7. ¿Cómo explica usted la presencia inexorable de la violencia en la escena final?

8. ¿Cuál es, a su modo de ver, el tema fundamental de la historia? ¿Cómo se habría podido salvar el matrimonio?

9. Escriba un pequeño epílogo en el que se descubra y se lea la carta dejada por Cristina.

MODISMOS

Emplee los siguientes modismos en oraciones originales.

1. a la vuelta de   **2.** al cabo   **3.** al poco tiempo de   **4.** correrse una juerga   **5.** dar un paseo   **6.** de antaño   **7.** de mala gana   **8.** de primeras   **9.** de un golpe   **10.** frente a frente   **11.** hacer su agosto   **12.** luego de + *inf*   **13.** no obstante + *inf*   **14.** observar de reojo   **15.** ponerse de moda   **16.** por tanto   **17.** tener suerte

El corazón y
otros frutos amargos

IGNACIO ALDECOA

IGNACIO ALDECOA (Vitoria, 1925). Poeta, novelista, cuentista. Residió en Madrid hasta su muerte el día 15 de noviembre de 1969. Cursó estudios de Filosofía y Letras en la Universidad de Madrid. En 1952 se casó con la magnífica escritora, Josefina Rodríguez. Concentró su labor literaria en el género novelesco, en el que ha conseguido un estilo preciso, "de un castellano ejemplar, a base de una depuración continua del lenguaje, con lo que lo perdido en esplendor gana en intensidad." Documenta la vida española con seca objetividad. La crítica ha encarecido la humanidad de sus personajes. "Sus obras son un ejemplo de sinceridad y armonía, poetizadas por un estilo de recio escritor sensible." *El corazón y otros frutos amargos* aparece en su libro de cuentos del mismo título (Ediciones Arión, Madrid, 1959, 161-180).

La cenicienta luz de la mañana enturbia, emborrona el paisaje. El tren de mercancías, con un último vagón de viajeros, recorre los campos lenta, ceremoniosamente. En una ventanilla el rostro de un hombre sufre los cambios, la perplejidad de lo desconocido... Tierra desconocida para sus ojos; aire no respirado jamás. El hombre baja el cristal con tiritantes gotas de condensa-   5
ción. Respira la mezcla de humo de la locomotora y del aire frío, duro, metálico del campo. Está respirando tristeza y libertad.

La estación es como un vagón de tercera clase de las líneas perdidas, de los trenes formados de corrales para hombres. El tren ha frenado su marcha. Escapan los chorros de vapor de la máquina. Luego, la locomotora se desinfla en un soplo   10
largo. Soplo final del que queda como* un hilo de silbido, apagado y constante; que abolla, hunde e inutiliza su caparazón de coleóptero enorme.

El hombre salta del vagón. Por la ventanilla abierta le alcanzan* la maleta de madera. Una maleta de soldado y de emigrante que anuda en el interior de su tapa sexo y devoción, la tachada pornografía del cuartel y la violenta esperanza en el poder   15
de las imágenes. Luego, el tren arranca con esfuerzo. En el andén queda el hombre, soplándose las manos, frotándose las manos, que tienen un extraño agarrotamiento.

Cruza un ferroviario.

—¿El camino del pueblo?

Por el camino, con la maleta al hombro, avanza hacia el caserío. Ya no advierte dentro de sí otra tristeza que aquella que, con el temor, es común a los
5 recién llegados a alguna parte. Paso a paso, el temor crece y es como nivel ascendente del agua de una gran charca, que quita seguridad a las piernas y que, a veces, anega el corazón. Acorta su andar. Hace un alto y se sienta en la maleta.

Un cigarrillo. El humo, expelido con fuerza, se disuelve en el aire mañanero. Sobre las casas, todavía lejanas, crece el sol dorando la bruma, y el hombre, ya de
10 pie, siente tras de sí su propia sombra arrastrada, fiel, cautelosa como un perro golpeado y amigo.

Recuerda* el perfil de las casas abandonadas. Un aire suave empuja a los pardales sobre los campos donde el trigo crece, donde la vid verdea, donde la tierra muestra su cálido color de carne. Vuelve la cabeza hacia la estación. Siente que el
15 corazón se le alarga,* que al corazón le ha nacido algo desconocido hasta ahora. Y piensa en las raíces amarillas de las humildes plantas de los caminos de su tierra.

Y sigue andando.

Acaso tiene* perfil de ave; acaso sus manos se mueven como alas cuando explica a Juan dónde vive, quién le espera; acaso Juan sonríe únicamente por sonreír.
20 La calle está limitada de grandes tapias con letreros enormes pintados en negro. Deja resbalar la mirada deletreando. *Bodega de los Hijos de Pedro Hernández,* y más allá *Bodega de San Emeterio,* y a la derecha *Bodega de Francisco Oliver.* Las tapias son altas como las de un cementerio, blancas como las de una plaza de toros, tristes como las de una cárcel de ciudad provincial. Y toda la calle es como un gran patio solitario,
25 donde se siente casi muerto, tiene miedo del minuto que llega y anda como un preso, contando los pasos.

Hay grandes puertas, todas cerradas. Y debe acercarse a una de ellas y llamar. Llamar con una piedra puesta encima de un poyo.

La puerta se abre. Frente a él, un gran patio desnudo como la calle. Algún
30 animal inquieto se revuelve en las cuadras. Hace calor. Polvo, secos excrementos de las bestias, piedras puntiagudas. Olor de las mulas, olor del vino, olor de cuero sudado, que seca la garganta.

Sobre las abarcas, de cubierta de ruedas de automóvil, el polvo del camino ha ribeteado las tiras de sujeción. Mira sus pies sucios, su pantalón de pana negra ceni-
35 ciento, sus manos morenas con puntos blancos en el vello. Le habla un viejo de ojos vivaces, de labios húmedos, que moquea repetidamente. Ha pedido trabajo. Hay necesidad de trabajadores del campo.

El amo tiene las espaldas anchas, está muy tieso pegado a la puerta de entrada a unas cuadras. El viejo se lleva la mano a la gorra.
40 —Don Adrián, que aquí tenemos a uno que quiere trabajar.

Don Adrián vuelve poco a poco la cabeza.

—Está bien, señor* Pedro; entérese, y si le parece bien, que lleve sus avíos al cuarto de los mozos.

No ha mirado siquiera a Juan. El recién llegado recoge su maleta. El viejo le llama.

—Por aquí. ¿Tú, cómo dices que te llamas? ¿De dónde eres?

—Juan Montilla López, para servirle. De Barbarroja.

—Te llamaré el* de Barbarroja, así no tengo que pensar en tu nombre.   5

Y el viejo se echa a reír.

Don Adrián ha vuelto completamente la cabeza.

—Oye, acércate aquí para que te vea la cara.

Juan no se mueve. El viejo le empuja.

—Anda, ve, que te llama el amo.   10

Se acerca titubeante. El amo ya no le hace caso. Está dando unas órdenes a alguien que anda con los animales en la cuadra.

—Cógelo del nervio,* no lo sueltes, no te vaya* a dar un disgusto.

Luego se vuelve a Juan.

—¿De dónde eres?   15

—De Barbarroja.

—¿Cuánto hace que has salido de quintas? ¿Tienes tu cartilla militar?

—Cumplí por junio hará dos años.

Juan hace un movimiento para sacar de su chaqueta la cartilla.

—En tu pueblo, ¿en qué te afanabas?   20

—Trabajaba en el campo hasta que caí enfermo.

—¿De qué enfermaste?

—Del estómago, señor. Estuve en el hospital...

—Bueno, bueno. ¿Tendrás hambre? Vete a la cocina y que te hagan algo. Aquí hay que trabajar de largo. Tú te entiendes con el señor Pedro, aquí es como   25 si fuera yo. De modo que ya lo sabes.

El señor Pedro sonrió orgullosamente.

—Vamos, perillán; vamos a que te quites* el hambre.

—No tengo hambre. Traía unas cosas y he comido hace poco.

—¿Que no tienes hambre? No te dé vergüenza, hombre; ya sabemos cómo   30 venís todos. Anda, a quitar el hambre.

Juan se paró. No sentía hambre y le molestaba el tono del viejo.

—No tengo hambre.

El viejo siguió andando.

—Ahora te metes* entre pecho y espalda un buen trozo de tocino y un cacho   35 de pan con un trago, y como nuevo. Si hubieras llegado antes tendrías sopas, pero no te las van* hacer ahora para ti.

Aquel viejo era su enemigo. Ya le había repetido que no tenía hambre. El viejo seguía haciendo comentarios.

—Lo mejor para trabajar fuerte es tener el estómago lleno.   40

Volvió a reírse.

—Vas a comer bien, vas a echar buen pelo. Aquí se come bien, pero hay que trabajar mucho, mucho, si no... ya sabes, por donde entraste* se sale.

La cocina era grande, muy grande; la cocina más grande, a excepción de la del cuartel, que había visto en su vida. Estaba en sombras. El viejo dio una voz.

—¡Chica, échale a éste de comer, que trae hambre!

Se oía un rumor de moscas.

Una mujer llegó de las sombras. Una muchacha con el pelo revuelto. A Juan le pareció que todavía no se había lavado. La muchacha dijo:

—No le dejan a una ni arreglarse, Dios santo; dan más guerra...

El viejo se sonrió.

—Ya tendrás tiempo hasta que vuelvan del campo...

Juan descansó la maleta en el suelo. El señor Pedro se volvió a él.

—Esta te atenderá; yo vengo dentro de un rato. Procura darte prisa, que hay que ponerse en seguida al trabajo; y ten cuidado con ésta, que tiene en cada mano más fuerza que una mula en cada pata.

El señor Pedro salió.

—El viejo asqueroso... ¿Qué, traes hambre? —dijo la muchacha.

Juan sintió que la palabra le quemaba la garganta.

—Sí.

La muchacha se echó a reír y desapareció.

Juan inclinó la cabeza y contempló las vetas ocres de la tabla de la mesa blanca, gastada de ser fregada, sobre la que había unas migas en las que se apiñaban las moscas. Colocó su maleta sobre el banco, se sentó junto a ella y puso la gorra negra que llevaba en un bolsillo bajo el asa metálica. Luego estiró las piernas. La muchacha apareció en aquel momento y él se encogió y escurrió el culo hasta el borde del banco.

—Tú en qué estás acostumbrado a beber: ¿en porrón o en bota?

—En porrón.

Sus manos cercaban el pan, el tocino y el vino. La chica se sentó frente a él.

—¿De dónde eres?

—De Barbarroja.

—¿Y es buen pueblo? Bueno no debe ser; bueno no hay pueblo alguno. ¿No crees?

Juan seguía con las manos en torno de la comida. La muchacha dijo:

—No parece que tengas mucha hambre. Anda, come algo.

Juan tenía ganas de preguntarle su nombre.

—Tú, ¿cómo te llamas?

—María. Pero ¿no vas a comer?

Juan miraba a la muchacha. Le hubiera gustado compararla con cosas. Algunos amigos suyos de Barbarroja sabían comparar a la mujeres con cosas. Uno que había cumplido el servicio en Madrid hablaba a las mujeres hasta que las calofriaba.

Los ojos de María eran claros; tal vez claros como un vino blanco reposado y con la misma lucecita oscilante y dorada del vino blanco. La muchacha estaba retirando la comida.

—Por lo menos bebe algo —dijo.

Sus labios daban* un poco de miedo y un poco de alegría. El inferior estaba cortado por una cicatriz.

Juan preguntó de pronto.

—¿Qué te pasó en el labio?

—Me caí jugando... A la salida de la escuela, cuando era chica... Me mordí...   5

Entró el señor Pedro.

—Qué, ¿has recuperado el habla comiendo?

No dejó lugar a contestación alguna.

—Pues andando, que hay mucho que trabajar. Deja la maleta en un rincón donde no estorbe. La llevarás al cuarto a mediodía.   10

Juan se levantó y miró a la muchacha enfrascada en el trajín de la cocina. Pensó: "Adiós, María; a la hora de comer te volveré a ver. Me tienes que contar otra vez lo del labio..."

Juan salió sin decir nada.

El viejo hablaba y hablaba.   15

—Tú ya conoces a las mulas. Tú, ahora, coges el carro que te voy a decir y te vas soltando.* Te voy a acompañar hasta un sitio que le dicen de la Fuentecilla, y de allí me vuelvo. De allí no tiene pierde. El camino es recto y se ven los mozos. La Fuentecilla, tú la verás, está pegando* a las eras. No sé por qué le llaman la Fuentecilla. Son cosas de este pueblo, porque yo ya soy viejo y no he conocido nunca la   20 fuente que dicen...

El sol se movía lentamente por el cielo. El sol se levantaba de un brinco, pero luego le costaba moverse. Hasta las once andaba despacio. A las once le entraba la ventolera* y echaba a correr. Y a las doce se clavaba. Y a las cuatro de la tarde una carrera en pelo hasta las ocho, dejando toda la tierra amarilla o roja según el   25 tiempo. Al sol le ocurría lo mismo que a los hombres y a las mulas. Trabajaba a golpes. A las ocho llamaba la cuadra, el estómago, la charla en la cocina o al pie de los corrales. Llegaba la noche, que era como una iglesia sin luces, donde no se hablaba más que en voz baja.

El señor Pedro bajó en la Fuentecilla.   30

—Tira para adelante, como te he dicho, y vuélvete para casa en cuanto cumplas.

—Sí, señor.

Las mulas caminaban lentamente. Daba tiempo a pensar. Le gustaba pensar en mujeres. El ruido de los cascos era apagado. Mujeres de las fiestas de Barbarroja. El baile y las borracheras. Convenía estar algo bebido en el baile, se sacaba* más   35 partido de las mujeres. Estaba uno más valiente. Pero no había que emborracharse mucho, aunque a veces sucedía que uno acababa enteramente borracho antes de darse cuenta de lo que estaba pasando. Entonces había broncas porque había apuestas. El amor propio lo transformaba a uno en un toro furioso. Un hombre sin amor propio vale menos que una colilla. Un toro furioso. Juan silbó. Las mulas   40 llevaban las cabezas gachas.

Eran las siete y media de la tarde* y estaba anocheciendo. Llegaron los mozos de la casa. Siete en total. No conocía a algunos.

—Aquí, Rogelio, al que llamamos, aunque se cabrea, *el Tirantes,* y no nos da la gana decirte por qué—. Rogelio, *el Tirantes,* refunfuñaba.

5   —Aquí, éste, que es de un pueblo junto a Valdepeñas,* que vino enteramente chupado y ha pelechado; dice que se quiere casar, pero que no se atreve porque las mujeres son muy especiales y es muy difícil acertar con una buena. Aquí, éste, que se llama como tú y anda bebiendo* los vientos por la chica. Le llamamos *Rediez,* porque dice eso a todas horas. Tiene mal genio. ¿Verdad, muchacho, que tienes una
10 mala uva* de guardia? Y a todos los demás ya los conoces; y si no los conoces, los vas conociendo, que tiempo tienes.

María estaba oyendo las presentaciones y riéndose entre labios. Juan miró a Rogelio, *el Tirantes;* luego al de junto a Valdepeñas, por fin a su tocayo. El tocayo se dirigió al que hacía las presentaciones:

15 —Y él, ¿cómo se llama?

—Que te lo diga.

Juan habló:

—Me llamo Juan Montilla López.

—Vaya.

20 El de las presentaciones interrumpió:

—Le llamaremos *el de Barbarroja* —y aclaró—. Es que es de un pueblo que se llama Barbarroja, de por Toledo, ¿no, tú?

—Sí, de por Toledo.

Hicieron un silencio.* El que había presentado a los mozos dijo:

25 —Bueno, chica, sácate un trago de vino, que hay que celebrar la llegada de éste.

El señor Pedro entró dando voces:

—¿Se ha echado el pienso al ganado? ¿Se han puesto los aperos en su lugar? ¿Se ha bajado a la bodega a limpiar la tinaja grande?

—Todo se ha hecho —respondió el de las presentaciones—; íbamos a celebrar
30 la llegada de este compañero con un trago.

El señor Pedro asintió:

—Eso está bien; contad conmigo.

Y llamó:

—Chica, tráete un par de porrones.

35 Ya era de noche. Juan estaba sentado en un banco pegado a la pared. Guardaba silencio. Veía a María moverse entre los hombres. El que decían *Rediez* murmuró algo al oído de la muchacha cuando pasó junto a él. Oyó lo que dijo la muchacha.

—Fuera de aquí, asqueroso; habráse visto.*

Todos rieron apagadamente. Juan no se rió. El señor Pedro le miró.

40 —¿No te hace gracia?*

—No lo he oído.

—Es que creíamos que no te hacía gracia. Puede que tú seas más gracioso que él y que nos puedas divertir un rato. Anda, prueba, cuéntanos algo.

Juan le miró de reojo.

—Yo no tengo nada que contar.

—Algo tendrás que contar —insistió el viejo sonriéndose—. Anda, prueba. Aunque no tenga gracia, reiremos lo que cuentes.

Todos los mozos estaban atentos. Juan pensó que no debía llevar la contraria 5 al señor Pedro y empezó titubeante a contar algo muy vago de un cura, un alcalde y un tío avaro. De pronto se calló. El señor Pedro le instó para que continuase:

—Sigue, sigue, que vas bien.

—Ya se ha acabado.

El señor Pedro le miró sorprendido. Todos le miraron. El señor Pedro afirmó: 10
—De verdad, no tienes gracia.

Luego le olvidaron. María se acercó a Juan.

—Son todos igual.* No les divierte más que contar porquerías. Sobre todo, el viejo. El viejo es el más culpable y el más cerdo.

María se fue hacia la cocina. 15

—Ahora sí que tendrá algo gracioso que contar. Anda, dinos lo que te ha dicho la chica. A ver si vas a ser tú quien se lleve* el gato al agua. Tendría su gracia, hombre.

Luego se dirigió a todos:

—Tendría gracia que éste —recalcó—, éste se llevase a la chica, ¿eh, *Rediez?*

Juan se levantó del banco; pasó por delante del señor Pedro. 20

—¿Adónde vas tú?

—Voy a tomar el aire, hace calor aquí.

El señor Pedro se encogió de hombros.

Juan salió al patio. Fue a la rinconada donde había dejado el carro a mediodía. Se apoyó en una de las varas. Gimió levemente la madera. Estaba contemplando 25 el cielo.

Juan contaba las estrellas y las agrupaba por docenas. Lo mismo que si contara huevos. Era un juego de su niñez el de las docenicas. Cuando era niño jugaba a hacer docenicas de estrellas con su madre. Se había divertido mucho, sentado en el umbral de la puerta de su casa. Todo consistía en tener mejor vista que nadie, y el juego no 30 se acababa nunca. Los niños hacían un tubo con la mano. "Mira por aquí, ¿cuántas ves?" "Veo siete." Pues hay lo menos quince." La madre aclaraba: "Hay más de mil, pero están tan lejos que no se ven."

Juan escuchó unos pasos que se acercaban por lo oscuro. Miró hacia la ventana de la cocina. Todavía seguían bebiendo vino y escuchando al señor Pedro los 35 mozos. No los podía ver a todos, pero al señor Pedro y a *Rediez* y al de las presentaciones y a María, riéndose, los veía.

Los pasos se acercaron.

—¿Qué haces ahí, Juan?

Le pareció que era la voz de Rogelio, *el Tirantes.* 40

—Tomo el aire. ¿Quién eres tú?

—Soy Rogelio.

Los dos quedaron en silencio. Rogelio le ofreció tabaco. Luego dijo:

—A mí me gustaría marcharme de aquí. No me encuentro a gusto.

—Y, ¿por qué no te vas?

—No sé; irse solo da un poco de apuro. Ir solo buscando trabajo no es conveniente. Me iría si encontrara un compañero.

5 —¿Andas buscando compañero?

—Sí, un compañero. Me iría hacia el Sur, a la boca* de Andalucía, o hacia Levante, al espaldar* de las huertas. Por allí tiene que haber buen trabajo y tranquilidad.

—¿No te gusta esto?

—No, no me gusta.

10 Fumaban tranquilamente.

—Es una hermosa noche —dijo Juan.

—Sí, es una hermosa noche.

Rogelio titubeaba; quería decirle algo importante y no encontraba palabras.

—Oye, tú, mira; yo apenas te conozco, yo no tendría por qué hablarte así; por

15 eso, si quieres, me callo y a otra cosa.

—Di, hombre, di.

—Tú me parece que te has fijado mucho en esa chica, en María...

Juan arrojó el cigarrillo.

—¿Por qué te lo parece?

20 —Bueno, me lo parece, aunque pueda que no sea verdad, que yo esté equivocado.

Juan calló un momento.

—Sí, tienes razón; me he fijado mucho en esa chica, ¿y qué?

—Que no lo debías haber hecho. No es buena, aunque si tú tampoco vas a las

25 buenas... *Rediez* es el que tiene la palabra* y lo que quiere con esa María. De ti se va a reír. Piénsatelo.

Juan estaba de pie, muy cerca de Rogelio.

—Me lo pensaré, gracias.

Echó a andar y entró en la cocina.

30 El señor Pedro contaba algo muy gracioso a María y a *Rediez.* Los otros mozos se habían ido al cuarto a descansar. Juan se sentó en el banco y bebió de un porrón. Tenía la boca agria, demasiado agria; le sabía a tocino rancio y a pepitas de frutos.

El señor Pedro se despidió:

—Que mañana hay que estar arriba pronto, que hay mucho trabajo.

35 Rogelio estaba en la puerta. María y *Rediez* seguían hablando. Juan fue donde* Rogelio.

—Me voy al cuarto.

Subieron.

El cuarto de los mozos era un largo desván con unas cuantas camas de hierro.

40 Cuatro estaban separadas de las demás por unas arpilleras que colgaban del techo.

—Tu cama está más allá de la arpillera, junto a la de el* de Valdepeñas. Mírala antes, no te hayan metido* pelo de mula y te pases toda la noche brincando. Sacude las sábanas.

—Gracias.

Hizo lo que le había indicado Rogelio. Se desnudó y se tendió en la cama.

La oscuridad era pesada. La profunda respiración de los mozos, el calor que se desprendía y como chorreaba del tejado, el cansancio doloroso de todo el cuerpo relajado sobre el lecho de colchón de paja, desvelaba a Juan. 5

Estuvo pensando un rato. Estaba dispuesto a preguntar a *Rediez* por la muchacha. Rogelio había hablado de María, pero era necesario enterarse de la verdad. Todos eran gentes muy raras. Lo mismo el señor Pedro, que *Rediez*, que Rogelio, que María, que todos. Rogelio tenía aquella manía de marcharse. ¿Por qué se querría marchar? También se lo preguntaría seriamente. Y *Rediez*, ¿qué se traería* con 10 la muchacha? Y el señor Pedro, ¿lo sabría?

Le dolía la espalda y sentía por las piernas como una tensión dolorosa.

Ya había pasado mucho tiempo. Estaba a punto de dormirse. Al día siguiente, cuando fueran al campo, si le tocaba ir en la cuadrilla de *Rediez* se lo iba a preguntar; estaba decidido. 15

Alguien corrió la arpillera. La cama a cuatro pasos de la suya estaba vacía. La masa de un hombre ocultó la breve* claridad de la noche que entraba por un ventanuco.

—¿Quién eres tú?

—¡*Rediez*, quien soy! ¿Estás ciego? 20

Juan se volvió de lado, dando la espalda a la cama vacía. Oyó los pantalones de *Rediez* caer al suelo. El colchón hizo un ruido como de chisporroteo. Ahora le hubiera podido preguntar por la chica. Sintió las palabras a punto de brotar de los labios. Apretó los labios. Le amargaba la boca. Quiso pronunciar la palabra María. Apretó la boca sobre el cabezal. *Rediez* empezaba a respirar sonoramente. La palabra 25 se apagó en sus labios.

Cuando bajó a la cocina por la mañana, María andaba colocando unos pucheros de barro con sopas de ajo por la mesa. Juan estaba más cansado que el día anterior a la hora de acostarse. Saludó a la chica.

Rogelio entró y fue a sentarse junto a Juan. 30

—Mañana me voy. No digas nada. Me voy temprano a coger un tren que pasa en dirección a Alcázar.* Habrá que darle algo al* del tren para que me deje subir, pero me ahorraré una buena caminata.

—¿Solo?

—Sí, solo; a no ser...* 35

Juan se levantó.

—Que tengas suerte.

Salieron al campo en dos grupos. Delante de Juan caminaba *Rediez* y un compañero. Le llegaban retazos de conversación.

—... si tuviera dinero me iba* a estar aquí. Con un pequeño apaño que tuviera 40 en mi pueblo, me largaba...* Uno se harta de respirar siempre el mismo aire...

Juan silbaba. Miró a una abubilla levantar el vuelo delante de ellos en el perfil del sendero. Era bonito el pájaro, pero olía mal. Una vez, de niño, había cogido una abubilla con los amigos, le ataron una cuerda a una pata y la llevaron hasta el pueblo. Los mayores les hicieron soltarla. Era mejor volando.

5 La viña se extendía verde y ordenada delante de sus ojos. Tendrían que trabajar todo el día. A mediodía, María les traería la comida. Si venía* con el carro, se tumbarían los hombres un rato a la sombra después de comer. Luego seguirían trabajando hasta que el sol descendiese rápidamente y casi se hiciese oscuro. *Rediez* le llamó.

10 —Tú ponte al lado mío con la azada por la ringla esta. Ese se va hasta el final y avanza hacia nosotros. Así se facilita el trabajo; quiero decir que no dejaremos nada a medias. Llegaremos hasta donde podamos...

Comenzaron a trabajar en silencio. A la media hora, *Rediez* hizo un alto.

—Vamos a fumar un cigarro.

15 Le pasó la petaca.

Daba gusto tener la petaca de *Rediez* entre las manos. Era grande, de cuero casi negro por lo sobado, suave como un rostro recién afeitado, hinchada de tabaco, hinchada como un músculo en tensión.

Fumaban. *Rediez* le preguntó:

20 —Y tú, ¿piensas estar mucho por aquí?

—Pues no sé, según vaya el trabajo. A mí no me gusta variar, pero el trabajo es el que manda.*

—Ya te cansarás de estar aquí. Yo me canso pronto de estar en cualquier sitio. Me gusta andar por el mundo. Aquí, no sé por qué, llevo ya mucho tiempo, lo menos

25 un año. Pero cualquier día me largo; no es para mí el estar tiempo* en un solo sitio.

Juan se atrevió a preguntarle:

—Y aquí, ¿por qué estás tanto tiempo?

—Cosas... ¡Quién sabe!

Juan fingió reírse.

30 —Tal vez, la chica.

—Tal vez.

Rediez miró hacia el horizonte, de un azul cegador. Luego aclaró:

—Puede que no sea la chica sólo. Siento a veces como un encogimiento dentro de mí. No debo ser el mismo de antes. Antes... ni una chica, ni nada.

35 *Rediez* se inclinó sobre la tierra y principió a trabajar.

—Hay que acabar esto —añadió—; luego nos tomamos otro descanso y, para cuando nos demos cuenta, ya ha llegado el mediodía.

Juan le imitó. El compañero se acercaba por la ringla de *Rediez.* Este había

40 adelantado un poco a Juan.

. . . .

40 Se acercaba el carro con María. El sol estaba en su cenit.

Se incorporaron *Rediez* y Juan.

—Puntual —comentó *Rediez*—. Nos va a venir bien un trago. Deja la azada y vamos a su encuentro.*

María saltó del carro.

—Qué hay, buenas piezas. ¿Tenéis hambre?

Rediez le dio un azote cariñoso.   5

—Cualquier día te como.

—No tienes tú dientes.

María se reía.

Soltaron la mula y le enlazaron las patas delanteras. El animal ramoneaba en el ribazo.   10

Comieron en silencio. María preguntó a Juan:

—Y a ti, ¿qué tal te va?

—Bien, por ahora.

—Vaya, me alegro.

Luego se dirigió a *Rediez.*   15

—Cuida bien de éste, no se vaya a estropear,* que es muy señorito.

—Ya se sabe cuidar solo.

Luego María le dijo, poniendo un gesto picaresco:

—¿Qué tal has dormido esta noche?*

—Bien, ¿por qué?   20

—Hombre, qué sé yo; siempre se extraña* una cama nueva. ¿No has sentido picores?

Juan la miró.

María estaba sentada en una de las varas del carro, pasándose las manos por los muslos. Juan la observaba detenidamente. *Rediez* se había echado a dormir. El otro 25 compañero estaba bajo el carro, roncando.

—Tú, ¿tienes novia? —preguntó María.

—No.

—¿Has tenido alguna vez novia?

—Sí, alguna vez...   30

María se atusó el pelo. Juan le preguntó:

—Tú, ¿tienes novio?

—No. No me tira eso. Me gustan los hombres, pero eso de los novios... ¿Para qué quiero yo un novio? ¡Qué cosas!

—Tú tienes algo muy raro.   35

María se rió a carcajadas.

—¿Que yo tengo algo muy raro? Pregúntaselo a éste. Estiró la pierna y le dio una patada en la espalda a *Rediez.*

—¿Qué pasa?

—No te enfurezcas, hombre. Este dice que yo tengo algo muy raro. Di tú, 40 ¿tengo yo algo raro?

—No, y déjame en paz.

—Bueno, hombre, bueno...

Se dirigió a Juan.

—¿No ves? Yo no tengo nada raro. Soy así.

—Puede que no sea buena forma de ser.

5   —Cada uno es como es, y no varía por mucho que le digan. Me iba* yo a preocupar de cómo son los demás.

María hizo un silencio hostil. Después dijo:

—Bueno, tienes razón.

Añadió:

10   —Vosotros, despertaos, que me marcho. Salid fuera.

Rediez se levantó de mal humor.

—Anda, lárgate, que no le dejas a uno tranquilo ni un minuto. Lárgate cuanto antes.

—Lo mismo te podía decir yo. Tú, ¿me dejas a mí tranquila?

15   Engancharon la mula. Al poco tiempo el carro había desaparecido en el camino.

Juan comentó con *Rediez*.

—Es una mujer muy rara.

—¿Rara? ¿A eso le llamas tú ser rara? Lo que es... Bueno, vamos al tajo. Ahora tú trabajas del final de la viña hacia nosotros.

20   Juan cogió la azada y caminó hasta el final de la viña.

Era de noche. Habían dado las once. Rogelio le llamó a Juan:

—¿Quieres venir un momento al patio?

Salieron. Un vientecillo ligero levantaba briznas de paja de un montón.

—Mañana me largo. Ya he cobrado, Juan. ¿Te vienes tú?

25   —No.

—Bueno, allá tú. ¿Sabes quién se viene también?

—No.

—He hablado hace un momento con él y ahora está charlando con el señor Pedro. Yendo en cuadrilla se encuentra más fácilmente trabajo. Piénsatelo.

30   —Pero ¿quién es el que se va?

—Creí que no te interesaba; a ti qué más te da,* si no te vienes con nosotros.

—¿Quién se va contigo?

—*Rediez.*

—¿*Rediez*? ¿Y la chica?

35   —En seguida encontrará otro. ¿Por qué?

—Por nada.

—Bueno, pues quedamos despedidos.* Que tengas suerte.

—Espera un poco.

—¿Qué?

40   Juan miró a las estrellas. Encima de su cabeza había una docena justa de estrellas brillantes.

—Oye, yo también me voy.

Rogelio se echó a reír.

—Cambias pronto de parecer.

—Voy a hablar con el señor Pedro.

La mañana estaba fresca. Caminaban los tres rápidamente por el camino. Juan 5
miró atrás, hacia el pueblo. La abubilla, el pájaro de las huellas, estaba parado* en
medio del camino. *Rediez* miró también atrás. Comentó:

—Un pájaro raro, ¿eh? Está en todos los caminos. Dicen que se posa sobre las
huellas y las borra. La verdad es que hace otra cosa muy asquerosa, pero es bonito*
que sea así. Va por los caminos borrando huellas. Huele mal y es muy hermoso. 10
Tiene unos ojos muy extraños. Y ese color de vino añejo de las plumas...

Juan miró hacia adelante. La estación estaba solamente a un paso. Hacía dos
días que había bajado allí de un tren de mercancías con un vagón de viajeros.
Ahora... Juan silbó. Miró por última vez hacia atrás. La abubilla volaba en dirección
al pueblo. De pronto se posó, borró una huella y levantó el vuelo. 15

Un tren se acercaba a la estación. Juan escupió la saliva amarga de la mañana.

—¿Ese es el que nos lleva?

—Ese.

Rogelio fue hacia el último vagón, donde iba el jefe* de la composición. Al
rato volvió donde* ellos. 20

—Nos tenemos que bajar antes de llegar a Alcázar. Dice que está muy castigado* y que le puede dar un disgusto.*

Rediez hizo una mueca.

—No te preocupes, hombre, un salto y todo arreglado.

Subieron en una batea que transportaba maquinaria agrícola. 25

—¿Le has dado algo? —preguntó *Rediez.*

—Sí, ya arreglaremos cuentas cuando lleguemos.

El tren comenzó a andar. Juan miraba el largo camino del pueblo. Un largo
camino amarillo, dorado por el sol, desde la estación hasta el pueblo. Volvió a
escupir su saliva amarga. Luego se tumbó sobre el suelo con la cabeza apoyada en 30
su maleta de madera.

—¿Y hacia dónde tiramos?* —preguntó *Rediez.*

—¡Quién sabe! —respondió Rogelio.

Rediez extendió la mano hacia Juan con su petaca. Juan la acarició un
momento. 35

—No quiero fumar —dijo.

Y cerró los ojos. El traqueteo del tren le daba sueño.

Rogelio y *Rediez* comenzaron a hablar del verano.

CUESTIONARIO

1. ¿Cuándo y cómo viaja el forastero? ¿De qué está cubierto el cristal? ¿Por qué lo baja? Describa el aire mañanero del campo castellano.

2. ¿Con qué se compara la locomotora? ¿En qué termina su soplo final? ¿Está Juan solo en el vagón?

3. ¿Por qué se frota y sopla las manos? ¿Qué extraña apariencia tienen? ¿Qué lleva consigo el desconocido? ¿A quién habla?

4. ¿Adónde se dirige Juan? ¿Con qué se compara el agua de una gran charca? ¿Por qué se sienta en la maleta? ¿Qué siente tras de sí? ¿Qué perfil parece sugerir?

5. ¿Qué crece y verdea en los campos delante de sus ojos? ¿Con qué se compara su corazón? ¿Con una raíz?, ¿con un pardal? ¿Cuál es el probable sentido de ese "algo desconocido" que ha nacido en él? ¿Nostalgia?

6. ¿Qué parecido ve el autor entre la sombra de Juan y un perfil de ave?

7. ¿En qué se parecen las tapias del caserío y las de (a) un cementerio, (b) una plaza de toros, (c) una cárcel provincial? ¿Qué sugieren los letreros pintados en negro? ¿A qué se parece la calle? El patio de las cuadras, ¿de qué olores está impregnado?

8. ¿Cómo es la apariencia física de Juan al llegar al patio? ¿A quién ha pedido trabajo? ¿Qué pregunta le hace el viejo? ¿Por qué se echa a reír éste?

9. ¿Cuáles son las preguntas que formula don Adrián? ¿Por qué parece estar satisfecho con las respuestas de Juan? Señale de qué manera muestra don Adrián su confianza y respeto para con el viejo.

10. ¿Qué relación surge rápidamente entre Juan y el señor Pedro? ¿Amistad?, ¿enemistad? Explique su respuesta.

11. ¿Cómo es la apariencia de María? ¿De qué se disculpa? ¿Por qué llama "asqueroso" al señor Pedro? ¿Qué parecidos ve el autor entre los ojos de María y un vino blanco? ¿Cómo explica ella lo del labio inferior? ¿Qué piensa Juan antes de salir de la cocina?

12. En la imagen del autor, ¿qué hace el sol a mediodía? ¿Cómo se comporta a las cuatro?

13. A Juan, ¿le gustaban las mujeres? En los bailes de su tierra, ¿por qué había riñas? Según el autor, ¿quién vale poco?

14. ¿Cuál es la palabra más inesperada en la siguiente cita: "Eran las siete y media de la tarde y estaba anocheciendo"? Explique su respuesta.

15. ¿Qué apodo tiene el tocayo de Juan? ¿Por quién suspira? ¿Cómo es el tocayo temperamentalmente?

16. ¿Por qué preguntó el señor Pedro, "¿No te hace gracia?"? ¿En qué momento dijo, "Verdad que no tienes gracia"? ¿Cuándo salió Juan a tomar el aire?

17. ¿Qué memorias guarda Juan de su niñez?

18. ¿Por qué anda Rogelio buscando compañero? Explique por qué declara que *Rediez* se va a reír de Juan.

19. ¿Por qué dijo Rogelio a Juan que mirase la cama antes de acostarse? ¿Qué cosas impedían que Juan se durmiera?

20. ¿A qué estaba ahora dispuesto? ¿Qué palabras se apagaron en sus labios? ¿Qué conclusión se desprende de su silencio?

21. ¿Qué cree usted que siente Rogelio al responder "Sí, solo; a no ser..."?

22. La abubilla, ¿por qué "era mejor volando"?

23. ¿Dónde tendrán que trabajar todo el día? ¿Con qué herramienta? A la media hora de trabajar, ¿qué hacen? ¿Qué sugieren las palabras: "Antes . . . ni una chica, ni nada"?

24. ¿Para qué enlazaron las patas a la mula?

25. ¿Cómo inicia María la conversación con Juan? ¿Qué gesto pone? ¿De qué modo se ríe? ¿Por qué le dió a *Rediez* una patada en la espalda? ¿Tendrá alguna importancia esta pequeña escena en el desarrollo del cuento?

26. ¿Hacia dónde quería ir Rogelio? ¿Qué buscaba? ¿Quiénes serán ahora sus compañeros?

27. La abubilla, ¿por qué se llama el pájaro de las huellas? ¿De qué color son sus plumas? ¿En qué dirección vuela? ¿Por qué miran atrás Juan y *Rediez*?

28. ¿Con qué propósito habló Rogelio con el jefe de la composición? ¿De qué modo tendrán que bajar antes de llegar a Alcázar?

29. ¿Con qué nota termina la historia? ¿Esperanza? ¿desilusión? ¿aventura? ¿resignación? Explique su respuesta.

TEMAS ESCRITOS U ORALES

1. Juan respira tristeza y libertad. ¿Cómo interpreta usted esta aparente paradoja?

2. Explique la comparación que se hace entre la noche oscura y una iglesia sin luces.

3. Comente esta cita: "Un hombre sin amor propio vale menos que una colilla."

4. Analice la breve escena de la viña entre María y Juan.

5. Examine las ideas de María y el ambiente que le rodea.

6. ¿Qué simbolismo ve usted en la presencia de la abubilla en el camino? ¿Borra recuerdos? ¿Le parece un símbolo negativo u optimista?

7. ¿En qué consiste el encanto peculiar de esta historia? ¿Qué simboliza el título?

8. ¿Qué mundo refleja el autor en su cuento? ¿Cree usted que ha conseguido dicho objetivo? Explique su respuesta.

9. Haga un pequeño estudio analítico de la técnica del autor, señalando (a) la selección de palabras, (b) el ritmo de la frase, (c) el empleo de símiles y metáforas, (d) el realismo del ambiente, y (e) la fuerza descriptiva.

10. Examine la estructura del cuento, su exposición, desenlace y punto de vista general.

11. Discuta brevemente el poder creador del autor en la representación gráfica de los personajes principales: el señor Pedro, María, Juan.

12. Analice el tema de la tragedia de los humildes en este cuento.

MODISMOS

Emplee los siguientes modismos en oraciones originales.

1. acortar el paso   2. a golpes   3. a gusto   4. al poco tiempo   5. a medias
6. a no ser   7. dar vergüenza   8. dar una voz   9. dar voces   10. dejar lugar a   11. de un brinco   12. echar buen pelo   13. echar de comer   14. echarse a reír   15. encogerse de hombros   16. entrarle la ventolera a   17. estar tiempo en   18. hacer un alto   19. hacer un silencio   20. llevar la contraria   21. llevarse el gato al agua   22. meterse entre pecho y espalda   23. poner un gesto   24. por donde entraste se sale   25. reírse entre labios   26. saber a   27. sacar partido de   28. salir de quintas   29. tener cuidado con   30. tener mala uva   31. tirar para adelante   32. trabajar de largo   33. traer hambre   34. volverse de lado

Vocabulary

The following words have generally been omitted unless special meanings are required by the text: articles, pronouns, possessive and demonstrative adjectives and pronouns, cardinal numbers, diminutives, exact or obvious cognates, finite verb forms, participles if the infinitive is included, adverbs in **-mente** if the corresponding adjective appears and the meaning of the adverb is clear from the meaning of the adjective. Radical changes and irregular accentuation of stem vowels of verbs are indicated in parentheses after the verb, e.g., **divertir (ie, i)** and **acentuar (ú)**. Nouns ending in **-o** are masculine; those ending in **-a, -dad, -ión, -tad, -tud,** and **-umbre** are feminine.

The following abbreviations are used:

adj adjective	*(lit)* literature
adv adverb	*m* masculine noun
(anat) anatomy	*mf* masculine or feminine noun
(coll) colloquial	*(mil)* military
(dial) dialectal	*mpl* masculine noun plural
dim diminutive	*msg* masculine noun singular
(eccl) ecclesiastical	*(mus)* music
f feminine noun	*(orn)* ornithology
(fig) figurative	*pl* plural
fpl feminine noun plural	*pp* past participle
(Fr) French	*ref* reflexive verb
fsg feminine noun singular	*(rr)* railway
ger gerund	*(sew)* sewing
(ichth) ichthyology	*subj* subjunctive
impv imperative	*(taur)* bullfighting
inf infinitive	*(telp)* telephony
interj interjection	*(theat)* theater
(It) Italian	

A

a at, for, to, into, on, upon, in, by, from; **a que** until; in order that; *(coll)* I'll bet that; **¿a que no adivinas?** guess what?

abajarse to slide down

abajo down, below, underneath; downstairs; **más abajo** lower down

abalanzar to hurl, to impel; to balance; *ref* to rush; to throw oneself

abandonar to leave; to desert, to forsake; *ref* to give up; to surrender oneself

abandono abandon; abandonment; dejection; defeat

abarca sandal

abarcar to embrace; to encompass; to include

abarrotar to jam, to overcrowd

abatimiento weariness; dejection

abertura opening; hole

abierto -ta *pp* of **abrir**; open **abiertos al sol de toda sonrisa** wreathed in sunny smiles

abismo abyss

abofetear to slap in the face

abollar to bump; to dent

abrazado -da clinging to, hugging

abrazar to embrace; *ref* **abrazarse a** to hug

abrazo embrace, hug
abrevadero drinking trough
abrigar to nourish; *ref* to wrap oneself up
abrigo overcoat; refuge; shelter
abriguillo little thin coat
abrir to open; **abrir de par en par** to throw
    wide open; **abrir una pausa** to provide a
    moment of relief; *ref* **abrirse paso** to work
    free, to make one's way
abrocharse to button up
abroncar to annoy, to irritate
absoluto: en absoluto absolutely not; *(with
    preceding negative)* in any way at all
absorto -ta absorbed; absent-minded
absurdo -da meaningless; impertinent; outra-
    geous; *m* absurdity
abubilla *(orn)* hoopoe, one of the unclean
    birds mentioned in *Lev.* XI, 19 and
    Deut. XIV, 18
abuela grandmother
abuelita grandma
abuelo grandfather
abulia lack of will
abullonar *(sew)* to puff; **abullonadas por el
    hombro** puffed out at the shoulders
aburrirse to grow tired; to get bored
acá here
acabar to end, to finish; **acabada de preparar
    la cesta** once the basket had been prepared;
    acabar de + *inf* to finish + *ger;* to have just
    + *pp;* **acabó de afirmar** finally put the
    finishing touches to; **hasta que acabaron
    de llenar** until they finished filling; **no
    acabar de comprender** to be unable to
    understand; *ref* to be finished, to be all
    over; **se me acabaron las fichas** I've run out
    of chips
académico -ca *mf* academician, member (of an
    academy)
acaecer to happen
acariciante *adj* caressing
acariciar to caress; to stroke; to embrace
acarrear to carry; to bear
acaso chance, accident; perhaps; **si acaso**
    perhaps, maybe, if perchance
accésit *m* second prize, honorable mention
accidentado -da agitated, troubled
accidente *m* incident, event
accionar to gesture
acechar to wait for; to try to catch sight of;
    to watch for
acecho watching, spying; **al acecho** spying;
    al acecho de on the alert for
aceite *m* oil; olive oil; **aceite de ricino** castor
    oil

acento accent, inflection, note, tone; emphasis
acentuado -da emphasized, obvious, marked
acentuar (ú) to emphasize; *ref* to be notice-
    able; to become etched, to deepen
acequia irrigation ditch
acera sidewalk
acercarse to approach, to come near or nearer
acero steel; courage
acertado -da right, sure, correct; **estar acertado**
    to say the right thing, to be right
acertar to hit, to find the mark; to be right; to
    succeed; **acertar a** + *inf* to succeed in + *ger;*
    acertar con to find, to come upon; **no
    acertar con** to be unsuccessful in or with
acicalarse to get all dressed up
acierto skill, good taste; good hit
aclarar to explain; to rinse; **aclarar la voz** to
    clear one's throat
acogedor -dora kindly, warmhearted, friendly
acometer to attack, to assault
acomodarse to get settled
acompañante *m* escort; person present
acompañar to accompany; **le acompaño en el
    sentimiento** I share your sorrow
acompasado -da rhythmic, regular; quiet and
    slow
aconsejar to counsel, to advise
acontecimiento event, happening; **todo un
    acontecimiento** a real treat
acoplar to join; to relate; to arrange
acordar (ue) to remind, to remind of; *ref*
    acordarse (de) to remember
acordeón *m* accordion
acortar to shorten, to reduce; **acortar el paso**
    or **el andar** to slow down
acostar (ue) to put to bed; *ref* to lie down,
    to go or come to bed; **haberte acostado
    antes** you should have gone to bed earlier
acostumbrar to accustom; *ref* **acostumbrar-
    (se) a** to be used to, to get accustomed to;
    to become familiar with
acreditarse to become accepted
acrobacias *fpl* acrobatics; **grandes acrobacias**
    gymnastic feats
acto act, event
actriz *f* actress
actual *adj* present; present-day; everyday;
    su mujer actual his wife as she was today
actualidad: en la actualidad at the present time
actualizar to bring up to date; to refresh
actualmente at present
actuar (ú) to act
acuciar to harass, to pester; to hurry
acudir to assist, to run to; to show up, to
    appear; **acudir a** + *inf* to hasten or rush to

+ *inf;* **acudir a la tienda** by showing up at the shop

acuerdo agreement; **de acuerdo** agreed; **de acuerdo con** in accordance with; after; according to; **estar de acuerdo** to be in agreement; **ponerse de acuerdo** to agree, to come to an agreement

acumular to treasure up; to collect

achulado -da tough, rough

adecuado -da adequate, suitable, appropriate

adelantado -da early, premature; hastened

adelantar (a) to move forward; to outstrip, to overtake; to reach out; *ref* to move forward; **adelantarse a** to get ahead of, to surpass; to rush things; **la invención del hombre se le adelanta al hombre** Man is deposed by man's invention

adelante ahead, forward; **hacia adelante** ahead straight ahead; **inclinado hacia adelante** leaning forward; **más adelante** later; **sacar adelante** to make a go of, to be successful with; **salir adelante** to succeed

ademán *m* gesture; manner

además besides, moreover, what's more; as well; **además de** besides

adentrarse to walk along, to go through

adentro inside

adiamantado -da diamond-studded

adivinar to guess; to solve; **¿a que no adivinas?** guess what?; **se adivina** one senses; one catches sight of

administrar to manage, to handle

admirarse de to be astonished at

admitir to allow; to tolerate

adoctrinar to teach

adonde where; to which; **adonde sea** anywhere

adónde where

adoptar to assume

adornado -da adorned; **adornados por el sol** bathed in sunlight

adornar to set off, to enhance, to glamorize

adorno adornment, trinket, ornament

adquirir (ie) to acquire; to achieve

adueñarse de to take possession of, to seize

adulador *m* flatterer

advertencia warning; instructions

advertir (ie, i) to advise, to warn; to perceive, to notice

afán *m* solicitude; eagerness, desire

afanarse en to work at

afectar to affect, to assume

afecto affection

afectuoso -sa affectionate; kind

afeitarse to shave

afición liking, inclination

aficionado -da a fond of; *mf* fan

afilado -da creased; sharp, pointed, tapering

afiliar (í) to be a member of, to be affiliated with

afín *adj* similar, related

afirmar to state, to affirm; to confirm; to put the finishing touches to; *ref* to grow strong

aflojar(se) to loosen, to relax, to let go

afluir to flow; to pour

afortunado -da lucky

afuera outside

agacharse to stoop; to hunch over

agarrar to grab, to seize

agarrotamiento stiffness

agazaparse to crouch; **medio agazapada** half-crouching; leaning forward

agitado -da agitated, excited; agonizing, upsetting

agitar to wave; to stir; to ruffle; to shake; *ref* to be agitated; to wave

aglomeración crowd

agobiante *adj* oppressive, exhausting

agolparse to flock; to press

agonizante *adj* dying; *mf* dying person

agosto August; **hacer su agosto** to harvest; to make a killing

agotar to exhaust

agraciado -da nice, pretty; **poco agraciada** not too attractive

agradable *adj;* **lo agradable** the agreeableness, the charm

agradar to please, to be pleasant; **no le agradará** he won't like it

agradecer to express thanks, to be grateful for

agrado pleasure, liking

agrandar to grow larger; to enlarge

agravarse to get worse

agrícola *adj* agricultural, farm

agrimensor *m* surveyor

agrio -gria sour, acrid, bitter; disagreeable; rough

agrupar to group, to bring together; *ref* to crowd together

aguantar to suffer, to stand, to bear, to endure; to hold out; **no aguantar más** to not be able to take any more; *ref* to restrain oneself, to endure; **aguantárselas** to endure it; **aguantarse un poco** to hold out a little longer; **¡aguántate!** you'll just have to put up with it

aguardar to await, to wait for

aguardiente *m* brandy

agudo -da sharp, acute, high-pitched, shrill

aguja needle; **hecho a punta de aguja** hand-knitted

agujerito finger hole on telephone dial

ahí there; **de ahí que** with the result that

ahogar to swallow up; *ref* to choke

ahogo suffocation; breathlessness; anguish

ahora now, at present, presently; **ahora mismo** right now, right away; **ahora vuelvo** I'll be right back; **de ahora en adelante** from now on

ahorcar to hang; **por eso de que a la fuerza ahorcan** as willingly as going to the gallows

ahorrar to save; to spare

ahorrillos *mpl* modest savings

aire *m* air, breeze; manner, attitude; **al aire libre** or **al aire puro** out-of-doors, in the open air; **no tenía un gran aire** she didn't give much of an appearance

airear to air, to stir up; to bring to mind

airecillo breeze, wind

ajo garlic

ajeno -na another's, belonging or occurring to someone else; **ajeno a** unmindful of; **una muerte ajena** a death of little personal concern

ajetreo bustle, fuss

ajustar to fasten; to insert; **ajustar cuentas** to settle accounts

al + *inf* on + *ger*

ala *f* (el) wing

alabar to praise, to compliment

alambre *m* wire

álamo poplar tree

alargar to prolong, to extend, to lengthen, to elongate, to stretch, to hold out; *ref* to go away; **siente que el corazón se le alarga** he feels his heart stretching out (toward home)

alarmante *adj* alarming

alba *f* (el) dawn

albayalde *m* white lead

alborotar to disturb; to raise a racket

alboroto racket, noise

albur *m* risk, chance

albura whiteness, white

alcalde *m* mayor

alcance *m* reach; **al alcance de la mano** at arm's length

alcanzar to reach; **le alcanzan la maleta** they pass him the valise

Alcázar de San Juan town about 100 m. south of Madrid in La Mancha, Don Quixote country

alcoba bedroom

alegrar to delight; **alegrar la vida** to gladden the heart; *ref* to be glad, to rejoice

alegre *adj* cheerful, glad, light-hearted

alegría joy, gladness, mirth

alejar to keep at a distance; *ref* to go away; **el ruido del tren se habrá ido alejando** the clatter of the train has probably faded away

alfombra carpet, rug

algarabía din, chatter

algo de ella something of hers

algún, alguno -na some, any, an occasional, one (of them); someone; **alguna familia** a family or other; **alguna ventana** one of the windows; **algún baile** an occasional dance; **algunos que otros** a few here and there

aliarse (í) to unite

aliciente *m* attraction, incentive

aliento breath; attraction; encouragement

alimentar to feed; to nurse

alisar to smooth

aliviar to relieve, to make (someone) feel better; *ref* to get better, to recover; **y que te alivies** and I hope you recover

alivio relief, comfort

alma *f* (el) soul, heart, spirit; **alma en pena** lost soul

almacén *m* department store, general store

almanaque *m* calendar

almidonar to starch

almohada pillow

almohadón *m* large cushion

Almudena: Nuestra Señora de la Almudena large Madrid cemetery

almuerzo lunch

alrededor around, about; **alrededores** *mpl* surroundings; **alrededor de** around; **a** or **en su alrededor** around one, about one

altanero -ra arrogant, imperious

alterar to alter, to disturb, to upset

alternar to alternate; to take turns

alternativamente by turns

altivo -va proud, haughty

alto -ta high, tall; loud; **en alto** up high; *m* height; stop, halt; **en lo alto de** on top of

alucinante *adj* frightening; shocking

aludir to allude

alunarado -da spotted with moles

alusión allusion, reference

alzar to raise, to lift up; *ref* to rise

allá there, yonder, way up there; **allá arriba** high up there; **allá dentro** inside; **allá lejos** far off in the distance; **allá tú** that's up to you; **allá vosotros** that's your lookout; **más allá** farther away; farther inside; over there; **más allá de** beyond, on the other side of; **vamos allá** let's see about it; *m* **el Más Allá** the hereafter, the beyond

allanar to iron out; to get around **ella había ido allanando** she had little by little overcome

allí there; **por allí** that way

amabilidad friendliness, amiability

Amadeo de Saboya (1845-1890) King of Spain (1871-1873)

amanecer to dawn, to begin to get light; to awaken early; *m* dawn, daybreak, early morning

amante de *adj* fond of

amapola poppy

amargar to taste bitter

amargo -ga bitter

amargura bitterness; sorrow, grief

amarillear to turn yellow

amarillento -ta yellowish

amarillo -lla yellow

amatista *f* amethyst

ambiente *m* atmosphere, circle, surroundings; **medio ambiente** environment

ambos -bas both

ambulante *adj* walking

amenazador -dora threatening, menacing

amenazar to menace, to threaten

americano -na American, Spanish American; *f* coat, jacket

amigo -ga friendly; **amigo de** fond of; *mf* friend, bosom friend

amistad friendship

amo master (of household); owner, boss; foreman

amor propio self-esteem, conceit **amor no correspondido** unrequited love

amorosidad affection, love; lovingness

amoroso -sa amorous, affectionate; soft, pleasant; loving

amortiguar to muffle

amplio -plia wide, vast; roomy; full

ampuloso -sa shapely, well-formed

anciano -na old; *m* old man; *f* old lady

ancla *t* (el) anchor

ancho -cha broad, wide; full; **a lo ancho de la cabeza** across the top of the head

andaluz -luza Andalusian

andar to go, to go about, to walk about; to be functioning, to run; to move along; **anda** come on, now; fine; go ahead, go on, move; **anda, qué listo** my isn't he clever; **andar a patadas con** to kick around; **andar más flojo** to slow down; **andar por el mundo** to get around; **andar por el pueblo** to spread all over town; **andar por la noche** to be a night owl; **pues andando** well, let's get moving; *m* walk, step, pace, gait

andén *m* railway platform

Andrés Andrew

anegar to flood over, to overwhelm

ánfora amphora (ancient vase)

angelito little angel

Angelus *m* the Angelus *(morning or evening prayers)*

ángulo angle

angustia anguish, pang, affliction

angustiado -da anguished

angustiar to grieve, to distress, to afflict

angustioso -sa worrisome, distressed, grieved

anheloso -sa eager

animado -da lively

ánimo mind, spirit; will; courage; **cobrar ánimos** to cheer up, to pluck up, to bear up

anís *m* anisette *(cordial or liqueur flavored with aniseed)*

anochecer to grow dark; **ya bien anochecido** well after dark; *m* nightfall, dusk; **al anochecer** at nightfall

ansia *f* (el) anguish, anxiety; eagerness, craving; **ansias amorosas** pangs of love

ansiedad anxiety, worry

ansioso -sa anxious, longing, eager

antaño last year; long ago; **de antaño** as before

ante before, in the face of, in the presence of; in front of; at; **ante todo** above all

antebrazo forearm

antelación: **con antelación** in advance

antemano: **de antemano** in advance

anterior *adj* previous, preceding; former

antes rather, first, before; **antes de** before; **antes de** + *inf* before + *ger;* **antes (de) que** before; **antes de tiempo** before the time set; **cuanto antes** as soon as possible

anticipadamente beforehand

anticipar to anticipate; to portend

anticuado -da old-fashioned

antiguo -gua old, ancient; **como antiguos** as in the olden days

antipático -ca disagreeable, repugnant; displeasing, uncongenial, unpleasant

antojadizo -za capricious, fickle

antojar to seem; *ref* to seem likely; to want, to have a notion to; to desire; **el consejo se le antojó de pronto de posibles resultados** the advice suddenly seemed worth considering; **se le antojó estúpida la pregunta** the question seemed stupid to her

antojo whim

antro den, dive

anudar to tie; to combine; *ref* to be wound in a roll

anunciar to announce; to intone; **anunciar de antemano** to portend

anuncio announcement; prediction

añadir to add

añejo -ja aged, old

año year; **a los 36 años cumplidos** already 36; **tener . . . años (de edad)** to be . . . years old

añorar to miss, to long for

apaciguar to pacify, to appease; *ref* to calm or simmer down

apagadamente softly; silently

apagado -da out; lifeless; muffled; sad; faint

apagar to efface, to put out; to muffle; to turn off; *ref* to stop, to become silent, to fade out or away; to dry up; **la palabra se apagó en sus labios** the word died on his lips

apaño arrangement

aparador *m* sideboard, buffet

aparato instrument

aparatoso -sa showy, pompous

aparecer to appear, to be found, to show up; **cómo se le aparecía** how clearly he saw

aparentar to feign, to pretend, to affect

aparición spirit; presence

apartar to push back; *ref* to get out, to move or stand aside

aparte apart, aside; **aparte de** apart from

apasionante *adj* absorbing

apático -ca apathetic, indifferent

apearse to get off, to step down

apellido name, surname

apenar to grieve, to cause pain or sorrow

apenas barely, scarcely; no sooner, as soon as; **apenas nada** scarcely at all, just a little; **apenas si** scarcely; **pero si apenas hace frío** why it's hardly cold at all; **que apenas existía** that had only just begun to live; **si apenas era una niña** why she was little more than a child

apercibirse de to notice

aperos *mpl* tools, equipment

apetecer to feel like, to long for; **no le apetecía** he didn't crave it

apiñarse to swarm, to collect (like flies)

aplastado -da squashed, crushed; **aplastadas de bruces en lo negro** splotching the black surface below

aplastar to crush, to flatten; **aplastarse contra** to press against, to flatten against

aplazar to put off, to postpone

aplicarse to apply oneself, to devote oneself

aplomo poise, self-possession; serenity

apoderarse de to take possession of, to take control over, to take hold of

aposentarse to install oneself

apostar (ue) to bet, to wager; *ref* to bet

apoyado -da en resting on

apoyar to hold up, to support; *ref* **apoyarse en** to rest on, to lean on, to press against one another

apoyatura *(mus)* grace note; helper

apreciar to notice; *ref* to be felt

apremiante *adj* urgent; **con aire apremiante** anxiously

apremiar to press, to urge; to hurry

aprendido -da memorized

apresurar to hurry; *ref* to hasten, to hurry

apretar (ie) to press; to tighten, to grip, to squeeze; to clench; **apretar el corazón** to afflict one's heart; **apretar las clavijas** to show (someone) who's boss; **apretar los puños** to clench one's fists; **apretar mucho** to press down hard; **apretar un timbre** to press a button

apretón *m* squeeze

aprisionar to fasten, to hold

aprobarse (ue) to pass (an examination)

apropiado -da appropriate, proper, fitting; **¿no resultaba tan apropiado o más decir...?** wasn't it just as proper or even more so, to say?

aprovechar to make good use of; *ref* to take advantage of; **aprovecharse de** to avail oneself of, to take advantage of

aproximar to bring near, to draw near; *ref* **aproximarse de** to pull up close to

apuesta wager, bet

apuntar to note, to jot down

apurado -da worn thin, threadbare; needy, hard up; confused, flustered, fretting, upset

apurar to down, to swallow (a drink)

apuro difficulty, want; grief, sorrow; **andarse con apuros** to have difficulties; **apuros vulgares** ordinary worries; **dar apuro** to give only grief

aquello that, all of that, that matter, that other kind, all that concerning; **aquello del hijo** that idea of having a son; **aquello espantoso** that dreadful catastrophe; **por aquello de** for the purpose of

aquí: aquí tiene here you are; **por aquí** around here, this way, over here

araña chandelier; **arañas de plata y cristal** sparkling silver and crystal chandeliers

arcano -na secret, hidden

arco iris *m* rainbow

arder to burn

ardiente *adj* bright; hot

ardilla squirrel

arena sand

Argel Algiers

arm. . . *interj (mil)* hup!

armar to arm; **armar bronca** or **cisco** to start a row; *ref* **armarse de valentía** to pluck up courage

armario wardrobe; closet

aroma *m* fragrance; **aromas serranos** mountain smells

arpillera piece of burlap

arquear to arch; **arquear las cejas** to raise the eyebrows

arrancar to take off; to pull away; to start suddenly

arranque *m* impulse, outburst; spirit; impetuousness

arrastrado -da trailing

arrastrar to drag; to shuffle; to pull; to draw; to trail

arrebujarse to wrap oneself up

arreciar to become more violent; to come down harder

arreglar to adjust, to put in order, to straighten out; **a medio arreglar** half finished; **todo arreglado** everything's fine; *ref* to be patched up, to be settled; **arreglarse la boca** to get one's teeth fixed

arreglo arrangement

arrellanarse to settle back, to make oneself comfortable

arrendamiento rent; lease; **en arrendamiento** on lease

arrepentirse (ie, i) to regret

arriba up; upstairs; **de arriba abajo** from head to foot; **la caja de más arriba** the box on top; **para arriba y para abajo** up and down

arriesgado -da risky

arriesgar to risk; *ref* to take a risk

arrimar to send; to bring close; to give; *ref* **arrimarse a** to come close to, to lean against

arrodillado -da kneeling, on bended knees

arrojar to strip off; to throw away, to throw down

arropar to wrap, to wrap up

arroyo gutter; stream, brook

arruga wrinkle; fine line

arrugar to wrinkle, to crease

arruinar to ruin

arrumaco caress; **hacer arrumacos** to pat, to caress

arrumbar to condemn; to sentence

artefacto artifact

artículos para caballero men's wear

artista *mf* artist

asa *f* **(el)** handle

asar to roast; **asar la manteca** to burn the lard

ascendiente *adj* ascending, rising

ascenso promotion

asegurar to assert

asentar (ie) to detain, to seat

asentimiento assent, acquiescence

asentir (ie, i) to assent, to concur; to echo

asequible *adj* accessible, approachable

asesinar to obliterate

asesino assassin, murderer

asfixia asphyxiation, suffocation

así so, like, that way, thus; **algo así** something like that; **así como** as soon as; about; **así que** as soon as

asiático -ca Asiatic, Asian

asiduo -dua frequent, regular; *m* regular customer

asiento seat, chair

asimismo likewise, in like manner

asir to seize, to grasp

asmático -ca reeking, smelly

asociarse to work together, to be partners; **estar asociados** to be in partnership

asomar to appear, to show, to stick out (one's head), to peek out, to look out (a window); **te veo asomado a tu ventana** I see you looking out of your window; *ref* **asomarse a** to lean out of, to lean over; to come to; to look out; to look at; to look into; to appear at; **a ellos buscaba asomarse la madre** the mother tried to look deep into them

asombrarse to be astonished

asombro astonishment

aspecto appearance

áspero -ra rough, gruff; tart, sour

aspiración hope, desire

aspirar to inhale, to smell, to breathe in

asqueroso -sa loathsome; disgusting; filthy

astro star; **astro rey** sun

asturianada Asturian song

asturiano -na Asturian

astuto -ta clever

asueto vacation; **día de asueto** day off

asunto subject, matter

asustar to frighten; *ref* to be frightened

atado -da paralyzed

atajo short cut

atardecer to draw towards evening; *m* late afternoon

ataviar (í) to dress, to dress up; to deck out

atemorizar to scare, to intimidate, to frighten

atender (ie) to take care of, to wait on

ateneo athenaeum *(an institution for promotion of literary or scientific learning)*

atento -ta attentive, alert

aterido -da numb with cold; frozen hard
aterrar to terrify; **aterrar (ie)** to destroy; to humiliate
aterrorizar to frighten, to terrify
atezado -da tanned, bronzed; swarthy
atmósfera air, mood
atónito -ta overwhelmed; puzzled, bewildered; transfixed
atontar to stun, to stupefy; to confuse, to bewilder
atormentar to torment, to torture
atracción attraction; fondness
atraer to attract, to charm; to pull close, to draw close
atragantársele a uno to choke on
atrancar to bar
atrapar to trap, to catch, to get, to entangle
atrás back, behind; alone; in back, in the rear; **de atrás** back, rear; **hacia atrás** to the rear
atravesar (ie) to cross; to penetrate; to size up; **atravesar corriendo** to run through, to run across
atreverse to dare
atrevido -da daring
atrio paved terrace before a church
atronar (ue) to deafen, to split the eardrums of
atropelladamente in a rush, all at once; violently
atropellado -da excited, hasty
atropellar to trample on; **se le atropellan las palabras** the words come out in a rush
atroz *adj* cruel, atrocious
atuendo clothes; outfit; ensemble; appearance
aturdir to stun, to bewilder; to amaze; to rattle
atusar to smooth
audaz *adj* bold, daring
aullar (ú) to howl
aumentar to augment, to increase, to enlarge
aumento increase, growth
aun still, even, also
aún still, yet, up to this point; **aún no** not yet
aunque although, even though; **aunque si** although if (you ask me)
auricular *m* earpiece, receiver
ausente *adj* dazed
autobús *m* bus
autor -tora *mf* author
avance *m* advance, forward movement
avanzado -da advanced; projecting
avanzar to advance, to approach; to continue on one's way; **lo siente avanzar** she feels it (the train) pushing on and on
avaro -ra greedy, stingy
ave *f* **(el)** bird
aventar to scatter to the winds

aventura adventure; danger; **una aventura infantil** a childhood dream; **una aventura juvenil** a young man's love
aventurarse to venture forth, to take a risk
avergonzar (üe) to embarrass; to shame; *ref* to be embarrased, to be ashamed
averiguar to find out
avión *m* airplane
avíos *mpl* belongings, gear
avisar to inform; to warn
avispa wasp
avivarse to be rekindled, to revive
ay *interj* oh!, ow!
ayuda aid, help
ayudante *mf* assistant
ayudar to help
ayuntamiento town or city council; town or city hall; municipal government
azar *m* chance, hazard, accident; **al azar** at random, haphazardly
azarado -da rattled, upset; self-conscious
azarante *adj* hazardous; bewildering; frightening
azararse de estar triste to become upset at being sad
azaroso -sa unlucky
azotar to whip; to lash against, to beat upon
azote *m* slap
azteca *mf* Aztec
azul *adj* & *m* blue
azulado -da blue, bluish
azulear to turn blue, to have a bluish cast
azulino -na bluish; *f* sky blue; **trajecito azulino** pretty little sky-blue dress

B

Babilafuente imaginary village, with rustic overtones
bacalao codfish
bachiller *mf* bachelor (holder of a **bachillerato** diploma; useful in applying for a job)
bachillerato bachelor's diploma and course of study. The present Spanish pre-university system is (a) **Pre-Escolar;** (b) **Educación General Básica** (6-14); (c) **Bachillerato** (14-16); (d) **C.O.U.**or **Curso de Orientación Universitaria** (17); and (e) **Universidad** (18).
bailar to dance
baile *m* dance; **pieza de baile** dance number
bajar to bend down; to lower; to push down; **bajar de** to get off
bajito -ta undersized
bajo -ja low, lower; under; short; bottom, ground; **por lo bajo** in a whisper

balbucir to stammer, to stutter
balcón *m* balcony, balcony window
baldosa floor tile
balneario spa
bambú *m* bamboo
banal *adj* trivial; **lo banal** the triteness
banco bench
banda band, sash; ribbon; **banda de lente-juelas** sequined ribbon
bandeja tray
bandera flag
banqueta footstool, three-legged stool
bañar to wash, to bathe; to drench
barandilla rail, railing; balustrade; handrail
baratija trinket
barato -ta cheap
barba beard
barbaridad mistake; **barbaridad grande** dreadful thing; **¡qué barbaridad!** how awful!
bárbaro barbarian; **¿con esos bárbaros?** with those brats?
Barbarroja imaginary village
barbilla tip of chin
barbudo -da bearded
barco boat; ship, vessel
barnizarse to be glittering, to be shining; to be glazed
barra bar, counter (*of barroom*)
barrer to sweep; **sin barrer** unswept
barrigoncete -ta big-bellied
barrio neighborhood; district; suburbs
barrizal *m* mudhole
barro mud
bártulos *mpl* household goods, belongings
barullo noise, tumult
base: a base de on the basis of
basilisco: hecha un basilisco in a rage
bastante enough; quite a bit; rather; fairly
bastar to be enough, to be sufficient; **bastaba con que fuese su hijo** it sufficed that he was his son
bastardilla italics
bastón *m* cane, stick
bata house coat, dressing gown
batalla battle; **en plena batalla** in the thick of battle
batea (*rr*) flatcar
batir to beat, to dash, to pound, to drum
beatífico -ca beatific; happy, blissful
beatitud perfect happiness
bebedor *m* drinker, hard drinker
beber to drink; **beber los vientos por** to be crazy about; *ref* to drink up
bebida drink
bebido -da tipsy, unsteady

belleza beauty
bendecir to bless
bendición benediction
bendito -ta blessed, holy
beneficiar to benefit
benigno -na mild; inoffensive; gentle
berenjena eggplant
berrear to scream; to bawl; to yowl
bestia animal
betún *m* shoe polish
bien well; good; comfortable; perfectly; **está bien** all right; **hacer bien** to do right; **lo bien que se pasaba** what a good time one had; **más bien** rather, somewhat; **más bien del tiempo** much like the weather; **no bien** as soon as, scarcely; **o bien** or else; **si bien** while, though; *m* good
bienestar *m* well-being
bienhechor *m* benefactor
bienhechora benefactress
billete *m* ticket; **billete de segunda** second class ticket; **billete de tercera** third class ticket
billetito miserable little ticket
biógrafo -fa *mf* biographer
biombo folding screen; folding door
blanco -ca white; **blanco de España** whitewash; **de las blancas** one of the white ones
blandengue *adj* soft
blando -da gentle, soft; flabby; soft and soupy
blanquecino -na pale
blusa blouse, smock
bobo -ba foolish, flighty, crazy; *mf* fool; **¡cállate, bobo!** shut up, stupid!
boca mouth; **a la boca de** toward, at the edge of
bocacalle *f* street entrance, street intersection
bochorno oppressive heat; **hacer un bochorno tremendo** to be hot and sultry
boda marriage
bodega tavern; wine cellar; winery
bolita de marfil tiny ivory ball
bolsillo pocket; money; bank account
bolso handbag, purse, pocketbook
bombilla light bulb
bondad kindness
bonitísimo -ma extremely pretty
bonito -ta pretty, nice; **es bonito que sea así** it's nice to see just the same
boñiga dung; **boñigas** clods of dung
boquilla con diamantes diamond-studded cigarette holder
bordado -da wrinkled; **bordado de soles** seamed by many suns
bordar to embroider

borde *m* border; top; edge; **al borde de** on the edge of; on the brink of
bordear to skirt the edge of; to border, to line
bordillo curb, curbing
borrachera carousal, spree, drunken brawl
borracho -cha drunk, intoxicated
borrar to cancel, to erase; to efface; to repair
borriquillo little donkey
borrosamente through a mist
borroso -sa blurred, misty; indistinct
bosque *m* woods
bosquecillo grove
bostezar to yawn
bota wineskin, leather wine bag
botella bottle
botín *m* booty
botonadura set of studs (for dress shirt)
braga diaper
brasero heater
bravo -va angry; **hacerse el bravo** to get angry
brazo arm; **en brazos** in one's arms
Bretaña Brittany
breve *adj* brief, quick; tiny; short; faint, dim; **breve claridad** faint glow
brillante bright, lustrous, shining, sparkling; *m* diamond
brillar to shine, to glisten, to gleam
brillo luster, sparkle, shine
brincar to toss and turn; to leap up; to spring up; **brincara** had leaped up
brinco bounce, leap, jump; **dar un brinco** to leap, to jump; **de un brinco** with a leap
brindar to toast; **brindar por** to toast to; **brindar porque** to toast that
brisca bezique; **jugar a la brisca** to play cards
brizna swirl, whirlpool
brocal *m* curbstone
broma jest, joke; **gastar bromas** to tease; **le gastaban bromas con él** they kidded her about him
bronca row, quarrel; rough joke; **armar bronca** to start a row, to cause trouble
bronce *m* bronze
bronco -ca harsh, raspy, hoarse
brotar to gush forth
brote *m* bud, shoot, sprout
bruces: aplastado de bruces flattened out; **de bruces** with the face down
bruma fog, mist
bruñir to polish; *ref* to be polished
brusco -ca sudden, rude
brusquedad rudeness, brusqueness
bucear to dive, to plunge; to search
buenaventura good luck, fortune
buenísimo -ma great, swell

bueno -na good; kind, nice, pleasant; **¡bueno!** well!, all right! **estaríamos buenos** we'd be in a fine fix; **pues estaría bueno** well, that would be a fine one; **un buen día** one fine day
buey *m* ox, steer
bufanda muffler, scarf
búho owl
buhonero peddler, hawker
bulto form, outline, shadow
bullicio bustle, excitement
bullir to stir; to hatch
burbuja bubble
burla ridicule; **de burla** in jest
burlarse de to make fun of, to laugh at
burlón -lona playful, mocking
burro jackass; **a burro muerto, cebada al rabo** no use feeding a dead horse
burujo lump; **burujo de carne** tiny little creature
busca search
buscar to look for; to ask for; to wait for; to meet
búsqueda search, hunt
busto bosom; **busto glorioso** comely bosom; **erguir el busto** to straighten up
butaca armchair
butaquita small armchair

C

caballero gentleman
caballo horse; **a caballo** on horseback
cabaret *m* nightclub
cabecera head (of bed)
cabello hair (of head)
caber to fit; to find room; to have a place, to have enough room; to be possible; **no cabe duda** there is no doubt; **no caber en la cabeza** to not enter one's head
cabeza head; brain; *m* head of household, father; **hasta la cabeza** up to the neck
cabezal *m* small pillow; round bolster
cabo end; **al cabo** at last; **al cabo de** after; **al cabo de un rato de estar todos descansando** after all had rested a while
cabra goat
cabrearse to rear, to rise up on the hind legs; to object
cachito little slice, little piece, little bit
cachivaches *mpl* goods, stuff
cacho -cha bent, crooked; *m* crumb, bit, slice, piece; **el cacho de casa** the little bit of a house

cada *adj* each; **cada cual** each one; **cada vez** each time; **cada vez más** more and more; **cada vez más fuerte y más frío** stronger and colder all the time

cadena chain

cadera hip

caer to fall; to be located, to be found; **caer bien** to make a hit, to be well received; to fit; **caer por** to be located around or near; **dejarse caer** to drop down, to plump down, to let oneself fall; *ref* **caérsele a uno la cara de vergüenza** to blush with shame; **caérsele a uno la sangre** to suffer a drop in blood pressure

cafard *m (Fr)* the blues; **me entró el cafard** I got the blues

cafre *mf* savage

caída fall

caído -da dejected; pendulous

caja box; coffin; chest; cashbox, safe; **caja de cambio** cashbox; **caja de cartón** cardboard box; **caja de muerto** casket

cajón *m* big box; drawer

cal *f* lime

calar to size up, to see through

calcar to trace, to copy

calderilla copper coin; **la calderilla del robo** a piece of the loot

caldo broth

caletre *m* brain, skull; judgment

calidad quality

cálido -da warm

caliente *adj* warm, hot, heated, fiery

calificar to characterize, to describe; to consider; to label

calma equanimity, tranquillity; **en calma** quiet, calm; holding off

calmar to calm; to dispel; to grow calm

calmo -ma quiet, calm

calofriar (í) to send the shivers up and down the spine

calor *m* heat, warmth; love, affection; **hacer calor** to be hot, to be warm; **hacer un calor sofocante** to be stifling

caluroso -sa warm, hot

calvo -va bald

calzada road, highway

calzonazos *msg* softy; **por calzonazos** for being a softy

calzonería softness, easygoing nature

calladamente inwardly

callado -da silent, quiet, hushed

callar to grow silent, to keep silent, to shush; to not mention; *ref* to be quiet, to keep still

calle *f* street; **calle abajo** down the street; **calle arriba** up the street

callejón *m* alley, lane, narrow passage

callejuela side street, alley

camarero waiter

cambiar to change; to exchange; **cambiar de** to change; **cambiar de lugar** to change places; **cambiar de parecer** to change one's mind or opinion; *ref* **cambiarse por** to exchange places with

cambio change; **en cambio** instead, on the other hand, in exchange

camilla round table with heater (**brasero**) underneath

caminante *mf* walker, wayfarer

caminar to walk, to travel; *m* journey; walk

caminata hike, long walk; outing

camino road, way; circuit, route, path; **camino de** on the way to, toward, back to; **camino de su casa** toward home; on the way home; **camino de vuelta** way back; **emprender el camino** to take the road back; **por el camino** on the road

camioneta light truck

camisa shirt; **en mangas de camisa** in shirt sleeves

camiseta undershirt; sport shirt

camisón *m* nightgown

camorra quarrel, row

campana bell

campanada stroke of a bell; ringing of a bell; chiming of a clock; **dar campanadas** to strike

campanilla small bell; doorbell; *(anat)* uvula

campaña campaign

campeonato championship

campesino -na rural, rustic, peasant, country; *m* peasant, farmer; countryman; *f* country girl

campo field; fields; countryside; field of battle; **campos** open country; property

camposanto graveyard, cemetery

canciones de borracho drinking songs

candelabros *mpl* silver candelabra

candente *adj* red-hot, burning

candor *m* frankness

cansado -da tired, worn-out

cansancio weariness, fatigue

cansarse to get tired; to give up

cansinamente wearily

cantante *mf* singer

cántaro jug, pitcher

cante *m* singing; popular song

cantidad quantity

canturrear to hum

caoba mahogany
caparazón *m* shell
capaz *adj* capable, able
capita little cape, cloak; **capita de piel** little fur stole
capón *m* rap on the head (with the knuckle of the middle finger)
capricho caprice, whim
cara face; **cubrirle media cara** to cover half the face; **de cara a** face down on; **echarle en cara a uno** to cast or throw in someone's teeth, to reproach to someone's face; **no poner buena cara** to make a face
caracterizarse to be characterized, to be known
caramba *interj* confound it!; **¡qué caramba!** what the deuce!
caramelo de menta mint drop
carape *interj:* **¡qué carape!** what the deuce! confound it all!
carcajada burst of laughter; **reírse a carcajadas** to roar with laughter; to laugh heartily
cárcel *f* jail
carecer de to lack, to be in need of
carente de *adj* lacking; **carente de matiz** colorless
carga attack; **volver a la carga** to harp on the same subject
cargado -da heavy; overcast; burdened, loaded down; **cargado de** heavy with; thick with
cargo post; **hacerse cargo de** to understand
caricia caress, endearment
caridad charity; alms
cariño affection; darling
cariñoso -sa affectionate, loving; sweet, lovable; playful
carísimo -ma very expensive
carne *f* flesh, body; **carnes** flesh
caro -ra dear, expensive
carrera career; race, racing; **carrera en pelo** headlong flight
carrero driver
carretera road, highway; **carretera adelante** along the main road; **por la carretera abajo** down along the road
carrillo cheek
carro cart, wagon; **carro de bueyes** oxcart
carta letter; missive; playing card
cartel *m* poster
cartera satchel; pouch
cartero letter carrier
cartilla notebook; **cartilla militar** military discharge document
cartón *m* (piece of) cardboard
cartulina fine cardboard; **desde una cartulina** from a picture on a piece of fine cardboard

casa house; home; apartment; **a casa de** at the home of; **casa de campo** cottage; country house; **casa de modas** dress shop; **en casa** at home; **en casa de** at the home, office, shop, etc. of; **la casa propia** one's own house
casado -da married; *mf* married person
casamiento wedding; marriage
casarse (con) to marry
casco hoof
caserío hamlet
casero -ra household
casi almost, nearly; more or less
casilla shack, hut
caso case; **caso de** as in the case of; **hacer caso a** to pay attention to, to mind
castellano -na Castilian; *m* Spanish (language)
castigado -da hard-hit; **está muy castigado** it's strictly against the rules
castigar to punish; **castigarle sin postre** to make him go without dessert
Castillo Puche, José Luis (Yecla, Murcia, 1919). Essayist, novelist, short-story writer
castizo -za real, old-fashioned; choice
casualidad: por casualidad by chance
casualmente by chance, casually
catalogar to list
catástrofe *f* catastrophe
cateto -ta *mf* peasant; villager
cauteloso -sa cautious
causa cause, reason; **a causa de** because of
cavilación worry, brooding
cavilar to worry, to brood over
cayada walking staff
caza hunting; **dar caza a** to persecute, to go after; to be on the lookout for
cazador *m* hunter
cazar to hunt; to capture
cazo dipper, ladle
cebada barley
cebolla onion
ceder to yield
cegador -dora blinding, dazzling
ceguedad blindness
ceja eyebrow; **enarcar las cejas** to raise one's brows; **fruncidas las cejas** with knitted eyebrows
celebrarse to take place, to be held
celeste *adj* celestial
celestial *adj* heavenly
cementerio cemetery
cena dinner, supper; **la Cena** the Last Supper
cenar to have dinner, to have supper
ceniciento -ta ash-gray, ashen
cenit *m* zenith

ceniza cinder, ash; **de color ceniza** ash-colored
centenar *m* hundred
céntimo *m* hundredth; centime
centinela *mf* sentinel, sentry; **estar de centinela** to be on outpost duty
centrar to be the center of
céntrico -ca downtown
ceñido -da close-fitting, tight, svelte
ceño frown; **fruncir el ceño** to wrinkle one's
brow
cepillo brush
cera wax; **sacar cera a** to wax
cerca nearby, close; **cerca de** close to, near
cercanías vicinity; **trenes de cercanías** local
trains to nearby towns
cercano -na near, nearby, neighboring
cercar to surround, to encircle
cerdo hog; **el más cerdo** the biggest swine of
all
ceremonioso -sa formal
cerradura lock
cerrar (ie) to close, to lock; **barba cerrada**
thick beard; **cerrar la comitiva** to bring up
the rear; *ref* to close in
cerril *adj* rough, untamed; **estas cerriles** these
country girls
cerrojillo small bolt or latch
certeza certainty; **tener certeza** to be sure
Cervantes Saavedra, Miguel de (1547-1616).
Spanish novelist, playwright, short-
story writer, & poet, creator of Don
Quixote (sublime in his faith in the
nobility of human nature) and Sancho
Panza (the credulous but shrewd and
realistic peasant chosen by Don Quixote
as his squire)
cerveza beer
cesar to stop; **cesar de** + *inf* to cease + *ger*
cesta basket; **cesta de la merienda** picnic
basket
cesto hand basket
cicatriz *f* scar
ciego -ga blind; *mf* blind person
cielo sky; firmament; outside world; **sobre
el cielo de la ciudad** high over the city
cien, ciento hundred, a hundred
cierto -ta certain, sure, true; **cierto que**
of course; **estar en lo cierto** to be right,
to be correct; **lo cierto** what is certain
ciervo deer, stag
cifra amount, figure; cost, price
cigarrillo cigarette
cigarro cigarette
cigüeña stork
cima summit, mountain top
cinc *m* zinc

cincuentón -tona in one's fifties
cine *m* movie, movies
cinematográfico -ca Hollywoodish
cinematógrafo motion-picture theater
cíngaro -ra gypsy; *mf* gypsy, zingaro
cínico -ca cynic, cynical; *mf* cynic
cinismo cynicism; impudence
cinq *(Fr)* five
cinturón *m* belt
ciprés *m* cypress *(a death symbol, like the
cedar and the weeping willow)*
cirio wax candle
cisco uproar; **se armó un cisco tremendo**
a terrible row arose
cita quotation
ciudad city
ciudadano -na *mf* citizen
clamar to clamor, to cry out; to moan
clandestinidad secrecy, underhandedness,
deception, duplicity
clara de huevo white of egg
claridad glow, light; clearness; **con claridad**
clearly
claro -ra clear, light, bright; cheerful; **¡claro!**
of course!, sure!; **claro que (sí)** of course;
m clearing; light; **claro de luna** brief moon-
light
clase *f* class; kind
clavar to stick; to bite; to fasten, to fix (eyes);
clavar los ojos to stare; **ojos abiertos
clavados en la oscuridad** eyes staring into
the darkness; *ref* to get stuck; **se le clava
en la espalda** there is pressing into her back
clavija pin, peg; **apretar las clavijas** to show
(someone) who's boss
claxón *m* klaxon, horn
cliente *mf* customer
cloaca sewer
cobarde *adj* cowardly
cobrar to acquire; to take on; to gather, to
collect, to get paid; **cobrar ánimos** to cheer
up, to take heart
cobre *m* copper
cocer (ue) to cook; to boil
cocina kitchen
cocinera cook
cock-tail *m* cocktail; cocktail party
cóctel *m* (*pl* cócteles) cocktail; cocktail party
coche *m* carriage, coach, car
codo elbow; **por los codos** at the elbows
coger to pick, to pick up; to seize; to catch;
to grab; to receive; **cogido a** hanging onto;
ref **cogerse a** to grab hold of; **cogerse un
pellizco** to get stuck; to get nipped
cohibido -da self-conscious
cojo -ja lame; *mf* cripple

cola tail; **hacer cola** to get in line

colar (ue) to strain; *ref* to seep; **colarse en** to slip in; **colarse por** to penetrate

colcha bedspread, quilt

colchón *m* mattress

coleccionar to store up, to collect

colegio school

coleóptero beetle

colgado -da de hanging from, hanging onto

colgar (ue) to hang, to hang down; **colgándome del cuello** placing around my neck; **colgar del revés** to hang backwards or wrongside out; **colgar nidos** to build nests

colilla butt, stub

colmar to fill, to saturate

colocación job; **lo de mi colocación** the matter of my job

colocar to put, to put back; to set; **estar colocado** to have a job; *ref* to get a job

colonia cologne; suburban housing and apartment development

color de carne flesh tone; **color (de) miel** honey-colored

colorado -da colored; red; colorful; lively

colorido color, coloring

columpio swing (for two, often with a little awning)

collar *m* necklace; **collar de cuentas** string of beads

comediógrafo -fa *mf* playwright

comedor *m* dining room

comemuertos: gusano comemuertos graveyard maggot

comentar to comment on; to make small talk

comentario comment, chit-chat, gossip

comenzar (ie) to begin; **comenzar a aprender a volar** to try to fly for the first time

comer to eat; to be well fed

comerciante *mf* trader

comestible *m* food, provisions

cometer to commit

cometido assignment, job, duty

comida meal; dinner; food

comienzo beginning

comitiva procession

como as, as if; so to speak, as it were; a sort of; the like of which; like, as though, that, so that, since; **así como** as, just as, as well as; **como de cinco años** about five; **como jamás se cruzara con ella** the like of which had never crossed her path; **como para** in order to be able to; so as to; **como si nada** as though it were nothing at all; **como un (una)** a kind of; **como usted diga** just as you say

cómo how, why, what; **¡cómo y que si estoy!** of course I am!; **después de cómo** after the way; **ya verás cómo no revienta** he won't burst, you'll see

cómoda chest of drawers, bureau

comodidad convenience; comfort

cómodo -da at ease, comfortable

compadecido -da filled with pity

compañero -ra *mf* companion, colleague

compás *m* beat; **al compás de** to the music of

compasivo -va compassionate, tender, pitying

compensar to compensate, to compensate for; to even up, to offset, to balance

complacencia complacency, satisfaction, pleasure

complacerse to take pleasure, to delight

completar to finish, to top off; **le completaba y le compensaba** made him more of a man and recompensed him

completo -ta complete, full; **por completo** completely

complicidad conspiracy

componerse el peinado to arrange one's hair

comportamiento behavior

comportarse to behave, to act, to handle oneself

composición: jefe de la composición train foreman

compostura good behavior; decorum

compra purchase; **hacer algunas compras** to do some shopping; **salir de compras** to go out shopping

comprar a to buy for

comprender to understand

comprensión comprehension, understanding

comprensivo -va understanding, perceptive, discerning

comprobar (ue) to ascertain

compromiso commitment; engagement; **por compromiso** as a promise

común *adj* common; **amigos comunes** friends in common; **de los comunes** of those in common

comunicarse to give of itself, to transmit itself

con with; by; in; **con que** and so; so then; so that's it; **con tal que** provided that; **para con** toward

concebir (i) to conceive

conceder to grant, to bestow

concentrarse to make an effort

conciencia awareness, consciousness; **tener conciencia de** to be conscious of; **tomar conciencia de** to become aware of

concienzudo -da conscientious

conciliador -dora conciliatory

conciliar el sueño to fall asleep, to get to sleep
concluir por to end up by
concreto -ta definite
concurrido -da crowded
concurso contest
condenado -da *mf* poor wretch
condición circumstance; requirement; occupation; station
conducir to lead
conejo rabbit
conexión connection
confeccionar to put together
conferencia lecture
conferenciante *mf* lecturer
conferir (ie, i) to bestow
confianza trust, confidence
confiar (í) to confide; to trust; *ref* to trust; **confiarse con** to reveal one's thoughts to
confidente *mf* confidant; true friend
conformarse con to be satisfied with, to resign oneself to; **acabó por conformarse** finally gave in
conforme as, in proportion as
confortador -dora comforting .
confundido -da rattled, confused; humbled
confundir to confuse; *ref* to blend
confusamente by accident; confusedly; in confusion
confusionar to perplex, to disconcert
confuso -sa confused, upset, perturbed
congoja anguish; **le ganó una congoja dulce** an aching tenderness swept over him
conjetura conjecture, guess
conjunto *(theat)* chorus; **señorita de conjunto** chorus girl; ensemble
conmigo with me, toward me
conmutador *m* light switch
conocer to know; to be familiar with; to meet; to get to know; to recognize
conocido -da known, familiar; *mf* acquaintance
conocimiento knowledge
consagrarse to devote oneself
consciente *adj* conscious
conseguir (i) to get, to obtain; to bring about; to make; to achieve, to reach; **conseguir + inf** to succeed in + *ger*; **conseguir que + subj** to get someone to do something; **conseguir una venta** to make a sale
consejo advice, counsel; council
consentido indulgent husband
consentir (ie, i) to consent, to permit
conservar to preserve, to keep
consigo with him, with himself, etc.; **hablar consigo** to speak to oneself
consistir en to consist of

consolar (ue) to console
constante *adj* steady
constar to be clear
constituir to constitute
construir to build, to construct
consuelo consolation, comfort
consulta consultation, interview
consumición drink (in bar, etc.)
contabilidad bookkeeping department
contar (ue) to tell, to relate; **contar con** to count on; **contad conmigo** count me in
contemplar to look at, to stare at, to observe, to eye
contener to hold back; *ref* to catch oneself, to restrain oneself
contestación answer
contestar to answer
contiguo -gua contiguous
continuado -da continual
continuar to continue; **continuar + ger** to continue + *inf*, to continue + *ger*
contorno contour
contra against; at; contrary to; facing; **en contra de** against
contradecir to contradict
contraído -da tense
contrariar (í) to annoy, to upset, to provoke
convencer to convince; *ref* to become convinced
conveniente *adj* desirable, proper
convenir to suit, to be suitable, to be necessary, to be important, to be good
conversación: conversación de sobremesa table talk; **dar conversación a** to butter up
convertir (ie, i) to convert, to change; **convertirse en** to become, to turn into, to change into
convexidad roundness
convidar to treat; **convida al caballero** offer the gentleman a glass of wine
convivir to live together; **conviviera** had lived with
convulso -sa convulsed, shaking, pounding
coñac *m* cognac
copa glass, goblet, wineglass; drink; *(sport)* cup; treetop
copiar to copy
copita small glass; small drink; shot
copudo -da thick-topped
coqueta coquettish; *f* flirt, coquette
coquetuelo -la coquettish
corazón *m* heart
corbata tie
cordón *m* cord; **cordón de la campanilla** doorbell pull

coro chorus; **a coro** in chorus
corpóreo -a bodily, physical
corpulencia or **corpulencias** plumpness
corpulento -ta thick, big and round
corral *m* corral, yard; cattle pen; **al pie de los corrales** at the corrals
corralón *m* big yard
corrección propriety
corredor *m* corridor
correo mail; post office; **tren correo** mail train
correr to run; to fly; to draw aside (a curtain); **atravesar corriendo** to run through; to run across; **correr por** to stream down; *ref* **correrse una juerga** to go on a spree
corresponder to correspond; **no corresponder a** to not be within the province of; to not concern
correspondiente *adj* respective; proper; **correspondiente a** corresponding to
corresponsal *mf* correspondent
corriente *adj* current, common, well-known; *f* current, electric current; stream; **lo corriente** the usual thing, what anyone knows
corro circle, group, cluster; ring-around-a-rosy *(children's dance)*
cortar to cut; to cut short; **cortar el paso** to block; to step in front of; to cut off; *ref* to be cut off, to be stopped suddenly
corte *m* cut, trimming; piece of material; fit (of garment)
cortedad bashfulness, timidness
cortejar to escort; to court; to walk with
cortés *adj* polite
cortesía courtesy, attention
corteza peel; bark; rind; crust
cortina curtain
cosa thing; matter; **es poca cosa** it's nothing; **hablaban de sus cosas** they would discuss their affairs; **la cosa es que** the important thing is that; **las cosas de la casa** housework; **no era cosa de retrasarse** one could not afford to be late; **otra cosa** something quite different
cosecha harvest, crop
cosquillas *fpl* ticklishness; **hacer cosquillas a** to tickle
cosquilleo tickling, tickling sensation
costado side (of human body)
costar (ue) to cost; to take; **costar + inf** to be hard to + *inf*; **le costaba moverse** it was hard for it to move
costumbre *f* custom; regular habit; **como de costumbre** as usual; **de costumbre** usual; usually, as usual

costura sewing
cráneo skull
creador -dora creative; *mf* creator
crecer to grow; to grow up, to get stronger
creces *fpl* increase; **con creces** amply
creciente *adj* growing stronger; swelling; increasing; quicker
creer to believe, to think; **creyera** had believed; **no creas** don't misunderstand me; **no creas; ellos tampoco deben de ser felices** don't think for a minute they're happy either; **que crea** let him think; **ya lo creo que** indeed, I should say
crepúsculo twilight
cresta crest, top
criada servant; maid; housemaid
criar (í) to raise, to grow
criatura child; kid
criaturita poor little thing
crimen *m* crime
crío *m (coll)* baby, infant
crispado -da convulsive, rigid
crisparse to twitch; to tremble
cristal *m* crystal; glass, pane of glass, window; mirror; *(fig)* sparkle; **cristal del cielo** crystal dome of the sky; **cristales** windows, windowpanes; sky; hand-cut crystals; **lámpara de cristalitos** lamp with little hanging glass crystals
cristianamente as a Christian; Christianly
crítica criticism; **crítica propia** self-criticism
crónica news chronicle; feature story
cruce *m* crossed wires
crudo -da raw; **en crudo** uncooked
crujir to crunch
cruzar to cross; *ref* **cruzarse con** to cross paths with, to meet; **se cruzara** had crossed
cuaderno notebook
cuadra stable; stall
cuadrilla group, crew, team
cuadro picture; square patch; **a cuadros** checkered
cuajarse to take shape; **se le cuajó en el corazón** there welled up in his heart
cual which, like a; **cada cual** each one; **cual si** as if; **el cual** who; **lo cual** which
cuál which, what, which one
cualquier, cualquiera anyone; whichever, whoever; any, any at all; **¡cualquiera sabe!** who knows?; **cualquier avión** some plane or other; **cualquier día** any day now; **de cualquier manera** in any way whatsoever
cuando when; whenever, as, in case that; at the time of; when all would be; **aun**

cuando even though; **cuando lo de** in the days of, in the time of; **cuando lo de la guerra** at the time of the Spanish Civil War (1936-1939); **cuando lo de mi madre** in my mother's case; **cuando sea** any time you say; **de cuando en cuando** from time to time; **para cuando** by the time

cuanto -ta as much as, whatever; all that which; **cuanto antes** on the double, as soon as possible; **cuanto le sirvieran** all she was served; **cuantos -tas** how many, as many as; **en cuanto** as soon as; **en cuanto a** with regard to, as to, as far as; **en cuanto que** as soon as; **todo cuanto** all that which; **unos cuantos** a few

cuartel *m* barracks

cuarto room; apartment; copper coin; quarter hour; quarter, fourth; **cuarto de estar** living room; **cuarto de los mozos** men's sleeping quarters; **cuartos** money, cash; **cuartos traseros** haunches, hindquarters

cubierta shoe (of a tire), casing

cubierto -ta *pp* of **cubrir**; covered; *m* place setting of silver; **pequeño cubierto** dainty sterling tea service

cubre *m* blanket, coverlet

cubrir to cover; **cubrir de** to cover with

cuchichear to whisper; **cuchichear entre risas** to whisper and laugh

cuchicheo whisper, whispering

cuchillo knife

cuello neck; collar

cuenca socket (of eye)

cuenta count, account, record; bead (of rosary); **ajustar cuentas** to settle accounts; **arreglar cuentas** to settle up; **darse cuenta de** to realize, to become aware of; **echar cuentas** to go over household accounts; **hacer cuentas** to keep accounts; **hacer la cuenta** to keep account; **llevar cuentas** to keep accounts; **pedir cuentas** to bring to account; to ask for household money; **por su cuenta** for oneself, on one's own; **sacar la cuenta de** to count up, to estimate; **tener en cuenta** to take into consideration; **tomar en cuenta** to take into account

cuentista *mf* short-story writer

cuento tale, short story

cuerda cord, rope; string

cuerdecita small piece of string

cuerno horn

cuero leather

cuerpo body; group; **sin cuerpo** ethereal

cuesta hill; **a cuestas** on one's back; **cuesta arriba** uphill

cuestión question, matter; dispute; enquiry; **no es cuestión de que** there's no reason that; **será cuestión de** it's probably time to

cuestionario questionnaire

cueva cave

cuidado care, trouble, concern; **con cuidado** carefully; **¡cuidado!** take care, watch out; **tener cuidado con** to beware of, to watch out for

cuidadoso -sa careful

cuidar to care for, to watch over, to mind; **cuidar de** to take care of

culebra snake

culminante *adj* supreme, critical

culo backside, rump

culpa blame, fault, guilt; misconduct, wrongdoing; **tener culpa de** to be to blame for

culpable *adj* guilty

culpar to blame; *ref* to blame oneself

cultivado -da educated

cultivo cultivation

cumbre *f* summit, peak, mountain top

cumplir to fulfill, to finish, to complete (military service); **a los 36 años cumplidos** already 36; **cumplir . . . años** to be . . . years old; **cumplir con** to fulfill; *ref* to come true, to be fulfilled

cuna cradle

cuñado brother-in-law

cura *m* curate, priest

curar to cure, to heal; to recover, to get well

cursar to take, to attend; to study

cursi *adj* loud, flashy, cheap, vulgar; common

curtido -da tanned; weather-beaten; seamed

curtir to tan (leather)

cuyo -ya whose; of which

CH

chaca, chaca *(rr)* clickety-clack

chacal *m* jackal

chaleco vest

champaña *m* champagne

chapa plate; **letrero de chapa** metal sign; sign plate

chaqueta jacket, coat; **chaqueta de punto** knitted jacket

charca pool; pond

charco puddle

charla chat, talk, chatter

charlar to chat, to talk

charol *m* patent leather

charretera gold epaulet

chasco disappointment

chasquido clack, click, smack

chérie *(Fr)* my dear, darling

chi *(It)* who, the one who

chico -ca small, little; *m* lad, boy, young man;
   f lass, little girl; girl, young lady

chillar to scream, to shriek

chinchorrería annoyance; nagging

chino -na Chinese

chiquillo youngster, little fellow; **chiquillos**
   little children

chirriar (í) to creak, to squeak

chispa spark, sparkle

chispear to sparkle with

chisporroteo sputtering

chiste *m* joke, jest

chocar to upset, to annoy; to shock; to
   collide; to surprise; **chocar por inusitado**
   to strike as usual; **las palabras chocan entre
   sí** the words are all jumbled together

chófer *m* driver; truck driver

Chopin, Frédéric François Polish-French
   pianist and composer (1809-1849)

choque *m* shock, impact; thump; jolt, bomb-
   shell

chorrear to drip, to trickle; to gush, to spurt

chorrito flow *(of water);* spurt, jet, spout

chorro spurt, flow, jet

chuchería knickknack, trinket

chupada puff, pull *(on cigar)*

chupado -da skinny

chupar to suck; to drain, to draw, to pull

churrero -ra *mf* doughnut maker or seller

churretón *m* big smudge, large dirty spot

churro fritter, doughnut

D

dado -da given; **dado que** considering, as long
   as

Danubio: El Danubio azul The Blue Danube
   (1867), the famous waltz by Johann
   Strauss, the Younger (1825-1899)

danzar to dance

dañar to harm, to hurt, to wound

daño damage, harm; **hacerse daño** to hurt
   oneself

dar to give; to cause; to hit, to strike; to
   produce, to yield; to inspire, to excite; to
   take (a puff); **a ti qué más te da** what does
   it matter to you; **como si fuera a dar un
   salto** as if poised to spring; **dar a** to open
   upon, to face, to lead to; **dar con** to find,
   to locate, to discover; **dar conversación a**
   to butter up; **dar de comer** to feed; **dar
   gusto** to be pleasant; **dar igual a** to not
   make a difference to; **dar la espalda a** to
   turn one's back on; **dar la mano** to extend

one's hand; **dar algunas largas a uno** to put
someone off a few times; **dar las gracias a**
to thank; **darle a uno la gana** or **(las) ganas
de** to feel like; **dar lo mismo a** to be all the
same to; **dar más guerra** to not give (someone) a moment's peace; **dar pena** to be
painful, to pain, to grieve; **dar por terminado** to consider closed; **dar pruebas** to
give proof; **dar sueño** to lull to sleep; **dar
tumbos** to knock about; **dar una voz** to
shout; **dar un brinco** to leap, to jump; **dar
unos pasos** to take a few steps; **dar un
paseíto** to take a stroll; **dar un portazo** to
slam (the door); **dar un salto** to jump; **dar
vergüenza** to shame; **dar voces** to call out;
le dio algunas largas she put him off once
or twice; **no más dadas las cinco** as soon as
it had struck five; **sus labios daban un
poco de miedo y un poco de alegría** her
lips bore a touch of fear and a touch of
joy; **todo lo que le dé la real gana** anything
he pleases; *ref* to occur, to be found; **darse
cuenta de** to realize, to be aware of; **darse
de** to apply, to smear on; **darse lo mismo**
to be the same; **darse por** to be considered
as; **darse prisa** to hurry up; **darse vergüenza**
to be bashful, shy, or embarrassed; **hasta
que se le diese la gana** to his heart's
content

dardo dart; flash

de of; from; away from; with; about; as, as a;
   concerning; in; since; by; **de . . . en** from
   . . . to; **de por** down around, near; **de
   quedarse** if she stays; **el fotógrafo del
   caballo** the photographer with the horse

debajo de underneath

debatirse to struggle

deber to owe; to have to, ought to, must,
   should; **deber de** must, most likely, ought
   to; **debía haber llegado** must have arrived;
   debía tener la misma edad must have been
   the same age; **debió sentirse muy solo** he
   must have felt very lonely; **no debía
   pasarle nada** nothing ought to be wrong
   with her; **no debió esperar** he oughtn't to
   have waited; **no debió estar acertado** he
   mustn't have been right, he mustn't have
   said the right thing; **no lo debías haber
   hecho** you shouldn't have done so; **se le ha
   debido quedar señalado** must have become
   branded; **todo ello se lo debía** he owed it
   all; *ref* **deberse a** to be due to; *m* duty;
   debt

debido -da due; proper, fitting; **el billete
   debido** the right ticket

débil *adj* weak, feeble

debilidad weakness; mistake

decente *adj* decent, proper; modest; honorable

decepción disappointment

decepcionar to disappoint, to let down

decididamente decidedly

decidido -da determined; **decidido a todo** ready for anything

decidir to decide; *ref* to take a stand; **decidirse a** to decide to

decir to say, to tell, to speak; to call, to name; to mention, to indicate, to show; **como usted diga** whatever you say; **decir a gritos** to shout; **decirle a todo amén** to agree with everything she said; **decir que sí, que claro** to say yes, of course; **digámoslo así** so to speak; **usted dirá** what'll you have?; *ref* to be called; **se diría de oro** seemed golden; *m* saying

declaración proposal

declararse to propose; to declare one's intentions

decorativo -va full of pictures

decurso passing; course (of time)

dedicarse to devote oneself

dedo finger

defender (ie) to defend

deferencia: tener deferencias to be formal

definir to define, to describe

definitivo -va definitive; **en definitiva** in short, after all

deformar: fue deformando began to transform

defraudar to spoil; to defeat

dehesa pasture land; **no perder el pelo de la dehesa** to still have that country look

dejáila *see* **dejar**

dejar to leave; to leave behind; to break off, to leave off; to drop off; to allow, to permit; to bequeath; **dejáila** [*(dial)* for **dejadla**] **que muera** let her die; **déjale que duerma** let him sleep; **dejar + *inf*** to let + *inf*; **dejara** had left; **dejar a** to leave with; **dejar a deber** to leave owing; **dejar a medias** to leave half done; **dejar caer** to drop, to let fall; **dejar de + *inf*** to stop or cease + *ger;* **dejar en suspenso** to leave off, to stop; **dejar lugar a** to allow time for, to give room for; **dejar paso a** to let someone go by; **no dejar de + *inf*** to not fail to + *inf*; **sin dejar de mirarla** without ceasing to look at her, keeping his eyes on her; *ref* **dejarse + *inf*** to allow oneself to + *inf*, to allow oneself to be + *pp;* **dejarse caer** to sit down, to fall, to plump down, to flop down, to let oneself fall; **dejarse coger** to let (itself) be

caught; **dejarse engañar** to allow oneself to be fooled; **dejarse sentir** to make itself felt

delantal *m* apron

delante in front, before, ahead; **delante de** before, in front of; **delante mismo de** right in front of; **por delante de** in front of; **un rato por delante** a few moments to wait

delantero -ra front

delatar to reveal

deleite *m* delight

deletrear to spell, to decipher

delgado -da thin, slender, delicate; sharp

delgadísimo -ma: una delgadísima quebradura a tiny little crack

delgadito -ta skinny

delgaducho -cha rather thin, lanky, skinny

delito crime

demás other, rest of the; **lo demás** the rest; **los demás** other people; **por lo demás** besides

demasiado -da too much; *adv* too much, too hard; **demasiados -das** too many

demonio devil; **¿qué demonios se había hecho en las cejas?** what the devil had she done to her eyebrows?

demorar to delay

demostrar (ue) to demonstrate

demudar to change, to alter

denotador -dora indicative of, denoting, the mark of

denotar to express, to show, to exhibit

dentro inside, within; **dentro de** inside, within; **dentro de un rato** shortly, in a little while; **por dentro** inwardly, on the inside

deparar to present, to provide, to furnish; to afford

departamento *(rr, Europe)* six- or eight-passenger compartment; **departamento de segunda** 2nd class compartment

depender de to depend on or upon

dependiente *mf* employee, clerk

depositar to place

depósito depository

depuración purification

derecha *f* right hand, right-handed side

derecho -cha right; *m* law, right; **no hay derecho** it's not right

derramar to pour, to spill; *ref* to run over, to spill out, to spread out, to overflow

derredor: en derredor around, round about; **en derredor suyo** round about one

derrota defeat, rout

derrumbarse to collapse, to crumble, to cave in; to shatter

desacostumbrado -da unaccustomed; unusual

desafiante *adj* unyielding; challenging
desafío challenge
desagradable *adj* unpleasant, offensive
desahogarse to let oneself go, to pour forth one's feelings
desaliento discouragement; faintness, weakness, low spirits; discouraging feature
desalmado -da soulless, cruel, inhuman
desalquilado -da unrented, vacant
desamparado -da forlorn, abandoned; helpless
desamparar to forsake, to abandon
desamparo helplessness, lack of protection
desánimo discouragement, low spirits
desaparecer to disappear, to vanish
desarmante *adj* disarming
desarrollar to unfold, to develop
desarrollo development
desasosiego uneasiness
desayuno breakfast
desazón *f* displeasure, annoyance
desazonar to displease, to annoy
descalabradura wound, bump; cut
descalzo -za barefoot
descansado -da rested, refreshed
descansar to relax; to set down, to put down
descanso rest; **estar de descanso** to have the day off
descargar to put down
descaro brazenness, effrontery
descender (ie) to lower; to descend, to go down, to come down
descolgar (ue) to take off, to lift off; to take down
descomponer to upset; **descomponerle el gesto a alguien** to shake someone's composure
descompuesto -ta gusty, boisterous
desconcertar (ie) to disturb, to upset, to bewilder
desconfianza distrust
desconocer to not know, to be ignorant of
desconocido -da unfamiliar, unknown; *mf* stranger
desconsiderado -da inconsiderate
desconsuelo grief, sorrow
descontento discontent, uneasiness
descorazonado -da disheartened, discouraged
descubierto -ta *pp* of **descubrir**; uncovered, bare; found out, discovered
descubridor -dora *mf* discoverer
descubrir to discover; *ref* to be discovered; **se le descubría** he discovered
desde since, from; after; **desde fuera** from the outside; **desde luego** of course; **desde pequeños** from childhood; **desde que** ever since
desdén *m* scorn; contempt; **con desdén** contemptuously
desdibujado -da blurred, half worn away
desdichado -da miserable, unfortunate
desdolido -da tireless, uncomplaining
desear to wish, to desire
desechar to discard
desempeñar to play *(a rôle)*
desencajar to dislocate; *ref* to become distorted
desenlace *m* outcome; dénouement; **desenlace inesperado** surprise ending
desentumecerse to become less numb
desenvoltura boldness, free and easy manner
desenvuelto -ta *pp* of **desenvolver**; free and easy, daring
deseo desire, wish
deseoso -sa desirous
desequilibrar to unbalance
desesperación despair; agony, despondency
desesperado -da desperate, hopeless, forlorn; **a la desesperada** hopelessly, despairingly
desesperanza despair, hopelessness
desesperar to drive to despair, to exasperate; *ref* to be desperate
desfachatez *f* impudence, brazenness
desfigurar to change, to alter
desgana reluctance; **a desgana** unwillingly
desgarrar to tear, to rend
desgracia misfortune; bereavement
desgraciado -da unfortunate, unhappy, unpleasant; **son un par de desgraciados** they're just a couple of poor wretches
desgranarse to splatter, to splash
deshacerse to melt
deshecho -cha *pp* of **deshacer**; undone, decomposed, broken apart
deshilachado -da frayed, shredded
desierto -ta deserted; *m* desert
desilusionarse to be disappointed; to become disillusioned
desinflar to deflate, to let off steam, to go flat (like a tire); to expire; **la locomotora se desinfla** the locomotive blows off steam
deslizamiento rush, race
deslizar to slip, to slide; to slip in, to let slip; to slither; *ref* **que se iba deslizando poco a poco hacia** which was slowly, little by little, sliding toward
deslumbrante *adj* dazzling
desmedido -da huge, cyclopean
desmelenado -da disheveled
desmesuradamente excessively
desmontes *mpl* cleared land
desnudarse to undress
desnudo -da bare, naked; empty
desolador -dora desolating

desorientar to confuse, to fluster
despaciado -da spaced, halting
despacio *adv* slow, slowly
despachar to sell, to attend to, to wait on (a customer); to decide
despacho office; study, library; store, shop
desparpajo pertness, self-assurance; sauciness
despavorido -da frightened
despecho despair; dejection; indignation
despedida leave-taking, farewell, parting
despedir (i) to dismiss, to see someone off; to give out, to give forth; **despedir un olor a** to smell of; **pues quedamos despedidos** well, this is good-bye then; *ref* to say good-bye, to bid each other farewell; **despedirse de su empleo** to quit or give up one's job
despegar to loosen, to unseal
despeñarse to fall headlong
desperezarse to stretch lazily
despertar (ie) to awaken, to arouse; *ref* to wake up
despido dismissal
despierto -ta wide-awake; awakened
despintado -da colorless; without make-up or rouge; with the paint washed off; smeared
desplazar to shift
desplegar (ie) to unfold, to display
desplomar to fall, to collapse; *ref* **se desplomó pesadamente** dropped heavily
despojarse de to take off, to divest oneself of
despreciar to scorn, to mock
desprecio scorn
desprender to emit, to give out, to loosen; **estrella desprendida** falling star; *ref* to be given off; to be clear from, to be deduced from
despreocupado -da unconcerned, unworried
destacar(se) to be outstanding; to stand out
destartalado -da run-down, shabby
destellar to sparkle, to flash, to glitter
destinado -da destined, intended, reserved
destinar to destine, to address, to assign
destino fate; destination
destreza skill, dexterity
desvaído -da faded; pallid; haggard; emaciated
desván *m* garret, loft
desvanecerse to disappear, to vanish, to evaporate
desvelar to wake up; to keep one awake; *ref* to stay awake; to be revealed
desvelo vigil, watching; anxiety, concern
desvencijado -da falling apart
desvergüenza shamelessness
desviar (í) to turn away, to change the direc-

tion of; **sin desviar los ojos** without shifting her gaze
desvirtuar to impair, to weaken; to deaden; to dampen
detalle *m* detail
detener to stop, to check; *ref* to pause, to tarry; to stop
detenidamente attentively, carefully
detrás behind; **detrás de** behind, on the other side of; **por detrás** at the back, from the back
deuda debt
devolver (ue) to hand back, to return; to respond to
di *impv* of **decir**
día *m* day; daylight; **al día siguiente** on the following day; **a los pocos días** after a few days; **día(s) a día(s)** day by day; **día de asueto** day off; **día de fiesta** holiday; **era lo de cada día** it was just like any other day; **todo el día** the entire day; **todos los días** every day; **un día es un día** a day out is a day out
diablo devil; **¿qué diablos de traje llevaba?** what kind of weird outfit was he wearing?
dialogar to talk, to converse
diálogo dialogue
diamante *m* diamond; **con diamantes** diamond-studded
diario -ria daily; *m* daily (paper); **a diario** daily
dibujar to outline, to trace; to reveal, to show
dictadura dictatorship
dicha happiness
dicho -cha *pp* of **decir**; said; **dicho y hecho** no sooner said than done; **mejor dicho** rather
diente *m* tooth
diferencia difference; discrepancy; **hacer la diferencia** to charge extra; to collect the difference
difunto -ta (recently) deceased; **para los Difuntos** by All-Souls Day
difuso -sa diffuse; distant
digestivo -va: vías digestivas digestive track
digno -na worthy, dignified, fitting, suitable
dilatado -da dilated
diluirse to dissolve, to melt away
diminuto -ta minute
dinerillo allowance
dinero money; wealth
Dios *m* God; **¡Dios santo!** Good Lord!; **¡por Dios!** goodness!, for heaven's sake
diputación Provincial Administration
dirección direction; address
directo -ta direct, straight
dirigirse to go, to turn, to address oneself; *ref*

dirigirse a to head for, to turn to; to address, to start out to

discreción: con discreción discreetly

disculpa excuse; **poner una disculpa** to excuse oneself

discusión discussion, talk

discutir to discuss, to argue

disecar to stuff (dead animals)

diseminar to scatter

disfrutar to enjoy

disgustar to displease; *ref* to become displeased

disgusto dissatisfaction, vexation, annoyance; trouble, sorrow; grief; quarrel; **le puede dar un disgusto** he can get into trouble; **no te vaya a dar un disgusto** careful or he'll let you have it

disimulado -da furtive, sly

disimular to cover up; to disguise; to hide one's feelings

disipar to dispel, to drive away

disminuir to diminish, to decrease

disolverse (ue) to dissolve

disparar to hurl, to throw; to shoot

disparatado -da nonsensical, absurd, awful

disperso -sa scattered

displicencia coolness, loftiness

disponer to dispose, to arrange, to decide; to rule, to decree; **dispongo de algunos ahorrillos** I've put aside a little; *ref* **disponerse a** to get ready to

dispuesto -ta *pp* of **disponer**; ready, prepared

disputa quarrel, misunderstanding

disputarse to fight over

distanciamiento restraint, reserve, unresponsiveness

distinción distinction, difference

distinguido -da refined

distinguir to distinguish, to set apart; *ref* to be outstanding

distinto -ta (a) different (from)

distraer to amuse, tó entertain; to perplex, to bewilder; *ref* to have a good time, to amuse oneself; to let one's mind wander

distraído -da absent-minded, inattentive, indifferent; **distraído por una idea fija** gripped by a single idea; **le dieron unas manos distraídas** they shook hands with her absent-mindedly

distribuir to distribute, to spread

divagador -dora momentary, digressing

diván *m* sofa

diversión amusement

diverso -sa different; **diversos -sas** several, various, many

divertido -da amusing, amused

divertir (ie, i) to amuse; *ref* to have a good time

dividirse to separate, to split up

divisar to see, to catch sight of

doblar to bend, to fold, to fold up; **doblar la esquina** to turn the corner; *ref* to bend, to double over; to double up; to stoop

doce ochenta: doce pesetas, ochenta céntimos

docena dozen

docenicas: hacer docenicas to group in clusters of twelve

dócil *adj* shapeless

doctorarse to get the doctor's degree

documentación identification papers

doler (ue) to hurt, to ache, to pain; **le dolía** made him ache; *ref* to complain

dolor *m* ache, pain, grief, sorrow, anguish; suffering; **dolor interno** deep anguish

doloroso -sa grievous, aching, agonizing, painful

domador -dora *mf* tamer, subduer

dominador -dora masterful

dominar to control, to block out; to possess

dominio control

dominó *m* domino; **una ficha de dominó humana** a human domino piece

doncella housemaid, maid, girl; **estar de doncella** to work as a housemaid

donde where; **en donde** in which; **Juan fue donde Rogelio** Juan went over to Rogelio; **no había donde** there was no place; **volvió donde ellos** he came back to them

dónde where; **a dónde** where; **hasta dónde** to what extent; **mirad por dónde viene** look there coming this way

doquier, doquiera whatever

dorado -da golden, gilded, bronzed; **dorado por el sol** turned golden under the sun

dorar to gild

dormido -da asleep

dormir (ue, u) to sleep; *ref* to fall asleep; **ini que te hubieras dormido!** my, are you hard of hearing

dormitar to doze, to take a nap

dormitorio bedroom

dorso back

dos: horas que parecían resbalar de dos en dos hours that dragged on and on and seemed two hours long

ducha shower

duda doubt; self-accusation

dudar to doubt; to hesitate; **dudo de hallar** I doubt I can find

dulce *adj* sweet; soft, gentle; pleasant, delightful; refreshing

dulzón -zona sweetish

dureza harshness; **¡qué dureza!** how unbearable!

duro -ra hard; stern; unfeeling; harsh, rough, unbearable; *m* coin worth five pesetas

E

ea *interj* come!, let's go!

echar to throw, to cast; to expel; to drive away; to whip; to throw away; **echar a +** *inf* to begin to; **echar a andar más flojo** to begin to slow down; **echar abajo** to cut down; **echar buen pelo** to get hard as nails; **echar cuentas** to go over the accounts; **echar de comer** to feed; **echar de menos** to miss; **echar de ver** to notice; **echar en cara** to reproach, to cast up; **echar en falta** to miss; **echar la cabeza hacia atrás** to throw one's head back; **echar la culpa a** to cast the blame on; **echar la siesta** to take a nap; **echar mano a** to seize; **echar su cuarto a espadas** to put in one's two cents worth; **echar un brazo a** to throw an arm around; **echar un trago** to take a drink, to take a swig; *ref* to lie down, to stretch out; **echarse a la calle** to run down to the street; **echarse a llorar** to burst out crying; **echarse a perder** to spoil; **echarse a reír** to burst out laughing; **echarse de ver** to be easy to see; **no echarse** to stay up

edad age; **tener la misma edad** to be the same age

edificar to build

edificio building

editor -tora publishing; *mf* publisher

editorial *f* publishing house

educado -da: mal educado ill-bred, illmannered

educar to educate, to train; *ref* to be trained

efectivamente in fact, sure enough

efecto end, purpose; **en efecto** in fact, as a matter of fact; **hacer su efecto** to have an effect

efusión warmth; **con efusión** profusely

ejemplar *adj* exemplary; *m* copy; specimen, sample, type

ejemplo example; **por ejemplo** for example, for instance

el: al del tren to the train foreman; **el Andrés** (popular use of article referring to person well-known); **el de** the one from, the one with; the son of; **el de la de Telégrafos** the son of the woman in the telegraph office; **junto a la de el de Valdepeñas** close to that

of the one from Valdepeñas; **los de don Roque** the two (relatives) of don Roque; **los del robo** the two who were robbed; **los que fueran** whoever they were

elástico -ca springy, sprightly; flexible

elección choice, selection

elegancia elegance, style

elegante *adj* elegant, stylish

elegir (i) to choose, to pick out

elevado -da high, elevated

elogioso -sa eulogistic

ello it; such an occasion; **por ello** for that reason; **todo ello** all of it, all of that, all that

embadurnar to smear, to daub

embalsamar to perfume

embarazoso -sa embarrassing, awkward

embargar to embargo; to paralyze; to seize

embargo: sin embargo, nevertheless, however

embarullar to mix up, to make a mess of

embate *m* sudden attack

embelesar to fascinate, to enrapture, to delight

embellecer to beautify, to embellish

embestir (i) to attack, to fight

embocadura entrance

embolsar to pocket

emborracharse to get drunk

emborronar to blot out, to efface; to engulf

embotado -da stupefied

embriaguez *f* drunkenness, intoxication

embromar to fool, to kid, to play a joke on

embrujador -dora bewitching

embudo stair well; hole; void

emerger to emerge, to rise

emocionar to excite

empalidecer to give a whitish look or appearance to

empanar to bread

empañado -da blurred, misty, fogged

empañar to blur, to fog, to dim

empeñadamente persistently

empeñado -da en determined to

empeñarse en to insist on

empeño eagerness; insistence; effort; determination; enthusiasm

emperatriz *f* empress

emperrarse en to try stubbornly to

empezar (ie) a + *inf* to begin to + *inf*

empinarse to rise up, to shoot up; to stand on tiptoe

empleado -da *mf* employee

emplear to employ; to use; **bien empleado** well deserved; successful; worth while

empleo job; use

empolvar to powder

emprender to undertake; **emprender el camino de su casa** to take the road back home; **emprender el vuelo** to take flight

empujar to drive, to propel

empujón *m* hard push, shove

enagua petticoat

enamorado -da lovesick, in love; *mf* sweetheart

enamoramiento love, falling in love; **¡vaya un enamoramiento!** that was a fine love affair!

enamorarse de to fall in love with

enarcar to arch or raise (the eyebrows)

enardecer to excite, to embolden, to inflame

enarenado -da sandy, sanded; *m* path; gravel

enarenar to throw sand on

encadenarse to hang together

encajonar to box up; *ref* to be encased

encantado -da enchanted

encanto charm, attraction, appeal

encaramarse to climb; **se le encaramó en la garganta** stuck in his throat

encarar(se) to face (a problem); **encararse con** to face, to stare at, to stand up to

encarcelado -da like a jail; boxed in

encarcelar to incarcerate

encarecer to extol

encargarse de to take charge of; **encargarse de que** + *subj* to see to it that, to make sure that

encarnado -da pink

encarnar to incarnate, to embody, to represent

encender (ie) to light, to kindle, to set fire to, to turn on; to light up

encendido -da lighted, burning, red, sparkling, aglow; inspired, ardent, eager

encerrado -da enclosed; **dejándola encerrada en el hueco de sus brazos** imprisoning her within the circle of his outstretched arms

encerrar (ie) to enclose, to encircle

encima above; besides, in addition; **encima de** on top of; **por encima de** above, over; **se le viene el mundo encima** her world comes tumbling down

encoger to shrink, to contract; *ref* to shiver, to let one's shoulders droop, to hunch over; **encogerse de hombros** to shrug one's shoulders

encogimiento timidity; anguish

encomendar (ie) to entrust, to hand over to

encontrar (ue) to meet, to find, to come across; *ref* to be; to feel; to meet, to find one another; **encontrarse a su gusto** to find

things to one's liking; **encontrarse con** to meet, to happen upon, to discover; **¡qué extraño me encuentro!** how funny I feel!

encrespado -da briskly

encuentro meeting; **vamos a su encuentro** let's go meet her

encharcado -da full of puddles

encharcar to engulf; to soak, to form puddles (around)

enchufar to plug into

endurecer to stiffen, to harden; to toughen; *ref* to stiffen up; to harden oneself

enemistad enmity

enervamiento enervation, immobility; paralysis

enfático -ca swift; strong

enfermar to take sick; *ref* to become ill

enfermedad sickness, illness

enfocar to focus upon, to stare at, to size up; **enfocar de plano** to look straight at

enfrascado -da busy, engaged

enfrascarse en to become engaged in, to become involved in

enfrente in front, opposite; **de enfrente** opposite, in front; **el viajero de enfrente** (*rr Europe*) the passenger seated opposite

enfriarse (í) to catch cold; to grow cold; **enfriarse de** to forget

enfurecerse to get mad, to blow one's top

enganchar to hitch up, to hook up

engañar to deceive, to trick, to cheat; to mislead; **dejarse engañar** to let oneself be misled or fooled

engolado -da hoarse, throaty, raspy; choked, half-strangled

engordar to put on weight; to fatten up

engrosar (ue) to get fat, to become heavy or stout

enhebrar to string (pearls)

enjugar to dry, to wipe

enlazar to join, to bind, to link, to connect; to embrace

enloquecer to drive crazy

enmarcar to frame

enmudecer to grow silent

enojo annoyance

enredadera vine; web (of veins)

enredarse to become tangled up

enrojecer to redden; to pucker, to press tight

ensalada salad

ensanchar(se) to widen, to enlarge, to expand; to fill out

ensayista *mf* essayist

ensayo essay; exercise

enseñar to show, to reveal, to point out, to

display; **enseñar a** + *inf* to teach how, to
point out how

ensueño dream, daydream

entalle *m* fit (suit)

entarimado *m* parquet, inlaid floor, hardwood
floor

entender (ie) to understand; **entender de** to be
experienced; **¿entiende usted de cocina?**
can you do kitchen work? *ref* **entenderse**
con to get along with

enterado -da aware; **con un gesto de enterado**
with a gesture of one who knows

enterar to inform; *ref* **entérese** find out about
him, quiz him; **enterarse de** to find out
about, to learn, to become aware of

entero -ra whole, entire

enterrar (ie) to bury

entierro burial

entoldado -da cloudy, overcast

entonces then, before; **de entonces** from that
occasion

entornar to half-close (eyes; door)

entrada gate, entrance, doorway; beginning;
dar entrada a to stand at the entrance to

entrañable *adj* intimate, close, personal, deep-
felt; dear, precious

entrar to bring in; to enter. to go in; **entrar en**
to enter; **éntramela** take it inside; **por donde**
entraste se sale you'll be leaving the same
way you came in; the door swings both
ways

entre between; among; in the midst of; in,
within; **entre . . . y** half . . . half

entreabierto -ta ajar; half-open

entrecortado -da broken, intermittent, unsteady

entrega delivery

entregar to deliver, to hand over; *ref* **entregarse**
a to throw oneself into, to lose oneself in

entrelazar to interweave; *ref* to be interwoven

entresacar to pick out, to select

entresuelo mezzanine, entresol; second floor

entretanto meantime, meanwhile

entretener to entertain, to amuse; *ref* to enjoy
oneself; to delay, to tarry; **me entretuve**
I got delayed

entretenido -da amusing, fascinating, pleasant;
amused

entreverar to intermingle; *ref* to be intermixed

entrevista meeting

entristecer to sadden, to dampen; *ref* to
become sad

entumecido -da dumb, half frozen

enturbiar to irritate, to trouble; to obscure, to
blur

entusiasmarse to become enthusiastic

enviar (í) to send

envolver (ue) to wrap up; to envelop; *ref*
envolverse en to be encircled in

envuelto -ta *pp* of **envolver**; enveloped;
covered up; snuggled; immersed

epílogo epilogue

epíteto epithet

equilibrio equilibrium, balance; **como llevando**
el rabo en equilibrio its tail straight up

equivocado -da mistaken; wrong; by mistake

equivocarse to be mistaken, to make a mistake;
se ha debido equivocar there must have
been a mistake

era threshing floor

erguido -da erect

erguir (ye-, i) to raise, to straighten up; **erguir**
el busto to straighten up; *ref* to straighten
up; to swell with pride

erizado -da spiny, bristly; **erizado de oro**
sparkling with golden rays

erotismo sensuality

esbeltez *f* or **esbelteces** trimness, slenderness

escalera stairs

escalerita steps, staircase

escalinata flight of steps; staircase

escalofrío chill, shiver

escalón *m* step (of stairs), stone step

escandalizar to irritate, to exasperate

escándalo scandal, bad example

escapar to escape, to get away; **escapar a** to
dodge; to avoid; *ref* to escape; to flee; to
get away

escaparate *m* window display

escarcha frost; **blanco de escarcha** covered
with white frost

escasez *f* scarcity, lack, thinness

escasísimo -ma scattered here and there

escaso -sa small, tiny; limited; thin; scattered;
escasos few; **escasos meses** too few months

escatimar to scrimp; **no escatimes nada** don't
skimp on anything

esclavo slave, captive; **esclavos de la sombra**
blind

escocer (ue) to sting; to feel a sharp burning
pain

esconder to hide, to conceal; *ref* to become
hidden; to go down (sun)

escondido -da hidden away, forgotten, out-of-
the-way

escondite *m* hiding place; hide-and-seek

escote *m* neck-line; low-cut décolletage;
grandes escotes low neck-lines

escritor -tora *mf* writer; **escritor muerto** the
reference is to Miguel de Unamuno (1864–
1936), novelist, dramatist, poet, essayist,

philosopher, whose most outstanding work, *Del sentimiento trágico de la vida* (1913), deals with man's eternal dilemma, the conflict between faith and reason, his longing for immortality and his reason which tells him that it is not possible.

escritura handwriting

escuálido -da filthy, dirty

escuchar to hear, to listen to; *ref* to be heard

escudriñar to observe, to watch carefully

escupir to spit out

escurrir to slide; **escurrir el culo** to slide back; *ref* to slip, to slip away, to slide off

esférico -ca spheric

esforzar (ue) to force; *ref* to exert oneself, to make an effort

esfuerzo attempt, effort

esfumarse to fade away, to evaporate, to disappear

eslaboncillo tiny link

esmalte *m* enamel; **esmalte de uñas** nail polish

esmerado -da careful; exquisite

esmerilado -da burnished, frosted

esmerilar to frost (glass)

esmero care, attention

esmirriado -da emaciated, run-down

esnob snobbish; *mf* snob

esnobismo snobbery, snobbishness

eso that, that's it; **a eso de** around; **eso de** that business of; **eso es** that's it; **eso es ver** that's what seeing is; **eso que** what, all that which; **hacia eso de** towards, around; **hasta eso de** until about; **para eso** that's why; **por eso** for that reason; **por eso de que** in the same way that, just as

espabilarse to wake up; **¡espabílate!** snap out of it!

espaciado -da intermittent

espacio space; **por los espacios** through space

espacioso -sa spacious, wide, large

espada sword; ace of spades (or any card in this suit)

espadaña bulrush; bell gable

espalda back, shoulder; **a espaldas de uno** behind one's back; **a la espalda** behind; **a la espalda de** behind; **a sus espaldas** at one's back, behind one's back; **dar la espalda a** to turn one's back on; **de espaldas a** with one's back turned on; **en sus espaldas** on one's back or shoulders; **espaldas** back, shoulders; **mirándola de espaldas** looking at her walking away

espaldar *m* espalier trellis (on which fruit trees are trained to grow flat); **al espaldar de las huertas** to where the orchards begin

espantoso -sa fearful, horrible, dreadful;

aquello espantoso that dreadful catastrophe

esparcir to scatter

esparto grass (of which cordage, shoes, baskets are made)

espatarrado -da legs outstretched; **todo espatarrado** all sprawled out

especie *f* kind, sort

especificar to inform exactly, to specify

espejo mirror

espera wait, waiting, expectation

esperanza hope, expectation, anticipation

esperanzar to give hope to

esperar to hope for, to hope, to expect, to await; **esperar a (que)** to wait until; *ref* to wait

espeso -sa thick; strong; heavy

espiga spike or ear of corn; sprig; **como las espigas entre sí** like kernels on a cob

espina fishbone

espinazo spine, backbone

espiral *m* spiral, curve

espíritu *m* spirit, soul, mind

espolvoreado -da de sprinkled with

esposo husband

espuma foam

esquina corner, street corner; **hacer esquinas** to be on the corner; **las cuatro esquinas** puss in the corner (moving from one group to another)

esquivar to shun, to avoid

esquivez *f* aloofness

esquivo -va elusive, aloof

establecer to establish; *ref* to start a business

establecimiento place

estado state, condition

estafar to deceive, to defraud

estafeta post, courier, post office

estallar to burst; to awaken; to stir up; to break out; **estallar de** to break out in, to bubble with

estampa picture; tableau; image; impression

estancia room

estanco cigar store, government store (for sale of tobacco, matches, postage stamps, etc.)

estar to be; **estar a punto de** to be about to; **estar de descanso** to have the day off; **estar en lo cierto** to be right, to be correct; **estar en pie** to be standing, to be up and about; **estar por** to be about to, to have a mind to, to be in favor of; *ref* to stay

estético -ca aesthetic

estiércol *m* dung, manure

estimar to think, to believe

estirar to stretch out, to sprawl out

esto this, this fact; **en esto** at this juncture

estómago stomach

estorbar to be or to get in the way
estrago havoc
estrangular to strangle, to choke
estrechar to tighten, to embrace, to hug;
    estrechar la mano a to grasp the hand of,
    to shake hands with; *ref* to be squeezed or
    compressed
estrechez *f* narrowness, austerity; troubles;
    poverty
estrecho -cha narrow
estrella star
estrellado -da starred; shattered; **el cielo, de
    innumerables luces estrellado** the firma-
    ment strewn with countless stars (an echo
    of the opening lines of *Noche serena* by
    Fray Luis de León [1527-1591] : *Cuando
    contemplo el cielo / de innumerables luces
    adornado, / y miro hacia el suelo / de
    noche rodeado, / en sueño y en olvido
    sepultado, /*)
estremecer to shake, to shiver
estremecimiento trembling, shiver, shaking
estrenar to use, wear, perform or show for the
    first time
estropear to spoil, to damage, to ruin; **no se
    vaya a estropear** don't let him get spoiled;
    se me va a estropear el sombrero my hat
    will be ruined
estupefacto -ta motionless
estupidez *f* stupidity, nonsense
estupor *m* astonishment, stupefaction
etapa stage
eternizarse to be eternal, to never end; to take
    forever, to linger
etiqueta: traje de etiqueta dinner coat; even-
    ing clothes
evidencia evidence, proof; realization
exactitud accuracy, correctness
exaltadamente lavishly
exangüe *adj* bloodless
excepción: a excepción de with the exception
    of
excesivo -va unusual, striking
exceso excess; **exceso de cabeza** intellectuality
excitante *adj* exciting, stimulating
excursión outing
exhalar to exhale, to breathe forth
exigente *adj* exacting demanding, bossy
exigir to demand
éxito success; **con éxito** successfully
exótico -ca foreign
expectación expectancy
expediente *m* file, dossier
expeler to blow out
experimentar to experience, to feel

explicación explanation
explicar to explain; *ref* to imagine; **no me
    explico ni cómo** I can't even imagine why
explorar to explore, to treat, to go into
explosivo bomb
explotar to explode; to work (a mine)
exponer to expose; to show, to explain; to say
exportación export, exports
exprimir to squeeze, to extract
extenderse (ie) to extend, to spread out
exterior *adj* external
extraer to extract, to pull out
extranjero -ra foreign
extrañado -da puzzled, surprised; taken aback
extrañar to surprise; to find strange; *ref*
    extrañarse de to be surprised to; **siempre se
    extraña una cama nueva** one always finds
    it hard to get to sleep in a strange bed
extrañeza strangeness; wonder
extraño -ña strange, curious, unusual, funny,
    odd; **me resulta extraño** it's hard for me to
    believe; **¿qué tiene de extraño?** what's so
    strange about that?; *m* stranger, foreigner
extraordinario -ria: hacer horas extraordinarias
    to work overtime
extraviarse (í) to get lost
extremo -ma extreme; *m* end, extremity, tip,
    top; point; extreme; **a un extremo**
    piercingly, shrilly; **por el extremo** at the
    bottom

F

fabada spicy Asturian sausage and bean stew
fábrica workshop
fabricar to manufacture
facción feature
facilidad ease
facilitar to expedite, to make easy
facultad faculty; school (of a university)
facha look, appearance; **¡qué facha!** what a
    sight!
fachada façade, front, face
faena task, work, toil; *(taur)* stunt, trick,
    maneuver
falda skirt
falso -sa artificial, imitation
falta lack, want; **echar en falta** to miss; **hacer
    falta** to be needed, to be necessary; to be
    lacking, to be missing; **lo que te haga falta**
    whatever you need
faltar to be missing, to be wanting, to be lack-
    ing; to be in need of; to run out of; to
    remain; **faltaban muchas horas todavía
    para ir** there was till lots of time left

before going; **nada faltó para que
comenzase a llorar, también, por fuera** he
was just about on the point of crying real
tears; **sólo falta media hora para que** it's
only a half-hour until; **sólo te faltaba esto**
this was all you needed to do
falto -ta de *adj* short of, out of
fama fame, reputation
familiar *adj* familiar; family; well-known
fascinante fascinating
fascinar to fascinate, to bewitch
fase *f* phase
fatal *adj* inescapable
fatiga fatigue; hardship
favorecer to favor, to flatter
fecundo -da fruitful, fertile
fechoría misdeed; felony
felino -na feline
feliz *adj* happy
femenino -na feminine, female
feminidad femininity, womanliness
feo -a ugly
feria fair, bazaar; holiday, feast day
feroz *adj* ferocious, mad
ferrocarril *m* railroad, railway
ferroviario *m* railroader
festejar to live it up, to celebrate
festivo -va: día festivo holiday; **los festivos de
verano** the summer holidays
festón *m* festoon, scallop, lace border
fiambre *m* cold lunch, cold food
ficha chip; **ficha de dominó** domino piece
fiebre *f* fever
fiel *adj* faithful
fiesta holiday; festivity, fiesta, celebration;
fiesta palaciega court ball; **ir de fiesta** to
celebrate; **por las fiestas** during the festiv-
ities; **terminada una fiesta** after a ball
figurar to figure; *ref* to imagine; **¡figúrate!**
just imagine!, just think!
fijar to fix, to fasten; **fijar la mirada** to stare, to
to look steadily; *ref* to notice; **fijarse en** to
notice, to pay attention to; **¡fíjate!** believe
me; **¡fíjese!** imagine!, think of it!
fijeza stare, unflinching look; steadiness
fijo -ja immovable, staring; settled, permanent;
mirar fijamente to stare at
fila rank; **en fila** in a row
filete *m* filet (of meat or fish)
filo edge; **al filo de** at, about
filón *m* vein, lode; *(fig)* gold mine
fin *m* end; destiny; goal; **a fin de** at the end
of; **al fin** finally, in the end; **al fin y al
cabo** in the end, after all; **en fin** in short;
por fin finally; **su fin amoroso** the purpose

of her love
final *adj* final; *m* end, ending; **al final** at last,
in the end
finalista *mf* finalist
finalizar to end, to terminate; to come to an
end
financiero -ra financial
finca property; area, domain
fingir to pretend, to feign
fino -na nice, delicate; **¡qué fino te has vuelto!**
my, how refined we've become!
finísimo -ma very fine, very tiny
finura fineness, excellence
firmeza firmness
flaco -ca thin; skinny; weak
flamenco -ca Flemish; *m* Andalusian gypsy
dance, song, music or term
flanco side, flank
flaqueza weakness, faintness
flequillín *m* bangs
flexible *adj:* **poco flexible** not very flexible
flirt *m* flirting
flojo -ja weak; **andar más flojo** to slow down
flor *f* flower, blossom; **flores de trapo** artificial
cloth flowers
florecica dainty little flower
florecido -da in blossom, in bloom
florecer to flower, to blossom, to bloom
flotar to float, to hover, to hang
foco electric light, bulb; **focos de señales**
signal lights
fondo bottom; back; rear; far end; background; **al fondo** inside (the house); in the
background; **en el fondo** at the bottom, at
heart; **en el fondo más hondo** in the
deepest depths; **música de fondo** background music; **tener buen fondo** to be
good-natured
forastero -ra *mf* outsider, stranger
forjar to form, to think up
forma manner, way
formalizar unas relaciones to become engaged
formar to form, to make up
fórmula formula, recipe
formular preguntas to ask questions
fortuna fate, fortune, chance
forro lining
forzado -da forced
forzar to force, to goad; *ref* **forzarse por** to
force oneself to
forzoso -sa necessary, unavoidable,
indispensable
fotógrafo photographer
fracaso failure, fiasco
fracción piece, amount, bit

francés -cesa French
franco -ca frank, open, direct; *m* franc
franchuta: la franchuta Frenchy
frasco flask, bottle
frase *f* phrase, sentence
Frasquito *dim* of Francisco
fraude *m* fraud, deceit
frecuentar to frequent, to haunt
fregar (ie) to scrub
freír (í) to fry
frenar to break; **frenar la marcha** to slow
   down
frenazo jamming on the brakes
frenético -ca excited, feverish, nervous, mad
frente *f* forehead, front, face; **de frente**
   straight ahead; **frente a** in front of, compared with; toward; face to face with;
   frente a frente face to face; **mirar de frente**
   to look straight in the eye; **por la frente**
   inside his head; **su frente golpeada en el**
   interior por her forehead throbbing with
fresca cool air, fresh air; **tomar la fresca** to
   catch a breath of cool air
frescachón -chona bouncing, buxom
fresco -ca fresh, cool, cold; recent; **pues las**
   cosas frescas nothing like the present
frescura freshness, coolness; cheek, nerve,
   insolence
fresquito -ta fresh; chilly
frialdad coldness, indifference
fríamente icily
frigidez *f* coldness
frío -a cold, frigid; unconcerned, indifferent;
   m cold, coldness; **hacer frío** to be cold;
   tener frío to be cold
frito -ta fried
frondoso -sa leafy, shady, luxuriant
frontero -ra facing, opposite; **asiento frontero**
   the seat opposite (in train compartment)
frotar to rub
frugal *adj* thrifty
fruncir to wrinkle; **fruncir el ceño** to frown;
   fruncir las cejas to knit one's brow
fruta fruit
frutal *m* fruit tree
frutería fruit store
frutero -ra *mf* fruit vendor
fruto fruit
fuego fire; fireside
fuelle *m* bellows; **puerta de fuelle** *(rr)* flexible
   passageway between vestibule cars
fuente *f* fountain, spring; platter, tray
fuentecilla little spring
fuera outside; **allá fuera** way off there; **allí**
   fuera out there, over there; **de fuera** outside; **desde fuera** from the other side;
   fuera de outside of, aside from; **por fuera**
   on the outside, outwardly
fuerte *adj* strong, lusty; loud, violent; hard;
   intense, lively
fuerza strength, force, punch, power; **a fuerza**
   de by dint of; **a la fuerza** by force, against
   one's will; **con fuerza** forcibly; **con más**
   fuerza harder; **fuerzas** strength, force;
   fortitude; **hacer fuerza** to press hard; **la**
   fuerza se les va their strength is used up
fugaz *adj* fleeting
fumar to smoke
funcionar to work, to move, to function
funda slip cover
fundar to found
furia fury, rage; brute force
furiosamente passionately
furor *m* fury
fútbol *m* soccer; **en el fútbol** at the game
fútil *adj* worthless

G

gabardina raincoat
gacho -cha turned down, drooping, bowed;
   crooked, out of line; flopping; **gacha la**
   cabeza with head lowered
gafas *fpl* glasses
gaita bagpipe
galán *m* fine young gentleman, man-about-
   town
galantear to court; to flirt with
galantería *m* compliment; flirtation
galardón *m* prize
gana desire; **darle a uno la gana** or **(las) ganas**
   to feel like; **de buena gana** or **de buenas**
   ganas willingly; **de mala gana** unwillingly;
   no me da la real gana I just don't feel like
   it; **sentir ganas de** to feel like; **tener ganas**
   de to feel like; **todo lo que le dé la real**
   gana anything he has a mind to
ganado cattle
ganancias winnings, profits; **ganancias limpias**
   net earnings
ganar to win, to earn; **ganar de condición** to
   improve one's circumstances; **le ganó una**
   congoja dulce an aching tenderness swept
   over him
ganchillo crochet needle; **letras a ganchillo**
   knitted letters
gangoso -sa nasal
garboso -sa graceful, elegant
garganta throat;
garrafa carafe, decanter

garrapatear to scrawl, to scribble
gaseosa soda; soft drink
gastado -da worn out, seedy
gastar to spend; to wear; to play (a joke);
　le gastaban bromas con él they teased her
　about him; **gástatelos** spend them on
　yourself
gasto expense
gato cat
gazpacho cold vegetable soup
gemir (i) to creak, to groan
género kind, sort, way; *(lit)* genre
genio disposition
genioso -sa ill-natured
gente *f* or **gentes** people
gentío crowd; mob
gesto look, face, appearance; gesture; expres-
　sion; **gesto de enterado** gesture of one who
　knows
gigante *adj* giant, gigantic, huge; *m* giant
gilipollez *f* foolishness
girar to turn, to rotate, to circle round and
　round; to swirl; to swell; **girar sobre los
　talones** to turn or spin around on one's
　heels
gitano -na *adj* & *mf* gypsy; *f* gypsy woman,
　gypsy girl
gloria: de gloria glorious, heavenly
glorioso -sa glorious; comely
gobernar to control, to manage
gobierno government; governor's office
golfo -fa shameful, nasty
golondrina *(orn)* swallow
golpe *m* blow, stroke, hit, slap; slam; knock;
　(telp) spin, whirl; **a golpes** all at once; by
　fits and starts; **de golpe** all at once,
　suddenly, right away; **de un golpe** with a
　slam; at one time; in one gulp; **golpe de
　fortuna** stroke of good luck; **golpe de
　gente** crowd
golpear to beat, to whip, to hit, to pound, to
　pulsate, to thump
gordo -da fat; thick; big, large; great; round;
　important
gorra cap
gorrión *m* sparrow
gota drop
gotear to drip
goterón *m* big raindrop
gótico -ca Gothic
gozar to enjoy; **gozar de** to enjoy
gozo joy, enjoyment
gozoso -sa joyful, happy, pleasurable
grabar to cut, to carve out
gracia charm, joke, funny things; **hacer gracia**

to please; to appear funny; **¿no te hace
gracia?** don't you find it funny?; **tener (su)
gracia** to be funny or amusing
gracias thanks; **dar las gracias** to thank
graciosamente entertainingly
gracioso -sa graceful, funny, charming
　pleasing
gradas *fpl* flight of stone steps leading to a
　church; perron
gramola console phonograph
gran, grande big, immense, expensive,
　enormous
grandísimo -ma very great; very silly
grandote -ta pretty big, rather large
granito grain; **granito de sol** grain of sunshine
granjera farm girl, country girl
granjero farmer
grasa grease
grasiento -ta greasy, oily
grato -ta pleasant, pleasing
grave *adj* serious
gravedad seriousness
grifo faucet; **tiene usted abierto el grifo de las
　galanterías** you're letting yourself be
　carried away
gris gray, dull, gloomy; **hacerse gris** to turn
　gray; *m* cold sharp air
gritar to cry out, to shout
gritería or **griterío** screaming and shouting,
　clamor
grito shout, cry, shriek; **a gritos** at the top of
　one's lungs, shouting; **decir a gritos** to
　shout; **pedir a gritos** to shout for
grosero -ra coarse, crude
grotesco -ca grotesque
grueso -sa heavy, big, thick, bulky; stocky,
　stout
grupa rear deck or trunk lid (of car); rump (of
　horse); *fpl* hips
grupo group; flock; **en algún grupo** in one of
　the groups
guapo -pa handsome, good-looking; pretty;
　(to child) precious, darling; **¡qué guapo
　eres!** how nice you look; *m* lady's man; *f*
　pretty one
guardabarreras *mf* gatekeeper
guardapolvos *msg* duster; lightweight coat
guardar to hold, to retain, to put away, to
　save, to pocket; **guardar silencio** to keep
　silent; **me la tiene guardada** she has it put
　away for me
guardia guard; **Guardia Civil** rural police; *m*
　rural policeman
guarecerse to take shelter, to take refuge
guerra war; **dar más guerra** to not give (some-

one) a moment's peace; **pedir guerra** to look for trouble; **tres años de Guerra (Civil)** *(Spanish Civil War, 1936-1939)*

guiñar to wink

guitarra guitar

gurruño lump, knot

gusano worm; **gusano comemuertos** graveyard maggot

gustar to taste; to like, to enjoy; to try, to test; to please, to be pleasing to; **no le gusta casi nada** there's almost nothing she likes; **si gustas** if you like; **¿te gusto?** how am I?, how do I look?

gusto pleasure, joy; taste; **a gusto** at ease, comfortable; to one's taste; at home; pleased; **lo a gusto que quedo** how wonderful I feel; **muy a (su) gusto** much to (one's) taste or pleasure; **tan a gusto** so comfortable; **tan a (su) gusto** so much to (one's) taste

H

haber to have; **ahora le hubiera podido preguntar por la chica** now he could have asked him about the girl; **a quien súbitamente hubieran dejado sin imperio** whose empire had suddenly vanished; **desde que hubo de partir** since he was obliged to leave; **haber de** + *inf* to be to + *inf;* **haber que** + *inf* to be necessary to + *inf;* **había de tener** he was going to have; **había de volver** he was bound to come back; **habráse visto** such nerve!; **habría de despertar** he would probably be waking up; **ha de ir a tomar el autobús** she's supposed to take the bus; **ha de tener** is bound to have; **¡habría que ver para qué las querrían!** a person would give anything to know why they'd want them; **hubiese preferido** he would have preferred; **nadie hubiese podido** + *inf* no one could have + *pp;* **¿no había de ser dolorosa también su vida, la suya de hombre?** wasn't his life as a man bound to be painful too?; **nunca hubiera admitido** she would never have admitted; **¿por qué no habían de salir adelante?** why shouldn't they have made out well?; **que hubo de dominarla** that was to possess her; **¿qué va a haber?** what are you bound to find?, what is there going to be?; **se hubiese detenido** he would have stopped; **¡si hubiese perdido la Carta!** what if he had lost the Letter!; **tan antiguos que nadie hubiera podido borrarlos ya** so old that nobody could have ironed them out any more

hábil *adj* able, skillful, deft, clever

habilidad skill, ability; feat

habitación room

habitar to live in

habla *f* (el) speech

hablar to speak, to talk; **¡habla de una vez!** out with it!; **hablar alto** to speak up; **hablar un baile** to sit out a dance; **¡ni hablar!** don't even talk about it!

hacer to make, to cause, to do, to perform; to have; to practice, to place (a bet), to fight (a war); **desde hace (hacía)** for; **desde hacía cuatro años** for the last four years; **hace, hacía, hará** ago; **hace años que** for many years now; **hace cinco años de que** it was five years ago that; **hace pocos días** a few days ago; **hacer a que** + *subj* to see to it that; **hacía años** years ago; **hacía dos años que no se lo ponía** she hadn't put it on for two years; **hacía menos de dos horas** less than two hours ago; **hacía tiempo que no los veían** they hadn't seen them in ages; **hacía una media hora** a half hour ago; **hará dos años** about two years ago; for expressions like **hacer calor** to be warm, see the noun; **hacer de** to serve as, to work as; **hacer ver cómo** to show how; **la guerra que ellos no hicieran** the war they hadn't fought; **no hace muchos días han cometido un crimen** only a few days ago they committed a crime; *ref* to make (for) oneself; to become, to get to be, to grow; to act

hacia toward; about, near; concerning; **hacia atrás** back, backwards

hacha *f* (el) axe

halago caress

hálito breath, air

hall *m* vestibule; corridor, passageway

hallar to find; *ref* to be; to find oneself; **hállase** there is to be found

hambre *f* (el) hunger; **sabrosa como el buen pan del hambre** tasty as bread to a hungry man; **sentir hambre** to feel hungry; **tener** or **traer hambre** to be hungry

hambriento -ta hungry, famished

hartarse to tire, to be bored

harto -ta full, fed up, satiated; tired out; **harto de** full of, fed up with, sick and tired of

hasta even; until, till, to, as far as, down to, down around; up to; **hasta luego** see you later, so long

hastío boredom; disgust, loathing; depression

hay from **haber; hay que** one must, it is necessary; **¿qué hay?** how's it going?, what's new?

he lo, lo and behold; **he aquí** here is, here are

hecho -cha *pp* of **hacer**; complete, perfect; **a lo hecho pecho** what's done is done, no use crying; **hecha un basilisco** in a fury; **hecho a punta de aguja** handsewn or knitted; **hecho migas** smashed to bits; **hecho un gurruño** all rolled up in a ball; **hecho un pollo** grown up; *m* event, incident, case

hechura mold, cut, shape; **tan a la humilde hechura de este mundo** formed of such common earthly clay

helado -da freezing

helar **(ie)** to freeze; *ref* to freeze

helecho fern

hembra female, feminine, womanly; *f* female

hendir **(ie)** to crack, to split, to cleave

heredado -da inherited, handed down

heredar to inherit

herencia inheritance

herida wound

herir **(ie, i)** to wound, to hurt; to strike, to hit; to sting; to offend

hermana sister, companion, helpmate; **una hermana suya** a sister of hers

hermano brother; **hermanos** brother and sister

hermoso -sa beautiful, handsome

hervir **(ie, i)** to boil, to effervesce

hielo ice; chill

hierba grass; herb

hierro iron; brass; **hierro en espiral** coiled spring; *(rr)* **hierros** wheels; iron

hija daughter; my dear, my girl; darling

hijo son; young man; **hijos** children

hilo thread, filament; shred; **un hilo de silbido** a thin high-pitched whistling

hinchado -da swollen, hard

hinchar to swell, to exaggerate; *ref* to swell; to swell up; to grow arrogant; **hincharse de luz** to become diffused or flooded with light

hipnotizar to hypnotize

historia story, tale

historiador -dora *mf* historian

hito landmark, milestone

hoja leaf

hojear to leaf through (a book)

holgado -da comfortable

holgar **(ue)** to rest, to loaf

hombre man, husband; my boy, old man; **de hombre** as a man

hombro shoulder; **al hombro** slung over the shoulder

hondo -da deep; **lo hondo** the depths; the back

honor *m* honor; honesty

hora hour, time; **a buena hora** on time; **a última hora** much later, when it grew late, before going home; **de última hora** last-minute; **horas extraordinarias** overtime; **pasada una hora** in an hour

horario schedule; timetable; **horario en el servicio** work schedule

horcajadas: **a horcajadas sobre** astride, astraddle

horizonte *m* horizon, skyline; **por el horizonte** on the horizon

horno oven

horquilla hairpin

horror **(a)** horror (of)

hortelano gardener

hortera *m* store clerk, shop boy

hotel *m* hotel; villa

hoy en día nowadays

hucha large chest, bin, hutch; **llenar la hucha del Más Allá** to store up treasures for the hereafter, to lay up treasures in Heaven

hueco hollow, hole, stair well; **dejándola encerrada en el hueco de sus brazos** imprisoning her within the circle of his outstretched arms

huella mark; foot print; trace; track (of tire)

huerta garden (larger than **huerto**); vegetable garden; irrigated valley

huerto orchard, garden; truck garden; plot; grove

hueso bone

huesudo -da bony

huevo egg

huida flight

huir to flee

hule *m* oilcloth

humano -na human; *mf* human being; **humanos** mankind

humear to steam

humedad dampness, moisture

humedecer to dampen, to moisten; *ref* to become moist

húmedo -da damp; humid, moist; watery, wet

humilde *adj* humble

humillante *adj* humiliating

humillar to ignore, to humble; to dominate, to subdue

humo smoke

humor: **de mal humor** out of humor

hundir to sink, to collapse, to crumble; to dent, to push in; to crush; *ref* to cave in, to sink in; **dardos de luz que se te hunden por los ojos** flashes of light that stab into the eyeballs

hurgar to poke; to stimulate, to stir up; **hurgar en la memoria** to jog one's memory
hurtar to steal; **hurtar los ojos** to look away

I

ida trip
idioma *m* language
idiotizado -da like an imbecile
iglesia church
ignominioso -sa disgraceful
ignorar to not know, to be ignorant of, to be unaware of
igual *adj* equal, similar, comparable, alike, like; likewise, just the same; such a; **con otra igual** with another like it; **dar igual a** to not make a difference to; **igual a** the same as; **de igual a igual** on equal terms, as one equal to another; **igual que** just like, similar to; **son todos igual** they're all alike; **todo resultaba igual** all turned out as planned
igualar to equal
ilegítimo -ma illegal, unlawful, prohibited, unauthorized
iluminar to brighten, to light up; to render transparent; *ref* to light up, to brighten; to be explained
ilusión dream; ambition
ilusionado -da hopeful, filled with anticipation; dreamy; fascinated
ilusionar to fascinate
imagen *f* image, picture
imaginarse to imagine, to guess; to picture
impair *(Fr)* odd
impasible indifferent, undisturbed
impedir (i) to hinder, to prevent; **impedir + *inf*** to prevent or keep from + *ger*
imperativo -va imperative, imperious
imperio empire
imperturbable *adj* impassive, unperturbed, unruffled
ímpetu *m* impulse; haste; **ímpetu vital** creative force
imponer to impose (one's will), to dominate; to command respect
importación import, imports
importancia importance, urgency, significance
importar to be important, to matter; to concern; **a nadie le importa de las cosas de uno** no one cares about other people's affairs
importunar to bother, to annoy, to disturb
impotente *adj* helpless; weak; powerless; feeble
impreciso -sa confused, hazy, undefined

impregnado -da de heavy with
impresentable *adj* unpresentable
impresionar to impress; *ref* to be impressed
impreso -sa *pp* of **imprimir**
imprevisto -ta unforeseen, unexpected
imprimir to print; to stamp, to imprint
imprudente *adj* unwise
inacabado -da unfinished
inadvertido -da unnoticed, unseen
inaguantable *adj* unbearable, intolerable
inapelable *adj* unappealable
incandescente *adj* glowing, shining, brilliant
incansable *adj* tireless
incapacidad inability
incendiado -da glowing
incendiar to set on fire
incertidumbre uncertainty
incesantemente endlessly, time and time again
incierto -ta uncertain
inclemente *adj* severe
inclinación leaning forward; leaning closer
inclinado -da leaning down, bent down; leaning; **con medio cuerpo inclinado sobre la ventanilla** leaning on the lowered window
inclinar to incline, to bend, to bow; **inclinar a** to induce, to influence; **inclinar la cabeza** to look down; *ref* to go down; **inclinarse hacia adelante** to lean forward; **inclinarse hacia fuera** to lean out
incluso even, including, also
incomprensible *adj* incomprehensible; puzzling
incomunicación isolation, lack of communication; loneliness
inconexo -xa disconnected, incoherent
inconfesable *adj* secret, inadmissible
inconsciencia unconsciousness; **con inconsciencia** unconsciously
inconsciente *adj* unconscious
incontenible *adj* irrepressible
incorporarse to sit up; to straighten up
incrédulo -la unbelieving
increíble *adj* incredible, unbelievable; **hasta lo increíble** to an astonishing degree
incubar to hatch; *ref* to brew, to be brewing; **venía incubándose hacía tiempo** had been brewing for some time
indagar to ask, to inquire
indecible *adj* inexpressible, unutterable
indefinible *adj* indefinable, inexpressible
indefinido -da limitless
independizarse to become free
indicio indication
indignado -da outraged
individual *adj* single

indulto commutation of sentence; pardon
indumentaria garb, clothing, costume
industrial *m* tradesman, merchant
inefable *adj* delightful, pleasant, pleasurable
inequívoco -ca unmistakable
inesperado -da unexpected
inexplicable *adj* unexplainable; mysterious
inexpresable *adj* inexpressible
infame *mf* scoundrel, culprit
infamia wickedness, baseness
infantil *adj* childish; childhood; childlike;
    innocent
infatigable *adj* indefatigable
infecundo -da dry, barren
infeliz *adj* unhappy
inferior *adj* lower
infierno hell
ínfimo -ma least
infinidad endless number
infinito greatly, very much; *m* **el infinito**
    infinity
inflar to inflate; **infló el papo** puffed up her
    double chin; *ref* **inflarse de** to fill up with
información piece of information
informe *m* report, piece of information; **in-
    formes** references; **pedir los informes** to
    ask for references
ingenio wit
ingreso income
inhabitable *adj* uninhabitable
iniciar to begin, to start; **iniciar una protesta**
    to start complaining
inimaginable *adj* unimaginable, inconceivable
injusto -ta unjust
inmiscuirse to begin to appear, to appear or
    intrude by imperceptible degrees
inmóvil *adj* motionless, dead still
inmovilidad fixity
inofensivo -va harmless
inolvidable *adj* unforgettable
inquietarse por to grow restless to
inquieto -ta restless, uneasy
inquirir (ie) to inquire
insaciable *adj* insatiable
insatisfacción unsatisfied feeling
insatisfecho -cha unsatisfied
inseguro -ra uncertain
insensiblemente little by little, imperceptibly
insinuación hint, intimation
insinuar to suggest, to hint at; *ref* **insinuarse
    en** to flit across, to creep across
insoportable *adj* insufferable, unbearable,
    intolerable
insospechado -da unsuspected
instalarse to settle down, to take one's seat

instantáneo -a instantaneous
instante *m* moment; period
instar to press, to urge
instinto instinct
insufrible *adj* unbearable, insufferable
insultante *adj* insulting
insultar to insult; to defy
íntegro -gra whole, entire
intemperancia excess; outburst
intención purpose
intentar to try
intercambio exchange
interesarse por or **en** to be interested in;
    fuimos interesándonos we gradually
    became interested
interior *adj* & *m* inside; interior; **de su interior**
    from within; **en su interior** deep inside
interlocutor -tora *mf* person to talk to
interno -na inside, internal, interior; deep
interpelar to ask, to question
interponerse to interpose, to stand between;
    interponerse en el camino a alguien to
    block someone's way, to step in front of
    someone
interpretar to interpret, to play, to render
intervalo interval, break
interrogante *adj* inquiring, inquisitive; *f* ques-
    tion, yearning
interrogar to question
interrumpir to interrupt, to suspend, to stop;
    interrumpir el trabajo to knock off work
intervenir to control, to govern, to regulate
íntimamente deep inside
intimidad closeness, privacy
intimidar to intimidate, to frighten
íntimo -ma intimate, familiar
introducirse to intrude, to penetrate; **se le
    introdujo en los ojos** struck him in the eyes
intruso -sa *mf* intruder, interloper; stranger,
    outsider
inundar to flood, to bathe
inusitado -da: por inusitado as unusual
inútil *adj* useless; **lo inútil** the uselessness
inutilidad uselessness
inutilizar to render useless
invadir to flood; to overwhelm, to overcome;
    to seize
invariable *adj* unchanging
invencible *adj* invincible
invención discovery
invierno winter
invisible *adj* hidden
ir to go; to come; to suit; to be; **bien me
    hubiera ido** a fine thing it would have been
    for me; **Él . . . te irá haciendo a que . . .** He

will see to it, little by little, that you . . .; **fue dándose de esto en las sienes** she started to apply a little of this at the temples; **fueron haciéndose más y más largas** kept getting longer and longer; **iba haciéndose viejo** was getting to be quite old; **iba siendo** was becoming; **ir a** to go for; to prefer; **ir (a)** + *inf* to be going to + *inf;* **ir andando** to keep on walking; **ir de fiesta** to go out to a party; **ir de la mano** to walk along holding the hand of; **ir destinado a** to be addressed to; **se fue acercando despacio a** he slowly drew near; **una rabia desamparada se iba apoderando de Frasquito** a helpless rage gradually swept over Frasquito; **ir lleno** to be full; **ir mejor con** to be more in keeping with, to sound more promising; **ir por** to go for, to go after; **ir vacío** to be vacant; **ir y venir** coming and going; **me iba yo a preocupar de cómo son los demás** you wouldn't find me worrying about how the others are; **no te vaya a dar un disgusto** careful or he'll let you have it; **vamos** well; why; come now; let's go; watch out; stop; **vamos allá** let's get on with it; **vaya** good; come, to be sure; stop now; dear me; well, well; well, for heaven's sake; you don't say; what do you know; I should say so; **vaya con el desparpajo** my, what sauciness; **vaya un(a)** what; what a; such a; my, what a; **vaya una suerte que sería** wouldn't it be a lucky break; **¡vaya un enamoramiento!** that was a fine love affair!; **vaya un frío** my, what a draft; **¿Yo? ¡Qué voy a tener!** Me? Who would I have?; *ref* to go away, to get out, to leave, to go off; **írsele a uno de las manos** to slip through one's grasp; **se le fueron dos lágrimas** two tears fell; **si tuviera dinero me iba a estar aquí** if I had money you wouldn't catch me around here

irremediable *adj* irreversible
irremisiblemente irremissibly, irredeemably, beyond redemption
irresolución indecision, uncertainty
irrisión derision, ridicule
isla island
izquierdo -da left; **a derecha e izquierda** to the right and left; **a la izquierda** at or on the left; *f* left hand

J

jadeante out of breath; sighing
Jaime James
jamás never, never before; ever
jamón *m* ham
jamona fat middle-aged woman
jaral *m* rockrose; **olor a jaral** woodsy smell
jardín *m* garden
jarro pitcher, jar
jefe boss, chief, superior; **jefe de la composición** train foreman
jergón *m* (straw) mattress
jersey *m* sweater
Jesús *interj* Goodness!, my gracious!
jolgorio mirth, merriment
jornada trip; workday; occasion, event
jornal *m* daily grind; wage, day's wages
jota jota *(Aragonese and Valencian dance and tune)*
joven *adj* young; new; recent; *mf* young person
jovencillo youngster
jovial *adj* merry
joyería jewelry store
Juana Jane, Jean, Joan
juego play, game; set, suit; expression; manifestation; gambling; luck; **hacer juego con** to go with, to match; **juego de escondite** game of hide-and-seek; **juego de las cuatro esquinas** game of puss in the corner
juerga spree; **correrse una juerga** to go on a spree
jueves: nada del otro jueves nothing much
juez *m* judge
jugador -dora *mf* player; gambler
jugar (ue) to play, to gamble; to run (a risk); **jugar a las cartas** to play cards; **jugar al corro** to play ring-around-a-rosy; **jugar fuerte** to get even, to teach (someone) a lesson; **jugar semejante albur** to take such a chance
jugo juice
juguete *m* plaything
juguetear con to play with, to toy with
jugueteo play; **en un jugueteo monótono** endlessly opening and closing
juicio judgment, verdict; **día del juicio final** Day of Judgment
junco rush, rattan
juntarse to join up, to gather together
junto -ta joined; **junto a** or **de** near, close by, close to; **junto con** together with; **juntos -tas** together
juramento oath, promise
jurar to swear, to take an oath; to promise
justamente just, very
justificarse to vindicate one's character; to clear oneself of imputed guilt

juvenil *adj* youthful; **una aventura juvenil** a young man's love

juventud youth

K

kilo kilo, kilogram *(about 2.2 pounds)*

kilómetro kilometer *(about five-eighths of a mile)*

kiosco *(also* **quiosco***)* booth, newsstand; public stand for light snacks, drinks, often with awning-covered area for chairs, tables, and swings **(columpios)** for two

L

la: de la que of whom, about whom; **la de** the one; the one from; **la que** the one who; **eres tú la que ahora eres distinta** you're the one who's different now

laberinto labyrinth, maze; confusion

labio lip; **sus labios daban un poco de miedo y un poco de alegría** her lips bore a touch of fear and a touch of joy

labor *f* work

lacrar to seal with sealing wax

lacre *m* wax seal

lado side; direction; **al lado** at one's side; nearby; **al lado de** by the side of, alongside; **al otro lado de** on the other side of; **de al lado** at the next table; next door; nearest; adjoining; **de lado** slyly; **del lado del balcón** on the window side; **de un lado a otro** back and forth; **de un lado para otro** from one side to the other, from place to place; **los niños del jardín de al lado** the children next door; **mirar a los lados** to look around; **por el lado de** in the direction of; **por los lados** along the sides; **por ningún lado** (with preceding negative) anywhere; **vuelta al lado opuesto** turned away

ladrar to bark

ladrón -drona *mf* thief

lágrima tear, teardrop (of pendant earring)

lagrimear to bring tears to

lagrimón *m* big tear

lamento lament, wail, cry

lamer to lick

lámpara lamp; **lámpara de cristalitos** lamp with small hanging glass crystals; **lámpara de sobremesa** table lamp

languidecer to languish, to pine away

languidecimiento languour; dejection; depression, listlessness

lánguido -da languid, languorous, faint; listless

lanzar to cast, to pour forth, to emit, to eject; to utter; *ref* to hurl oneself; **lanzarse a** to venture out into

lapicero pencil case

lápiz *m* pencil; **a lápiz** in or with pencil

larga: dar largas a to put off; **le dio algunas largas** she put him off a few times

largamente slowly

largarse to take off, to get going; **anda, lárgate** come on, now, beat it; on your way; **con un pequeño apaño me largaba** with a little arrangement I'd be heading out

largo -ga long; tall; prolonged; **a la larga** in the long run; **a lo largo de** in the course of, throughout; **a lo largo de la cabeza** along the side of the head; **la tarde se le hizo larga, muy larga** the afternoon dragged on and on for him; **trabajar de largo** to work long hours

larguísimo -ma stretched-out, lengthy, agonizingly long

lástima pity

lata tin plate

latido del corazón heartbeat

látigo whip; **a látigo** under the lash

latir to beat, to throb

lavabo rest room, washroom

lazarillo blind man's guide; **perro-lazarillo** Seeing Eye dog

lazo bow, ribbon; loop

lectura reading, reading matter

leche *f* milk

lecho bed

leer to read

legaña bleariness; **legañas** bleary eyes

legionario legionnaire

legítimo -ma real, lawful

legua league *(about three miles)*

lejanía distance; expanse

lejano -na distant; far-off

lejos far, far away, far off, in the distance; **a lo lejos** in or into the distance

lengua language, tongue; **hacerse lenguas de** to rave about

lenguaje *m* language

lentejuela spangle, sequin

lentitud slowness; **con lentitud** slowly

lento -ta slow, deliberate

leonino -na leonine

letrero sign, poster; **letrero de chapa** sign plate, metal sign

levantar to raise, to build, to lift, to pick up; to get (someone) up; **levantar el vuelo** to take flight, to fly off; *ref* to rise, to get up, to start up suddenly, to spring up, to jump up

Levante eastern seaboard of Spain

leve *adj* light, slight

ley *f* law; loyalty; principle; **de buena ley** sterling, genuine

leyenda legend

liar to roll (a cigarette)

liberar to free

libre *adj* free; open

libreta notebook

licenciarse to receive the master's degree

licor *m* liqueur; **licores** drinks

licorera cellaret (portable wine or liqueur case)

ligar to tie, to bind, to link

ligeramente slightly, lightly; imperceptibly

ligereza fickleness, flightiness

ligero -ra slight, light; flippant, trivial, giddy, frivolous

limar to touch up, to smooth over, to polish

limitar to limit, to bound, to line, to border; *ref* **se había limitado a conocer a una muchacha** all he had done was to meet a girl

límite *m* limit, side, border, edge, boundary; **sin límites** untold

limón *m* lemon

limosna alms, charity; **como de limosna** as if giving alms

limosnero almsgiver

limpiabotas *m* bootblack

limpiar to clean off, to clean up

límpidamente crystal-clear

límpido -da limpid, crystal-clear

limpio -pia clean, neat, tidy; pure, chaste; **ganancias limpias** net earnings; **va muy limpia** she has a neat look about her

linde *mf* boundary, dividing line, borderline

lindo -da pretty

línea line, skyline, outline **líneas perdidas** *(rr)* rambling back-country or branch lines

lío mess, muddle; bundle

liquidar to liquidate; *(coll)* to take care of, to annihilate

lirio lily

liso -sa smooth, even; **agua lisa** still water

listo -ta clever; **nada de listo** not clever at all

lívido -da livid; blue, ashy-pale

lo the; how; him, it, you; **cuando lo de** at the time of, in the days of; **cuando lo de mi madre** in my mother's case; **esto y lo otro, y lo de más allá** this, that and the other thing; **hasta lo increíble** to an incredible degree; **lo de** all about, the question of,

the matter of; **lo más rápido** the fastest way; **lo más que** the most that; **lo mucho** how greatly; **lo que** what, which, something that; as long as; **lo suyo** what was his; **lo típico** the really typical thing; **perdóname lo de esta noche** forgive me for what happened tonight

lobo wolf; **lobo feroz** you monster

local *m* spot, place

loco -ca crazy, mad, insane; **estar loco con** to be crazy about; **loco de** intoxicated with

locomoción travel

locomotora engine, locomotive

locuaz *adj* loquacious, talkative

locura madness; bewilderment

logrado -da successful

lograr to get; **lograr + *inf*** to succeed in + *ger*

lomo back (of animal)

lontano *(It)* far

losa flagstone; grave; tomb

lozano -na verdant, luxuriant; vigorous

lucecita sparkle

lucero bright star

lucir to show off, to display

lucha fight; quarrel; struggle

luchador -dora combative, belligerent, defiant

luchar to fight, to quarrel

luego soon, at once; right away; then, afterwards; **desde luego** of course; **luego de** + *inf* right after + *ger*

lugar *m* place, spot; **en algún lugar** somewhere; **en lugar de** instead of, in place of

lúgubre *adj* mournful, sad

Luis de oro Louis d'Or *(French gold piece)*

lujo luxury; pleasure

luminoso -sa bright, shining, radiant

lunar *m* mole, beauty spot; blemish, blotch; polka dot; **a lunares** with polka dots

lustrar to shine, to polish

luto mourning; **de luto** in black

luz *f* light; mist; **a la luz** in the light; **a la luz del día** in broad daylight; **luces** headlights

LL

llaga wound, sore

llama flame; fire, passion

llamada call, knock

llamado -da so-called

llamar to call, to knock, to ring; **alguien llama** someone is outside; **llamar a la puerta** to knock at the door; *ref* to be called; to be named

llamarada de luz hot blazing light

llamativo -va flashy, loud; **lo llamativas** the

flashy kind

llamear to blaze; **llamear de sol** to be blazing hot

llano -na plain

llanto weeping, flood of tears

llave f key

llegada arrival

llegar to arrive; **a lo más que llegaban . . . era** the most they achieved . . . was; **es que no llego** it's because I can't reach it; **llegada allí hacía poco** a newcomer there; **llegar a** to approach, to arrive at; **llegar a** + *inf* to succeed in + *ger* to come to the point of + *ger,* to go so far as to + *inf;* **no llegué a conocerla** I never got to meet her; **una llamada que no llegó a sonar** a call that didn't come; *ref* **llégate a la fuente** get down to the fountain

llenar to fill; **llenar la hucha del Más Allá** to store up treasures for the hereafter, to lay up treasures in Heaven; *ref* to fill, to fill up; **llenarse de** to be filled with

lleno -na full, filled, crowded, filled out; **lleno de** filled with, bulging with; crowded with; **muy lleno de** overflowing with

llevar to carry, to carry around; to deliver; to take away, to carry away, to wear; to have; to lead (a certain kind of life); to have been; **llevaban cerca de tres años casados** they had been married nearly three years; **llevar a efecto** to carry out, to put into effect; **llevar a hombros** to carry on one's shoulders; **llevar cuentas** to keep accounts; **llevar la contraria** to oppose; to antagonize; **llevar mucho tiempo** to be around a long time; **llevar puesto** to be wearing, to have on; *ref* to carry away, to get, to win; to take away, to take along; to wear; **llevándose el gato por delante** taking the cat along with her in front of her; **llevarse bien** to get along; **llevarse el gato al agua** to win out, to come out first; **llevarse la mano** to raise one's hand; **saber lo que se lleva entre manos** to know what it's all about

llorar to cry, to weep

llover (ue) to rain

lluvia shower, rain; **lluvia menuda** drizzle

M

macabro -bra macabre

macizo -za sound, strong, solid, heavy

madera wood; knack, talent, flair; **maderas de la ventana** window frame

madrugada dawn; **de madrugada** toward or around dawn

madrugar to get up early

madurez f maturity

maestro de obras contractor

magia magic

mágico -ca magic

magisterio teaching; teaching profession

magnífico -ca splendid

maíz m corn

mal bad, badly, poorly; **estar mal** to be ill; m evil, harm

maldecir to curse

maldito -ta cursed, wicked, wretched

malestar m uneasiness; embarrassment; **producir malestar** to upset

maleta suitcase, valise

maligno -na harmful; destructive

malo -la bad; poor; evil, evil-hearted; **lo malo** the bad part about it; **mala persona** hardhearted

malsano -na unwholesome; evil

malsonante *adj* odious, offensive, obnoxious

malva mauve *(a delicate purple, violet, or lilac color)*

malla mesh

mancha spot, speckle; blot, stain; glob; blotch

manchado -da dirty, soiled

manchar to soil, to spot, to stain; *ref* to become soiled; to dirty one's fingers or hands

mandar to order, to command; to send; **el trabajo es el que manda** the work is what decides

mando authority, bossiness

manera manner, way; **de cualquier manera** in any way at all; **de manera que** so that

manga sleeve; **en mangas de camisa** in shirt sleeves; **mangas abullonadas** puffed-up sleeves; **ponerse en mangas de camisa** to take off one's coat

mangonear to meddle; **dejarse mangonear** to let oneself be bossed

manía mania, craze

manifestar (ie) to show, to display

maniobra maneuver

mano f hand; **como si se le fueran de las manos** as if they were slipping from her grasp; **con mano izquierda** alert, slý; **entre manos** under consideration, under study; **le dieron unas manos distraídas** they absent-mindedly shook hands with her; **mano sobre mano** idly; hands crossed or folded; **uno de cada mano** one in each hand

manojo handful, bunch, bundle

manotazo slap; **a manotazos** with slaps

manque *m (Fr, roulette)* manque (first half
[1-18] of the series on which bets may be
placed, opposed to *passe,* the series num-
bered 19-36)
mansamente gently, imperceptibly
manteca lard, fat
mantel *m* tablecloth
mantener to hold, to keep; to feed; *ref* to
remain, to continue, to stay
mantenimiento maintenance
mantequilla butter
manto mantle; shawl
manzana city block
manzanilla manzanilla *(a pale dry sherry)*
mañana morning; **en toda la mañana** the
whole morning long; **muy de mañana** very
early in the morning; *m* tomorrow;
mañana por la noche tomorrow night;
pasado mañana the day after tomorrow,
the following day; **ya mañana mismo** even
by tomorrow itself
mañanero -ra morning
mañoso -sa tricky, sly
maquillaje *m* makeup
maquillarse to apply makeup
máquina locomotive
maquinal *adj* mechanical
maquinaria machinery
maraña web; maze; circle; daily routine
maravilloso -sa wonderful, marvelous, grand
marca trademark, brand; **de marca** with a label
marcado -da marked, pronounced
marcar to mark; to point to, to show; **marcar
el tiempo** to beat time; *ref* to be marked,
to be etched; **se le marcan mucho** are
deeply etched
marco frame; doorframe
marcha movement; **un poco de marcha** get a
little tough; play a little rough
marchar to go, to run, to walk, to saunter; to
ride; **marchar sobre ruedas** to run
smoothly; *ref* to go away, to leave;
marcharse a su tierra to go back home
marchito -ta faded, withered
mareado -da nauseated; annoyed; slightly ill,
dizzy
mareante *adj* annoying, upsetting
marear to vex, to annoy, to bother; *ref* to get
seasick
marfil *m* ivory; **bolita de marfil** tiny ivory ball
margarita pearl; daisy
mariache *or* **mariachi** *m* mariachi *(Mexican
band and singers)*
marido husband
marino -na marine, sea; *m* seaman

mariposa butterfly
mármol *m* marble
marrón *adj & m* maroon *(dark-brown)*
Marruecos Morocco
martillazo blow with a hammer
martillear to hammer; to pound; to beat
martingala trick, game, gamble
mártir *mf* martyr; **hacerse el mártir** to act the
martyr
mas but
más more; more so; most; rather, besides;
longer; faster; harder; **de más** extra, too
much, too many; **el Más Allá** the hereafter,
the beyond; **lo más importante** the most
important thing; **más de** more than; **más
que** more than; **más . . . que** more . . . than;
más . . . que nunca more . . . than ever;
nada más + *inf* immediately after + *ger;*
nada más que por eso only for that; **no
más** as soon as; **no más dadas las cinco**
as soon as it had struck five; **no . . . más
que** only, just, no more than; **no había
hecho más que** he had only just, no sooner
had he; **nunca más** never again; **o algo más**
or so; **pero es más fea** but it is so ugly; **por
más que** + *subj* however much; **por más
vueltas que le daba** no matter how many
times he kept going over it; **¡qué tipo más
notable!** what a remarkable fellow!; **sin
más ni más** just like that
masa mass, shape, outline, expanse; **en masa**
en masse
masticar to chew
matar to kill
maternal *adj* motherly
matiz *m* nuance, shading, shade, hue; manner,
bearing; **carente de matiz** colorless
matrícula registration, matriculation
matrimonio matrimony, marriage; married
couple
maullar (ú) to meow
mayor *adj* older, elder, oldest, eldest; **los
mayores** parents, grown-ups
mayorcito -ta older; *m* boy, young man
meados *mpl* urine
mecedora rocking chair, rocker
mecerse to tremble, to flicker, to quiver; to
brew; to rock, to reel, to swim
mechón *m* lock of hair
medalla (school) medal
media stocking; half past; **dar la media** to
strike the half hour
mediado -da half-empty, half-full
mediador *m* mediator, adjuster
medianoche *f* midnight; **en la medianoche**

around midnight

medida measurement; means; measure; guide; prudence; **a medida que** as, in proportion as, the more

medio -dia half, half a; **a la media hora** after a half hour; **a medias** half, fairly well; **dejar a medias** to leave half done; *m* half, middle; environment; **en medio** in the middle; **en medio de** in the midst of, in the middle of; **medio ambiente** environment; **medios** means; **por el medio** in the way; **por medio de** by means of; *f* half past

mediodía *m* noon, midday

medir (i) to measure

medroso -sa fearful, terrible, dreadful

mejilla cheek; **poner la mejilla** to turn one's cheek

mejor *adj* better, best; **a lo mejor** perhaps, very likely, probably, maybe; at best; unexpectedly, when least expected; **¿dónde mejor?** where else?; **lo mejor** the best thing; *adv* better, best; **mejor dicho** rather, more exactly

mejora improvement, raise in salary

mejorarse to get better, to improve

melena hair falling over the eyes; **una gran melena gris** a great mass of gray-streaked dark hair

mendicidad mendicancy, alms-begging

mendigo beggar

menear to wag

menester *m* need; **ser menester** to be necessary

menguado -da timid, cowardly; stunted; **menguado de talla** short, undersized

menor *adj* less, lesser, smaller; least, smallest; slightest

menos *adv* less; fewer; least; fewest; **al menos** at least; **echar de menos** to miss; **el que menos** even the poorest guy in town; **lo menos** at least; that's the least of my worries; **lo menos posible** as little as possible; **menos mal** not so bad, it's a good thing, it might be worse, lucky break; **menos mal que** it's a good thing that; **menos que** less than; **por lo menos** at least

menta mint, peppermint

mentar (ie) to mention

mente *f* mind

mentir (ie, i) to lie

mentira lie

menudo -da minute, slight, small; **¡menuda prisa que tendrá!** a fine rush he'll be in!

mercado market

mercadería or **mercaderías** merchandise, goods

mercancía merchandise

merecer to merit; **merecer la pena** to be worth while

merendar (ie) to have lunch, to have a picnic

merendero lunchroom; picnic ground; summerhouse; picnic arbor

merienda luncheon; snack; picnic; picnic spread

merluza *(ichth)* hake

mermelada marmalade

mero -ra mere

mes: al mes within a month; **al mes de estar de vuelta** a month after being back; **un mes seguido** a whole month

mesa de juego gambling table

metáfora metaphor

metálico -ca metal

meter to put, to place; to set; to urge, to induce, to prevail upon; **meter a los niños semejante caminata en el cuerpo** to put the children through such an ordeal; **mírala antes, no te hayan metido . . . y te pases** watch out or they may have put . . . and you may have to spend; *ref* to meddle, to butt in; to mess around; **fue a meterse en la cama** she went to bed; **meterse entre pecho y espalda** *(coll)* to get on the outside of, to put away

metido -da stuck; **encontrarse metido** to find oneself involved; **estar metido en** to be engaged in; **metido en los sesos** imbedded in the brain

mezcla mixture, blend; combination

mezclar to mix; **verse mezclado** to be identified or involved; *ref* to take part, to meddle; to become interwoven; to get mixed up

miedo fear; **de miedo que** lest; **sentir** or **tener miedo** to feel or be afraid; **tener miedo a que** to fear lest, to be afraid that

miel *f* honey; **color (de) miel** honey-colored

miembro member; limb; **miembros** arms and legs

mientes *fpl* mind, thought, wish, desire; **pasar por las mientes** to cross one's mind

mientras while, in the meantime; **mientras tanto** meanwhile, in the meantime

miga crumb, bit; **hecho migas** smashed to bits

mil *adj & m* thousand, a thousand, one thousand

militar *adj* military; *m* soldier

mimado -da *mf* pet, favorite

mínimo -ma least, slightest

minutero minute hand

mirada look, glance, gaze; **mirada de soslayo**

side glance

mirar to look at, to regard; to look over, to check; to stare at, to watch, to consider; **mirándola de espaldas** looking at her walking away; **mirar a la cara** to look in the face; **mirar a lo lejos** to look into the distance; **mirar a los lados** to look around; **mirar con fijeza** or **fijamente** to stare at; **mirar de frente** to look straight at; **mirar de reojo** to look out of the corner of one's eye; **mirar en torno** to glance around; **mirar para** to look at

misa mass

miseria pittance

mísero -ra miserable

mismo -ma same; own; very; self; **allí mismo** right there; **de la misma taberna** from the tavern itself; **en la misma estación** in the station itself; **las mismas primas** the cousins themselves; **lo mismo** the same thing; **lo mismo de antes** the same as before; **lo mismo que** as well as, as good as, the same way as; **lo mismo . . . que** not only . . . but (in the same way); it was all the same whether . . . or; **yo mismo** I myself

mitad f half; middle; **a (la) mitad de** halfway through; **en mitad de** amidst; **en mitad de semana** in the middle of the week

mitigar to relieve, to lessen

mocedad youth

moda fashion; **de moda** popular; **de última moda** the latest thing; **muy de moda** very stylish

modales mpl manners

modelo pattern

moderado -da minor

modestia smallness, humbleness, insignificance

modificar to alter

modismo idiom

modista dressmaker, modiste

modistilla dressmaker's helper, young seamstress

modo mode, manner, way; **del mismo modo** in the same manner; **de modo que** so that, in such a way that, and so; **de todos modos** at any rate

mojado -da wet; tearful; choking; **mojado de** drenched with

mojar to moisten, to dampen, to soak; ref to get wet

molestar to annoy, to bother, to be a bother, to disturb

molestia unpleasantness, annoyance; bother, trouble

molesto -ta irritated, annoyed, uncomfortable; irritating, annoying

molino mill

momento: de momento for the moment; **en todo momento** at any moment

mono -na pretty

moneda coin, money; means

monedero small purse

monocorde m monochord; **monocorde sonido** monotonous sound

monótono -na monotonous, deadening

monserga gibberish

montado -da riding, seated

montar to mount, to get on

montaraz adj wild, untamed, backwoods, high-country

monte m mountain, woods

montilla montilla (a pale dry sherry)

montón m crowd; **los niños del montón** ordinary children

moño chignon (topknot of hair worn by a woman at the back of the head)

moquear to snivel

moral f morale, confidence

moraleja moral

morboso -sa morbid

mordaz adj mordant, sharp, caustic

morder (ue) to bite

mordisco bite; **dar mordiscos** to bite

moreno -na dark, sun-tanned

morir (ue, u) to die; **muriera** had died; **se nos mueren las palabras** words fail us

moro -ra Moorish; mf Moor

morral m game bag

mosca fly

mostaza mustard; **de color de mostaza** golden

mostrador m counter; bar (in tavern)

mostrar (ue) to show, to exhibit

motivar to motivate; to explain

motivo motive, reason; motif, theme; **con tal motivo** as a consequence, for such reasons

mover (ue) to move; ref to move

móvil adj shifting, fluid, flowing

movimiento movement, motion

mozo -za young; m young boy, young man; boy friend; workman, hand; **mozo de la barra** bartender; f girl, young woman, servant girl

mucho -cha much, a great deal, very, very much; hard; often; a long (time); **lo mucho** how greatly; **ni mucho menos** not by a long shot, far from it, not by any means; **por mucha luz** however much light; **por mucho que** + subj however much

mudar to peel
mudo -da silent, voiceless, mute
muebles *mpl* furniture
mueca grimace, wry look, half-hearted smile
muelle *adj* soft, gentle, tender
muerte *f* death
muerto -ta *pp* of **morir** and **matar**; dead; *mf* corpse
muestra sign, expression
mugriento -ta grimy
mujer *f* woman; wife; **¡mujer!** my dear! my dear girl!; **bueno, mujer** well, all right then
mula mule
múltiple *adj* collective
mundo: **se conoce mundo** one gets around; **todo el mundo** everybody
muñón *m* stump
Muñoz, Paquito famous bullfighter
murciélago bat
murmullo mumble
murmuración gossip, gossiping
muro wall
músculo muscle
musgo moss; **ornadas de musgo** moss-grown; **tupés de musgo** clumps of moss
música music, tune, melody
músico -ca *mf* musician
muslo thigh
mutismo silence
muy very, very much; too

N

nacer to be born; to take root
nacido -da: **mal nacido** ill-bred, lowborn
nada nothing, not anything; absolutely not; there's no use talking; very little; **como si nada** as if I hadn't; **más que nada** more than anything; **nada de eso** nothing like that; **nada del otro jueves** nothing much; **nada más** nothing else; **nada más llegar** right after arriving, no sooner did he arrive; **nada más que** just, only; **nada más salir de casa** right after leaving home; **no tengo nada** I'm all right; **¿por qué preguntarle por nada?** why ask him about anything?
nadar to swim
nadie no one, nobody; not anybody; **a nadie más** to no one else; **mejor que nadie** better than anyone
naranja orange
nariz *f* nose; nostril; **narices** nostrils; **pegar las narices a** to press one's nose against

narración narrative, story
narrador -dora *mf* narrator, storyteller
natal *adj* **habitación natal** delivery room
naturaleza nature
navaja razor
neblina fog, mist
necesidad need; practice, habit
negar (ie) to deny; to refuse; *ref* **negarse a** to refuse
negativa refusal, rejection; rebuff
negligencia air of indifference, nonchalance
negocio business, business at hand; **negocios** business
negro -gra black; *mf* black, Negro; **en lo negro** in the blackness, in the darkness
negrura blackness; black
nervio nerve, tendon; **cógelo del nervio** hold him by the foot
nervioso -sa energetic, sinewy, vigorous
neumático tire
nevar (ie) to snow
ni neither, nor; not even; **ni mucho menos** far from it, not by any means; **ni que** just as though; **ni siquiera** not even; **no . . . ni** not . . . or; **no . . . ni siquiera** not . . . or even
nido nest
niebla mist, haze
nieto -ta *mf* grandchild; *m* grandson; *f* granddaughter
nieve *f* snow
ningún, ninguno -na no one, none, not any
niñera nursemaid
niñez *f* childhood
niño -ña childlike, young, inexperienced; *mf* child; *m* little boy; *f* little girl; **niño de días** tiny baby
nirvana *m* nirvana *(emancipation from finite world)*
nivel *m* level, surface; **paso a nivel** grade crossing
Niza Nice
no not, no; **no . . . sino** only
noche *f* evening, night; **de noche** at night; **en toda la noche** the whole night long; **era de noche** it was night; **esta noche** tonight; last night; **la noche pasada** the night before; **noche de bodas** wedding night; **por la noche** at night; **todas las noches** every night
noir *(Fr)* black
nombre *m* name, first name, initial; **un nombre solo** only a name
nombrecito nice little old name
noria draw well, water wheel *(chain pump operated by means of a horse or mule)*

norteamericano -na *mf* American
nostalgia homesickness
notable *adj* remarkable
notar to notice; to experience, to feel; **se le notaba la fatiga** her fatigue was evident to all
notaría office of notary
notario notary
noticia news, piece of news, notice, information
novedad novelty, fad, change; surprise; happening; news
novelesco -ca fictional
novelista *mf* novelist
novena *(eccl)* novena *(prayers or services on nine consecutive days)*
novia sweetheart, best girl, girl friend; fiancée; bride
novio suitor, sweetheart, boy friend; fiancé; bridegroom; **novios** engaged couple; **hacerse novios** to become engaged; **siendo novios** once they became engaged
nubarrón *m* large black cloud, storm cloud
nube *f* cloud
nubecita fluffy little cloud
nuca nape (of the neck)
nudillo knuckle
nudo knot, lump; node, burl
nuevo -va new, fresh; **como nuevo** just like new; **de nuevo** again, once more
nuez *f* nut, Adam's apple
nulo -la null, insignificant, nonexistent
nunca never; ever; **como nunca** as never before; **más que nunca** more than ever; **nunca más** never again

O

objetivo purpose
objeto object, purpose, goal; **sin objeto** aimlessly
obligación duty
obligar to force, to compel
obrar to work; to work out
obrera working girl
obrero workman
obscuro -ra dark, obscure; gloomy, uncertain, confused
obsequioso -sa obliging, courteous
obstante: **no obstante** however, nevertheless; **no obstante** + *inf* in spite of + *ger*
obstinado -da stubborn
obtener to obtain
obús *m* howitzer; shell
ocasión opportunity

ocre *m* ocher
ocultar to hide; to blot out; *ref* to become hidden; to go down *(sun)*
oculto -ta hidden, concealed
ocupar to occupy; *ref* **ocuparse de** to pay attention to, to notice; **ocuparse en** to be engaged in
ocurrencia antic; witty remark; bright idea
ocurrir to happen, to occur; to come to mind; **lo ocurrido** what had happened; **¿qué te ocurre?** what's the matter?; **¿qué te ocurre hace tiempo?** what's come over you lately?; *ref* **ocurrírsele a uno** to occur to one, to come to mind; **se me ocurre una idea** I have an idea
odiar to hate
odio hate; bitterness; ill will
odioso -sa hateful, odious
oeste *m* west
oficio job; occupation; trade; rôle
ofrecer la buenaventura to offer to tell one's fortune
oído hearing; ear; **al oído** confidentially, secretly
oír to hear, to listen; **ieh, oiga, el de las corbatas!** heh, you with the ties!; **oyó que gritaban** he heard them shouting; *ref* to be heard
ojal *m* buttonhole
ojeada glance, look
ojén *m* anisette
ojera circle or shadow under the eye; **como una ojera desmedida y sucia** like a long, dirty streak under the eye
ojeroso -sa with rings or circles under the eyes
ojalá (que) + *subj* I hope that
ola wave
oleaje *m* surge; flash
oler (hue-) to smell; **oler a** to smell of, to reek of; **oler bien** to smell good
olor *m* smell, odor, scent; trace; fragrance, aroma; **olor a** odor of; **olor a jaral** rockrose aroma
olvidar to forget; **me fue olvidando** he gradually forgot me; **olvidarle a uno** to forget; *ref* to forget; **olvidarse de** to forget; **que no se olviden de ella** just so they don't forget her; **se me olvidaba** I forgot
olvido forgetfulness; neglect; oblivion
ónix *m* onyx
opaco -ca opaque, dark, dull, expressionless; deep; gloomy; **una voz más opaca** a deeper tone, a more meaningful tone
operación transaction
opinar to think; to state an opinion

oponer to offer; **nada tenía que oponer** he had no objection at all

oprimir to oppress; to crush; to overwhelm; **oprimir el pecho** to clutch the heart

optar por to opt for, to choose; **optar por +** *inf* to decide to

optimista *adj* optimistic; *mf* optimist

opuesto -ta opposite

opulencia opulence, wealth

oración sentence

orden *m* order (arrangement); peace; category; *f* order, command; **vayamos por orden** let's take things in order

ordenar to order, to arrange

oreja ear

organizar to plan; **organizar una escena** to make a scene

orgullo pride

orgulloso -sa proud, haughty

orientación preparation; **varia orientación** wide range *(of interests)*

orientarse to get one's bearings

orilla border, edge; water's edge, shore

orillar to border, to line

ornado -da ornate; **ornado de** covered with

ornar to adorn, to embellish, to cover

oro gold; **de oro** golden

orquesta orchestra

oscilante *adj* flickering

oscilar to oscillate; **sintió que el piso oscilaba** he felt the room go round and round

oscurecer to darken; *ref* to grow dark

oscuridad blackness, darkness

oscuro -ra obscure; deep, dark, black; gloomy; **lo oscuro** the darkness; **por lo oscuro** in the darkness

otoñal *adj* autumnal

otoño autumn; middle age

otro -tra other, another; any other; other one, another one; **otro aún** still another

oveja sheep

ovillado -da curled up in a ball

oxidar to get rusty

P

paga pay, wages, salary; **media paga** half one's paycheck

país *m* country

paisaje *m* landscape, countryside, scenery, view; object

paisano -na *mf* peasant, fellow villager; civilian

paja straw

pájaro bird

palabra: tener la palabra to have the last word

palabrería wordiness, glibness

palaciego -ga palace, court

paladar *m* palate

palanganero washstand (with basin and pitcher)

paletilla shoulder blade

palidecer to turn pale

pálido -da pale

palma palm; **palmas** clapping, applause

palmada slap, clap, clapping (to call a waiter)

palmo palm, span

Pamplona capital of the province of Navarra in northern Spain

pana velveteen, corduroy

panorama *m* scene

pantalón *m* or **pantalones** trousers

paño cloth; **paño de lágrimas** helping hand

pañuelo handkerchief

papel *m* piece of paper, document; rôle

papo double chin

paquete *m* package

par *m* pair, couple; **de par en par** wide-open, completely

para to, for; towards; compared to; by (a certain time); **para +** *inf* in order to + *inf;* **para con** towards; **para por la tarde** for the afternoon; **para que** in order that, so that; **¿para qué son ellos?** what are they good for?

parado -da standing, parked, stopped, ready; loafing around; **estaba parado en medio del camino** was back in the middle of the road; **quedarse parado** to remain standing

paradoja paradox

paralizar to paralyze; *ref* to come to a standstill

parar to stop; to end; to end up; to come to a halt; to die out; **ir a parar** to end up; **parar en seco** to come to a dead halt, to force to a sudden stop; *ref* to stop, to stop beating

pardal *m (orn)* linnet

pardo -da brown; gray; dark

parduzco -ca dark brown; drab

parecer to seem, to appear, to look like; **al parecer** apparently; *ref* to look like, to resemble each other; **parecerse a** to resemble, to be like; **¿por qué te lo parece?** why do you think so?; **se le parecía** he looked like her

parecido -da like, similar; **nada parecido** nothing like it; *m* similarity, resemblance

pared *f* wall

pareja pair, couple; dancing partner;

parentesco relationship

paréntesis *m* interval, interlude, interim, break

pariente -ta *mf* relative; spouse; *f (coll)* little woman

parpadeo blinking; flicker

párpado eyelid; **apretados los párpados** eyes tightly closed

parque *m* park

parra grapevine; grapes

párrafo paragraph

párroco parish priest

parsimonioso -sa careful, frugal, prudent

parte *f* part; **alguna parte** any place, anywhere; **en alguna parte** somewhere; **por otra parte** on the other hand; **por parte de** on the part of

particular *adj* individual

partida gang, bunch, band; game, match, hand, set

partido match, game; **sacar partido de** to derive advantage or profit from

partir to split; to split open; to divide; to come; **a partir de** beginning with; **a partir de entonces** from then on

parto childbirth

pasa raisin

pasajero -ra passing, fleeting; *mf* passenger; **lo pasajero** the transitoriness, the swift passage

pasar to pass, to pass by; to pass away; to spend; to come in; **esto me pasa a mí** this is what I get; **no debía pasarle nada** nothing should be wrong with her; **pasada una hora o algo más** in an hour or so; **pasar a ser** to come to be, to grow to be; **pasar de** to go beyond; **pasarlo bien** to have a good time; **pasarlo mal** to have a bad time of it; **pasar por** to pass as, to be considered as, to be taken for; **pasar por las mientes** to cross one's mind; **pase Vd.** come in, go ahead; **¿qué le pasa a . . .?** what's the matter with . . .?; **¿qué te pasó en el labio?** what happened to your lip?; *ref* **lo bien que se pasaba** what a good time one had; **pasarse el peine** to comb one's hair; **pasarse la servilleta por los labios** to wipe one's lips with the napkin; **pasarse las manos por** to stroke; to run one's hands over; to move one's hands up and down along; **todo se le fue pasando** he gradually forgot the whole thing

pase *m* pass, free ticket

pasear to walk, to stroll, to promenade, to go for a walk, to walk up and down, to walk back and forth; *ref* to take a walk

paseíto stroll; **dar un paseíto** to take a short walk

paseo stroll, walk, promenade up and down; ride, drive; avenue; **dar un paseo** to take a walk

pasillo passageway, corridor, hall; aisle

pasmo spasm, seizure; astonishment

paso step; pace; **abrirse paso** to work free, to make one's way; **a buen paso** at a good pace, hurriedly; **a cuatro pasos de** a few steps away from; **dejarle paso a uno** to let someone pass by, to make way for someone; **en cada paso** with every step; **impedirle el paso a uno** to get in someone's way; **paso a nivel** grade crossing; **paso a paso** step by step

pasta de dientes tooth paste

pastor *m* shepherd

pastorcito young shepherd

pata leg, foot

patada kick; **andar a patadas con** to kick around, to go around kicking; **a patadas** kicking, staggering; **dar patadas** to kick

patente *adj* clear

patético -ca pathetic

patetismo pathos

patio patio, court, yard, courtyard

pausa moment; **hacer una pausa** to pause

pausado *adv* slowly, calmly

pavimentado -da paved

paz *f* peace

pecho chest; breast, bosom; heart; **meterse entre pecho y espalda** *(coll)* to get on the outside of, to put away

pedalear to pedal

pedazo piece, bit, fragment, portion

pedernal *m* flint

pedir (i) to ask, to ask for, to beg, to request; **pedir a gritos** to shout for; **pedir calor** to require heat; **pedir cuentas** to bring to account; to ask for expense money

pedrada stoning; **ni a pedradas** not even with stones

pegado -da a close to, staying close to; set against, glued to

pegajoso -sa sticky

pegar to stick; to hit; **está pegando a las eras** it's adjoining the threshing floors; **no pegar ojo** to not sleep a wink; **pegar las narices a** to press one's nose against; **pegar voces** to let out a yell; *ref* to stick, to catch; **pegarse martillazos** to hit oneself with a hammer; **se les pegaba un poco el sol** they caught a little sun

peinado hairdo

peinar to comb, to brush; *ref* to comb oneself, to comb one's hair

peineta back comb, large curved comb
pelado -da worn down
pelanas *msg* poor wretch
pelechar to grow a new coat of hair; to improve one's health
película movie, motion picture, film
peligro danger
peligroso -sa dangerous
pelo hair; **carrera en pelo** headlong flight; **echar buen pelo** to grow strong, to get toughened; **en pelo** bareback; **no perder el pelo de la dehesa** to still have a country look
pellejo skin, hide; peel; **yo, en tu pellejo** I, in your shoes
pellizco pinch, nip
pena pain, penalty; grief, sorrow, trouble; **a duras penas** with great difficulty, with great effort; **dar pena** to trouble, to grieve, to pain; to be painful; **¡qué pena!** what a shame!; **valer la pena** to be worth while
penacho tuft of feathers
pendiente *adj* pending; hanging; **pendiente de** awaiting; hanging on (someone's words); **Mariana estaba pendiente de él** Mariana was acutely aware of his presence; *m* earring, pendant
penetrar to permeate
pensamiento thought
pensar (ie) to think, to think about; to wonder; **bien pensado** well considered; **menos pensado** least expected; **pensar + inf** to intend to + *inf*; **pensar de** to think of; **pensar en** to think about; **piénsalo** think about it; **piensa que** you can believe that; **piénsatelo** think it over; **tener pensado** to have in mind; **vino pensando** kept on thinking the whole time
pensión boarding house; **pensión y comida** room and board
peor *adj* worse; worst; **lo peor** the worst part
pepita seed
pequeñez *f* smallness
pequeñísimo -ma very tiny
pequeño -na little, small; young; humble; *mf* small child; *f (fam)* little one, honey
percibir to perceive, to catch, to distinguish
perchero rack, clothes rack
perder (ie) to lose; to waste; to break; to ruin; **perder la partida** to botch the whole thing; *ref* to be lost; to disappear
perdidamente madly, wildly
perdido -da lost; **líneas perdidas** *(rr)* rambling back-country or branch lines; **perdido (de)** covered (with), sticky (with); *m* loafer,

idler
perdiz *f* partridge
perdón *m* pardon
perdurar to survive
perentorio -ria peremptory; urgent; arbitrary
perezoso -sa lazy
perfecto -ta regular, full; **de tan perfecta y segura** so perfect and certain (was it)
perfil *m* profile; outline; contour
perforar to punch (a ticket)
perfume *m* perfume, fragrance, odor
pergeñar to get ready for, to prepare one-self for
perillán *m* rascal; buddy
periódico newspaper
periodismo journalism
periodista *mf* journalist
periodístico -ca journalistic
peripuesto -ta dressy, trim; flashy
permanecer to stay, to remain; **permanecer de pie** to remain standing
permanente *f* permanent wave, hairdo
permiso permission; **tener permiso** to have leave
permitirse el lujo to afford the luxury
perplejidad perplexity, anxiety
perplejo -ja perplexed, puzzled
perra penny; **perra chica** five céntimo piece (one-twentieth of a **peseta**); **perra gorda** ten **céntimo** piece
perrera kennel
perro dog; **perro-lazarillo** Seeing Eye dog
perseguir (i) to persecute, to pursue, to charge after
personaje *m* (main) character; **dos personajes protagonistas** two persons of importance
perspectiva prospect
pertenecer to belong
perturbar to upset; to challenge
pesadez *f* heaviness; **con pesadez** heavily
pesadilla nightmare
pesado -da heavy; gloomy; oppressive
pesar to weigh down; **a pesar de** in spite of; *m* sorrow
pesaroso -sa sorry, sad
pescadilla *(ichth)* codling, weakfish; hake
pescado fish (that has been caught)
pescar to fish
peseta *Spanish monetary unit*
peso weight; sadness; dejection, gloom
pesquisa judicial inquest
pestillo door latch, bolt
petaca tobacco pouch; cigarette or cigar case
piano *(It)* softly, gently, quietly
piar to chirp

picado -da pitted; riddled
picadura sting, bite
picante *adj* hot, biting
picaporte *m* spring latch; door knocker; **bajar el picaporte** to push the latch down
picar to sting; to punch (a ticket)
picaresco -ca mischievous
picor *m* itching
pie foot; **al pie de** near, at; **de pie** standing, on foot; **estar en pie** to be up and about; **los pies de la iglesia** the front entrance or vestibule of the church
piedad pity, mercy
piedra stone, rock; **piedra de bordillos** curbstone
piel *f* skin; fur; **capita de piel** little fur stole; **piel tersa** soft skin
pienso *m* daily feed (given to a horse)
pierde *m:* **no tener pierde** to be easy to find
pierna leg
pieza piece; **buena pieza** big boy, fine fellow; **pieza de baile** dance number
pijama pajamas
pila font
pilón *m* basin (of a fountain)
pimiento pepper
pinar *m* pine grove
pineda pine grove
pino pine tree
Pinot burgundy wine, red or white
pintar to paint; **pintar de blanco** to paint white
pintoresco -ca picturesque
pintura paint
piña pine cone; cluster, knot
pipí: hacer pipí to urinate
pirámide *f* pyramid; pile, heap
pirata *m* pirate
pirotecnia burst of colors
pisada footstep
pisar to trample, to tread on, to step on; to set foot in
piso floor; apartment; **piso bajo** first or ground floor; **primer piso** *second* floor *(not the first, as in the US);* upstairs
pista dance floor; clue
pitañoso -sa bleary
pitar to whistle; **pitar largo, largo** *(rr)* to blow long and sad
pitido whistle
pitillo cigarette
pito whistle
pizpireta *adj* sharp, brisk, lively (applied to women)
placentero -ra pleasant

placer *m* pleasure; **a placer** at one's convenience
plácidamente calmly
Plan Marshall a unified plan for western European economic reconstruction authorized by Congress in 1947
planear to plan
plano: de plano openly; **enfocar de plano** to look straight at
planta floor, floor plan; ground floor; **planta baja** ground floor
plantado -da standing; upright; **bien plantada** very erect
plantar to stand; to plant
plantear to pose; to raise (a question)
plata silver, sterling; sparkle
plataforma platform, landing
plátano banana
plato dish, plate; **de primer plato** as the first course
plaza square; outdoor market; **plaza de toros** bullring; **plaza mayor** main square
plazuela little square
plenitud fullness
pleno -na full; **en plena batalla** in the thick of battle
pletórico -ca swollen, distended
pliegue *m* fold, pleat
plisado -da pleated
plomizo -za leaden; lead-colored
pluma plume, feather
población village; town
poblado -da de populated with
pobre *adj* poor; *mf* pauper; **la pobre** poor thing; poor woman; **un pobre de solemnidad** a downright pauper *(but one who has seen better days)*
pobretería poverty
pobretón -tona needy; *mf* poor wretch
pobreza poverty
poco -ca little; **a los pocos días** after a few days; **es poca cosa** it's nothing; **poco a poco** little by little, gently, gradually; **poco flexible** not very flexible; **yo era poco para ti** I didn't count much with you
poder (ue) to be possible, to be able; may, can, might, could; **¿es que no puedes?** can't you?; **nadie hubiese podido prever** no one could have foreseen; **no poder menos de** to not be able to keep from; to not be able to help; **puede que** it's possible that; *m* power
poderoso -sa powerful, impressive
podrido -da *pp* of **pudrir;** foul, dirty
poesía poetry; **poesía misma** poetry itself

poeta *mf* poet

poetisa poetess

policía police department

política politics

polvo dust; **polvo de lirio** dust of white lilies; **polvos** powder

polvoriento -ta dusty

polvoroso -sa powdery

pollo chicken; young man

poner to put, to place, to set, to arrange; to read; to ask; to state; *(telp)* to connect; to suppose; **EFNER ponía** it read EFNER (but for what it really looked like hold the letters RENFE up to a mirror); **no poner buena cara** to not appear too pleased; **poner a secar** to put aside to dry; **poner de resina** to cover with resin; **poner los dedos delante** to extend one's fingers; **ponerlo todo a perder** to get everything smeared; **poner nervioso a** to make nervous; **poner una cara** to make a face; **poner una disculpa** to excuse oneself; **poner una pregunta** to ask a question; **poner un gesto** to strike a pose; to assume an expression; *ref* to become; to get; to turn; to put; to put on; to place; to set; to go down; **ponerse a + inf** to begin to + *inf*; **ponerse al trabajo** to set to work; **ponerse bueno de resina** to get all nice and smeared with resin; **ponerse contento** to be pleased; **ponerse de acuerdo** to come to an agreement; **ponerse de moda** to become fashionable; **ponerse en mangas de camisa** to take off one's coat; **ponerse en marcha** to set out; **ponerse malo** to become ill; **ponerse perdido (de tierra)** to get all covered (with dirt)

poniente *m* west; western horizon

ponte *impv* of **ponerse**

poquitito a little bit

poquito -ta tiny, little; **un poquito de** a little bit of; **¡qué poquita cosa!** what a little nobody . . . !

por by, through, over; by way of; by means of; in; during; at; for; because of, on account of, for the sake of being; to, in order to *(with effort or little success)*; as, as a; about; **andar por la noche** to be a night owl; **de por Toledo** near Toledo, down around Toledo; **para por la tarde** for the afternoon; **por aquel lado** on that side; **por aquel tiempo** at that time; **por el patio** outside in the courtyard; **por hacer** still to be done; **por la mañana** in the morning; **por la noche** at night; **por la plaza** around the square; **por más que + subj** however much; **por si** in case; **por toda la extensión** throughout; **por + adj or adv + que** however; **por vecino** as a neighbor

porcelana china

porque because; since; for; in order that

porquería or **porquerías** *(coll)* dirt, filth

porrón *m* earthen jug; wine bottle with a long side spout

portador -dora *mf* bearer

portal *m* vestibule, entrance hall, porch; front entrance

portarse to behave, to conduct oneself; to get along

portazo bang, slam

porte *m* freight; dress, appearance, bearing; **portes** freight

portentoso -sa marvelous, extraordinary

portero -ra *mf* doorkeeper; janitor; porter

porvenir *m* future; promise

posarse to alight, to settle

posguerra postwar period

posible: lo menos posible as little as possible

poso storehouse (of memories)

postigo shutter

postre last, final; **a la postre** at last, finally; *m* dessert

potentado potentate, king, sovereign

poyo stone seat

práctica: hacer prácticas to be on training exercises, to be on maneuvers

prado meadow; lawn

precavido -da far-sighted, shrewd, cautious; **poco precavido** rather short-sighted

preces *fpl* prayers

precio price

preciosidad *(coll)* beautiful; beautiful thing

precioso -sa nice, lovely, beautiful

precipitado -da hurrying, rushing

precisamente especially, precisely, exactly

precisar to need; to state precisely; to spell out

preciso -sa exact, precise

pre-escolar *m & adj* preschool

preferido -da favorite

preferir (ie, i) to prefer

prefigurado -da foreshadowed, prearranged

pregonar to cry out, to hawk

pregunta question; **hacer una pregunta** to ask a question

preguntar (que) to ask; to question; to ask questions; to interrogate; **preguntar por** to ask about, after or for; **preguntarse si** to wonder whether

premio prize

prenda garment, apparel; article of clothing

prender to catch, to seize

prendido -da a attracted to, fascinated by, absorbed in

preocupado -da busy, upset

preocupar to worry; *ref* to be worried; to worry; andar preocupándose to bother oneself a great deal

prepararlos de domingo to dress them in their Sunday best

presagiar to foretell, to forebode, to foreshadow

presencia: la sola presencia the presence alone

presentar to present, to introduce, to show, to reveal; *ref* to introduce oneself; se le presentaba seemed to him

presentimiento feeling, threat, premonition, foreboding, misgiving

presentir (ie, i) to sense, to feel, to have a presentiment of; presentir una salida to see a way out

presidir to preside over

presión pressure

preso -sa *mf* prisoner

préstamo loan

presteza speed; con presteza quickly

presto -ta ready

presumido -da vain, conceited

presumir to suppose, to expect; to be conceited; que no presuma as long as she knows her place

pretender to claim; to pretend to; to try to do, to try for; to court; to apply; to seek; pretender + *inf* to try to + *inf*

prever to foresee

previsto -ta *pp* of prever; no había sucedido nada de lo previsto nothing had turned out as planned

prez *m* praise, honor, glory

primavera spring

primer, primero -ra *adj* first; de primeras at first; *m* first; la criada del primero the servant on the *second* floor *(not the first, as in the US)*; lo primero the first thing

primo -ma *mf* cousin

primor *m* elegance; care

príncipe *m* prince

principiar to begin

principio principle; al principio in the beginning, at first; en un principio at the beginning, originally

pringoso -sa greasy, oily

prisa or prisas hurry, haste; a toda prisa in all haste; de prisa quickly, swiftly; menuda

prisa que tendrá he'll probably be in a great rush; mucho más de prisa much faster; sin prisas leisurely; tener prisa to be in a hurry

privar to deprive

privilegiado -da favored, endowed

probar (ue) to prove; to try; probar un vestido a uno to fit someone with a suit or dress

procedente *adj* originating

proclamar to proclaim, to announce

procurar to try, to strive

pródigo -ga prodigal

producir to produce; producir desazón to annoy, to displease; *ref* to take place; to erupt

profesor -sora *mf* teacher; professor

profundidad depth, profundity

profundo -da deep, profound; intense

profusión abundance

prohibir (í) to prohibit, to forbid

prolongadamente persistently

prolongar to prolong, to extend; *ref* to take long

promover (ue) to provoke

pronto -ta early, quick, speedy, prompt; right away, soon; de pronto all at once, suddenly; hastily

pronunciamiento insurrection, uprising

propio -pia same, own; himself, herself, etc.; la casa propia one's own place; propio de peculiar to; una vida propia a life of (its) own

proponerse to propose, to plan; to intend

proporcionar to provide, to furnish

proposición proposal; overture

propósito purpose, plan; lo más a propósito the most suitable

proseguir (i) to continue

protector -tora protective

protesta protest; complaint

provecho profit, benefit

proveer to provide

providencia providence; foresight; Providencia Divine Providence

provinciano -na country

provisto -ta *pp* of proveer; provisto de provided with

provocar to provoke, to arouse; to irritate, to needle

provocativo -va irritating

próximo -ma close together, near, neighboring

proyectar to plan; to show (a film)

proyecto plan

prueba proof; dar pruebas to prove, to substantiate

psché *interj* Tst!

psicológico -ca psychological

puchero pot, kettle

pudrir to rot

pueblo town, village; people

puente *m* bridge

pueril *adj* childish; trifling

puerta door, doorway; gate; entrance; **puerta de acceso a la casa** door of the entrance to the house; **puerta de fuelle** *(rr)* flexible passageway between vestibule cars; **puerta lateral** side door; **puertas de salida a las plataformas** *(rr)* corridor doors

pues then, well; for, since; inasmuch as; yes, certainly, why; **pues que** since

puesta setting; play, bet, stake, wager; **puesta de(l) sol** sunset

puesto -ta *pp* of **poner**; placed, put, set; played; **llevar puesto** to wear, to have on; **puesto que** since, inasmuch as; *m* place, stall, booth

pulido -da elegant, smooth, shapely

pulir to polish

pulmonía pneumonia

pulsar to play

pulso pulse; wrist

punta point, tip, extremity, end; moment, instant; corner; root (of hair); **hecho a punta de aguja** hand-knitted

puntiagudo -da sharp-pointed

puntillas: de puntillas on tiptoe

punto point, dot; blotch, shape; degree; a **punto de** on the point of; **a punto fijo** exactly, precisely; **chaqueta de punto** knitted jacket; **en punto** sharp, on the dot; **punto culminante** crisis, critical point; **un acento muy en su punto** just the right accent

puntual *adj* on time

puño fist; **puño de trabajo** work detail

pupila pupil (of eye)

pupilaje *m* board and lodging

pureza purity

puro -ra pure, chaste; *m* cigar

purulento -ta purulent; like pus

Q

que that, which, who, whom; than; as; because; **a la que** to whom; **a que** until; in order that; *(coll)* I'll bet that; **¿a que no adivinas?** guess what?; **¿a que no sabes?** I bet you don't know; **con el que** with whom; **de las que** one of those who; **el que** he who, the one who; **en el pueblo que** in the village where; **en el que** in the one which; **es que** the trouble is that; **¿es que . . .?** can it be that . . .?; **¿es que no puedes?** can't you?; **la que** she who, the one who; **lo que** what; **lo que sea** anything; **¿que si quiero explicarme?** you ask whether I want to explain?; **que si va a volver Concha** I asked whether Concha is coming back; **todo lo que** anything, everything

qué what, which, what!; what a!; how!; **¿para qué?** why?, for what reason?; **¡qué se va a quedar!** I should say she isn't!; **¿y qué?** so what?

quebradura crack; fracture

quebrar (ie) to break; to bend

quedar to be, to remain, to linger; to stand, to be left; to sit, to lie, to stay; **lo a gusto que quedo** how wonderful I feel; **quedar citado** to have an appointment; **quedar fuera de lugar** to become out of place; **quedar peor** to be worse off; **quedar señalado** to be branded; *ref* to stand; to become; to remain; **¡ahí te quedas!** go ahead and stay there!; **irse quedando** to gradually grow or become; **quedarse de pie** to remain standing; **¿qué te quedas parada ahí?** what are you doing standing there?

quehacer *m* work, chore

queja moan, groan; complaint

quejarse to complain

quejido whine; groan; moan; wail

quemar to burn; to scorch; to scald; to irritate; **quemar la garganta** to stick in one's throat, to sear one's throat; **quemar la sangre a** to burn one up, to make one's blood boil

querer to wish, to want, to desire, to like; to love; to be trying to; to intend to; **no quisieron** they couldn't; they didn't even try to; **qué más quisieras** you don't want much, do you?; **¿queréis alguno un poco más de sopa?** someone want a little more soup?; **querer decir** to mean; **quise** I tried to; **quisiera** I should like; **quisieron, quiso** tried to; **quiso afirmarse** grew stronger

quien who, anyone who, whom; **a quien** the one to whom; **fue a ella a quien miró primero** she was the one he looked at first

quieto -ta quiet, silent; still, motionless

quietud stillness, quiet

quimérico -ca unreal

quinta induction; group of draftees; **de quinta en quinta** from one year's draft contingent to the next; **ir a quintas** to be drafted; **salir**

de quintas to complete one's military service

quinto draftee, recruit

quiosco *see* **kiosco**

quitar to remove, to take away; to detract, to draw away; to disturb; **esto no quita que** this doesn't change the feeling that; **quitar el polvo** to dust; **quitar importancia a** to detract from; **vamos, quita** come on, now, stop it; *ref* to take off; to get rid of; **se quitara** had taken off; **vamos a que te quites el hambre** come on, let's see about getting you something to eat; **y si no se le quitan bailando los dolores a la tabernera** and if dancing doesn't cure the barmaid's aches and pains

quizá *or* **quizás** maybe, perhaps

R

rabia anger, rage; **dar rabia** to make furious

rabo tail; **como llevando el rabo en equilibrio** with its tail straight up

racimo bunch, cluster, group; knot

radiante *adj* radiant, bright

radio *mf* radio

raído -da worn-out, frayed, threadbare

raíz *f* root; origin; basis; riddle

rama branch, bough

ramaje *m* branches, foliage

ramonear to nibble, to browse

rancio -cia rancid

rapidez *f* quickness, swiftness, rapidity

rápido -da: lo más rápido posible the fastest way; *m* express

rapto burst

raro -ra odd, strange; weird; **hacerse raro** to become scarce; **¿qué tiene de raro?** what's so strange about that?; **tener algo raro** to be a little strange, to have something strange about one

ras *m* evenness; **a ras de tierra** at ground level; lying flat on the ground

rascar to scratch

rasponazo scrape, scratch; **rasponazo en la rodilla** skinned knee

rastra rake; **medio a rastras** half dragging

rastro trail

ratito little while

rato time, while, little while; **al poco rato** in a little while; **al rato** after a while; **dentro de un rato** within a short time; **durante un rato** for a while; **hace ya rato** quite a while ago; **hacía un rato que había llegado** after he had been there a while; **largos ratos** a long while; **mucho rato** a good while; **un rato más** a while longer

Raúl Raoul, Ralph

raya line, stripe; **a rayas** striped

rayita crack, opening (of a door)

rayo ray; **rayos de sol** sunlight

razón *f* reason; **con razón** rightly; **razón de más** all the more reason; **tener (toda la) razón** to be (absolutely) right

razonable *adj* reasonable, fair

razonamiento reasoning, argument; **razonamientos** reasoning

reaccionar to react

real *adj* fine, splendid; **todo lo que le dé la real gana** anything he pleases; *m* fourth of a peseta

realidad reality; **en realidad** actually

realista *adj* realistic; *mf* realist

realizar to fulfill; to carry out; **realizar aquel juego** to play that game; *ref* to become fulfilled, to come to pass; **que habían ido realizándose y mezclándose** which had gradually reached fulfillment and blended together

reanudar to renew, to resume

rebajar to lower, to reduce, to mark down

rebelarse to rebel, to revolt

rebelde *adj* rebellious

rebuscar to keep searching for

recalar to head toward

recalcar to emphasize

recamado raised embroidery

recamar to embroider

recauchutar to recap (a tire)

recelo distrust, fear

recibir to welcome, to go to meet

recibo receipt

recién *adv* just, newly, recently

reciente *adj* recent

recio -cia strong, robust

recipiente *m* receiver, recipient

reclamar to summon; to claim or require (one's attention)

reclinado -da leaning, leaning back

reclinar to recline, to lean back

recobrar to recover

recodo bend, turn

recoger to pick, to pick up; to collect; to catch; *ref* to retire, to withdraw

reconocido -da well-known

reconvención remonstrance, reproach

recordar (ue) to remember; to recall; to refresh someone's mind; **recuerda el perfil de las casas abandonadas** it (the shadow) reminds him of the side view of old houses about to tumble down

recorrer to run over, **to go or pass through;** to chug along

recorrido run, trip; sweep; glance, look

recoser to mend

recostado -da resting, reclining; **recostado en el pasillo** leaning against the corridor wall

recrearse to enjoy oneself, to take delight

recreo recess

recriminar to scold

recuelo warmed-over coffee

recuerdo memory, remembrance; souvenir; recollection

recuperar to recover

recursos *mpl* means

recusable *adj* unacceptable; objectionable

rechazar to reject, to repulse

red *f* net, network, web; system

redaños *mpl* pluck, grit, courage

rediez *interj* confound it!

redondo -da round; **a la redonda** roundabout

referencia report; reference; news

referir (ie, i) to refer; to tell, to report; *ref* to refer

reflejar to reflect, to mirror, to show

reflejo flash; reflection

reforzar (ue) to strengthen; to intensify

refrán *m* proverb; **como reza el refrán** as the saying goes

refrescar to cool; to become cool; *ref* to freshen up, to cool off

refresco soft drink; cold drink; refreshment

refrito rehash

refugio refuge, haven, shelter

refunfuñar to growl, to grumble

regañar to scold

regar (ie) to irrigate

regatear (en) to haggle (over)

regazo lap

régimen *m* system, management; **régimen de trabajo** work schedule

regio -gia regal; stately; magnificent

regir (i) to rule, to govern

reglar to regulate

regodeo amusement

regresar to return

regreso return; **de regreso** back

reguero track; furrow; trace; trickle; **reguero de sombra** shady spot

regular *adj* fair, passable

rehuir to avoid, to shun

reinar to reign; to prevail

reincorporar to restore, to bring back

reír to laugh, to laugh at; **reír(se) a carcajadas** to laugh out loud, to roar with laughter;

ref to laugh; **reírse de** to laugh at; **reírse entre labios** to laugh to oneself

reiterativo -va repetitive

relación report; statement; correspondence; **en relación con** with regard to; **formalizar unas relaciones** to become engaged

relacionar to relate

relajar to relax

relato story

relente *m* night dew

relieve *m* ridge; contour; bump

reloj *m* watch; clock; **reloj de bolsillo** (pocket) watch

reluciente *adj* shiny

relucir to shine, to gleam, to glitter

rellano level stretch (in sloping country); landing (of staircase)

remangarse la camisa to turn up one's sleeves

remanso still water

remate *m* top; **para remate** to top it all

remedar to mimic

remedio remedy; help; solution; recourse; **aquello no tenía remedio** the situation was hopeless; **no tener más remedio que** + *inf* to not be able to help + *ger;* **no tener remedio** to have no solution; **sin remedio** without help; without fail; irrevocably; hopelessly

remilgo squeamishness; **no está la cosa para remilgos** it's no time to be choosy

remisión deliverance, release

remontar to raise

remoto -ta remote, distant

remozar to remodel, to do over, to renovate

rencor *m* rancor, animosity, ill feeling

rencoroso -sa resentful

rendez-vous *m (Fr)* meeting; assignation

rendido -da tired, worn-out

rendija crack

rendir (i) to yield, to produce; **que rinda bien** as long as she works hard

Renfe, la acronym for **la Red Nacional de los Ferrocarriles Españoles** the Spanish National Railroad System, set up in 1941

renglón *m* line; **a renglón seguido de** right after

renovar (ue) to renew, to bring back

reojo: de reojo askance, furtively, over one's shoulder, out of the corner of one's eye

reparar to notice; to pay attention to

repasar to review; to revise; to correct

repeinado -da slicked up, well-groomed

repente: de repente suddenly

repentino -na sudden

repetidamente repeatedly

repetir (i) to repeat; **se lo hizo repetir** she let

him repeat it

repiquetear to sing; to beat; to splash

repipio -pia conceited, vain

repisa shelf; mantelpiece

repleto -ta loaded

replicar to reply, to argue

reponer to put back; to regain; **repuso** he replied; *ref* to recover, to calm down; to relax

reportaje *m* reporting

reposado -da grave, solemn

reposar to settle

reposo rest, repose

represalia reprisal, retaliation

representación performance; **representación gráfica** portrayal

representar to depict

reprimir to repress, to hold back

reproche *m* reproach

repuesto replacement; **de repuesto** as a replacement

requerir (ie, i) to require

resbalar to slip by, to glide, to slide; to roam; **horas que parecían resbalar de dos en dos** hours that dragged on and on and seemed two hours long

rescatar to ransom; to rescue

rescate *m* recovery; restitution; amends; atonement

resentido -da resentful

reseña newspaper account; review (of a book)

reserva reserve, suspicion

reservado -da reserved; remote; aloof

resfriarse (í) to catch cold

residencia home

resina resin, pitch

resinoso -sa resinous, full of pitch

resolución resolve

resolver (ue) to solve, to settle; **resolver** + *inf* to resolve to + *inf*

resollante *adj* breathing heavily, snorting; growling

resonar (ue) to resound, to echo

resoplar to puff, to snort; *m* snorting, puffing; **el resoplar trabajoso de los hierros** the labored banging of (all that) iron (i.e., the wheels, the rails, the train)

resorte *m* spring

respaldo back (of seat)

respecto respect, reference; **respecto a** with respect to

respetar to respect

respeto respect, consideration

respetuoso -sa respectful

respiración breathing

respirar to breathe; to breathe a sigh of relief

resplandecer to shine, to glitter

resplandor *m* light; flash; glow

responder to answer; to guarantee; **no respondo** I won't be responsible; **respondiera** had answered

respuesta answer, response

resquicio chance, opportunity, occasion

resto rest, remainder

restregón *m* hard rubbing; **a restregones** by hard rubbing

resuelto -ta *pp* of **resolver**; resolute; resolved, determined

resultar to result; to be; to prove to be, to turn out to be; **me resulta extraño que +** *subj* it's hard for me to believe that

retazo bit; scrap

retener to hold, to keep; to detain

reticencia half-truth, evasiveness

retirar to retire, to withdraw; to step aside; to step back; to remove, to take away; **vivir retirado** to live by oneself

retornar to return

retorno return

retozarse to revel, to rejoice, to frolic

retrasarse to delay, to be late; **no era cosa de retrasarse** one couldn't afford to be late

retraso delay

retratarse to sit for a portrait

retrato picture; portrait; likeness; emblem; design; **hacer un retrato** to take a picture; **retrato de boda** wedding picture

retrete *m* toilet, water closet

retroceder to back away, to draw back; to give up, to back down; to slip back, to go back, to turn back

retrospectiva flashback (in motion pictures)

retrotraer to take back

reunión gathering; group

reunir to bring together, to call together, to assemble; **reunido con** meeting with; *ref* to form, to come together

revelador -dora revealing

revelar to reveal; *ref* to be revealed

reventar (ie) to burst; **ya verás cómo no revienta** you'll see, he won't burst; *ref* to burst; to be longing for; **reventarse para** to be bursting to

reverdecer to sprout anew

reverencia bow

revés *m* back; reverse; backwards, in the opposite way; wrong side; **al revés** contrariwise; (of hat) inside up; **colgado del revés** hanging wrongside out; **en vez de la frase al revés** instead of the other way around

revestir (i) to cover; to adorn; to invest
revisor *m* conductor, ticket collector
revista review (magazine), quarterly
revistero -ra *mf* reviewer (of books); magazine writer
revivir to relive, to live again
revolcar (ue) to knock down; *ref* to roll over
revolotear to flit, to flutter
revoloteo fluttering
revolverse to turn around; to swing around; to move about
revuelo flying around and around; commotion
revuelto -ta *pp* of **revolver;** disarranged; dishevelled
rey *m* king
rezagado -da *mf* laggard, straggler; **rezagado de la cena** late diner
rezar to pray; to say; to read; **como reza el refrán** as the saying goes
rezongar to grumble
riachuelo stream, brook; rivulet
ribazo slope; embankment
ribera bank, shore; riverside
ribetear to fringe, to edge, to trim
ricamente: estar más ricamente to be most comfortable
ricino: aceite de ricino castor oil
rico -ca rich; dear, darling, adorable; enjoyable
rien *(Fr)* nothing; **rien ne va plus** bets are closed
riesgo risk
rincón *m* corner
rinconada corner
ringla row
risa laugh, laughter; fit of laughter; **cuchichear entre risas** to whisper and laugh; **risa contenida** silent laughter; **tener risa** to have cause for laughter
risueño -ña smiling
ritmo rhythm
rito ritual
robar to steal, to rob; to deprive of, to take away; **siempre se pide lo que otro roba** the thief makes a beggar of his victim
robo robbery, theft
rocío dew
rocoso -sa rocky
rodar (ue) to spin, to roll, to tumble; to drop; to skid
rodeado -da de surrounded with, encircled within
rodear to surround, to encircle; *ref* **rodearse de** to surround oneself with
rodilla knee
rogar (ue) to ask, to beg

Rogelio Roger
rojizo -za reddish
romería romería, picnic, excursion, pilgrimage; gathering at a shrine on a saint's day
romero -ra *mf* pilgrim
romper to break; to burst; to split; to pierce; to break down; *(mil)* **¡rompan filas!** break ranks!
roncar to snore
ronco -ca hoarse; harsh; husky; raspy
ronquido snore
ropa clothes; bed linen; **ropa blanca** linen; **ropa de cama** bed covers; **ropa interior** underwear
ropero wardrobe; **escaso ropero** nearly empty closet
rosario rosary; prayers to the Virgin Mary
roso -sa red, rosy
rosquilla doughnut; cruller; cake
rosquillera doughnut-maker
rostro face
roto -ta *pp* of **romper;** broken
rotundo -da well rounded; sonorous; full; high-sounding
rozar to rub; to brush against, to graze
rubio -bia blond; light; mild; **el pelo teñido de rubio** her hair bleached a bright gold
ruborizarse to blush
rudo -da rough; rude; hard
rueda circle; round slice; wheel; dial
rugosidad wrinkle
ruido noise; sound; **sin ruido** silently
ruidoso -sa noisy, loud
ruleta roulette
rumbo route, course, bearing; **sin rumbo** at random
rumor *m* sound, noise; buzz; murmur; rumor
rumoroso -sa murmurous with sound
ruta route

S

sábana sheet
saber to know; to find out; to taste; **no sabía cómo** before he knew it; **no sabía qué cosa** something or other; **saber a** to taste of; to smack of; to have the smell of; **saber + *inf*** to know how to, to be able to + *inf; ref* to be; to find oneself
sabiendas: a sabiendas de que knowing that, aware that
sabor *m* taste, flavor
sabroso -sa savory, delicious
sacar to obtain, to get; to buy; to pick; to bring out; to take out; **sacar adelante** to

make a go of, to be successful with; **sacar billete** to buy a ticket; **sacar cera** to wax; **sacar fuera** to take out, to pull outside; **sacar la cuenta de** to count up, to estimate; **sacar la lengua** to stick out the tongue; **sacó la cuenta de los años que no veía** she counted up the years since she had last seen; *ref* **se sacaba más partido de las mujeres** one made out better with the women

saco sack, bag; sackful, bagful; burden

sacramental *adj* ritualistic, ceremonial

Sacré Cœur *(Fr)* Sacred Heart (school)

sacristán *m* sexton

sacristía sacristy

sacudida jolt, jerk, lurch

sacudir to shake, to shake off, to shake out, to brush off; **sacudir de encima** to shake off; *ref* to shake off

sagrado -da sacred

sala salon; living room; **sala de ruleta** roulette room

Salamanca Castilian province, city and university

salar to salt, to give a salty taste to

saledizo -za prominent, jutting

salida exit; departure; loophole; **a la salida del trabajo** after work

salir to go out; to come out; to leave; to enter (as on stage); to turn out; **salid fuera** come out from under there; **salir adelante** to get ahead, to succeed; **salir de** to cease being; to get rid of; to leap or jump out of; **salir de quintas** to complete one's military service; **salir de un salto** to leap forth; **salir de veraneo** to leave on summer vacation; *ref* **salirse con la suya** to come out ahead

salmodiar to sing; to chant; to intone

salón *m* salon, drawing room

salpicar to splash, to bespatter

salsa gravy

saltar to spring up, to leap, to jump; to spurt; **saltar a los ojos** to be self-evident; **saltar de** to leap out of, to jump down from; **saltar el ojo a** to put out the eye; *ref* **se le han saltado las lágrimas** tears came in a rush to her eyes

salto leap, jump; **como si fuera a dar un salto** as if poised to spring; **dar un salto** to jump

salud *f* health

saludar to greet; to bow to; to nod a greeting to; **fue saludando a todas** greeted each and every one; *ref* to greet each other

salvaje *mf* savage

salvo save; except for; **salvo error** barring error

sanar to recover, to get well

sangre *f* blood

sano -na healthy; healthful

san, santo -ta holy, blessed; saintly; *mf* saint; **en su santo** on her saint's day; **¿qué santo . . .?** what in heaven's name?. . .; **Santa Lucía** St. Lucy, patroness of the eyes

saña anger, rage; **con saña** angrily, cruelly

sapo toad

sargento sergeant

sarmiento vine shoot

sarta string; row; series

sartén *f* frying pan

satisfacer to satisfy

saya skirt

secamente harshly; coldly; abruptly

secar to dry; to wipe; to dry up, to parch; to dry out

seco -ca dry

secreto -ta secret; quiet; hidden

sed *f* thirst, craving; **tener sed** to be thirsty

seda silk, brocade; smoothness; **como una seda** smooth as silk; no more trouble

sediento -ta thirsty, dry

segar (ie) to harvest, to reap, to mow

seguida: en seguida at once, immediately, right away, in short order

seguidamente without interruption; next

seguido -da in a row; **un mes seguido** an entire month

seguir (i) to continue; to follow; **a seguir bien** keep well; your health

según according to, according as, as; **según ella** according to her liking; **según se dé** it all depends; **según vaya el trabajo** depends on how the work goes

segundo -da second; **segunda** *m* 2nd class car or ticket; **tía segunda** grandaunt, great-aunt

seguramente undoubtedly, surely

seguridad security; footing; support; certainty

seguro -ra sure, secure, safe; steady, unfaltering; **de seguro** surely; *m* insurance

selva forest; **selvas del mar** white-capped forests of the sea

sellado -da closed, finished

sellar to finish; to seal

semana week; **la semana que viene** the following week; **semanas enteras** for weeks at a time

semanal *adj* weekly

semblante *m* face, features

sembrado grainfields

sembrar (ie) to sow, to plant; to sprinkle, to scatter; *ref* to spread out; **se les van sem-**

brando por el camino keep spreading out on them along the way

semejante *adj* like, similar, such, such a, the same kind of; **cosa semejante** such a thing; **semejantes unos a otros** similar to each other

semejanza similarity

sencillez *f* simplicity, naturalness

sencillo -lla simple, easy, plain

sendero path, footpath

seno breast

sensibilidad sensitivity

sensible *adj* sensitive

sentadita sitting over there all by herself, poor little dear

sentado -da sitting down, seated

sentar (ie) to seat, to place, to put; to suit; to fit; to agree with; *ref* to sit, to sit down; **sentarse a** or **en** to sit down at

sentencia sentence, opinion, judgment

sentido sense, consciousness; common sense; value

sentimiento sentiment, feeling, sorrow, emotion

sentir (ie, i) to feel, to perceive, to sense; to be sorry; **lo siento infinito** I'm so sorry; **sentir ganas de** to feel like; **sentir hambre** to feel hungry; **sentir miedo** to feel afraid; *ref* **se sintieron ellos mismos otra vez** they felt like themselves again

seña sign; signal; mark; **hacer una seña** to signal

señal *f* sign; signal; light

señalado -da famous, noted; **quedar señalado en** to be branded on

señalar to mark, to show; to indicate, to point out; **señalar por** to point at

señor sir, mister; lord; God, our Lord; **señor Pedro** *less respectful than Don Pedro but denoting consideration and esteem;* **esos señores** those people; that family; **unos señores** some people

señora lady; wife

señorial *adj* lofty

señorío style, bearing, elegance

señorita miss; young lady; *(also used by family servants when addressing or referring to the lady of the house)*

señorito young man, young gentleman; **muy señorito** quite the young gentleman

separado -da separated, wide-open; **muy separados** set wide apart

separar to separate; to remove; to unfasten; *ref* to step away

sepultar to bury; to hide

sequedad dryness; gruffness

sequía drought

ser to be; **a no ser** unless; **a no ser por** if it were not for; **¿es que no vas a venir?** well, aren't you coming?; **he sido yo** I've been the one; **lo que sea** anything; **o sea** or rather; **que sea lo que quiera** let it be what it may; **sea como sea** be that as it may; **ser de** to be made of; *m* being, person, spirit

sereno -na quiet, peaceful, calm; *m* night watchman

seriedad seriousness

serio -ria serious; reliable; stern, severe; solemn; **en serio** seriously; **tan en serio** so final

serón *m* pannier, basket

serpiente *f* serpent, snake

serrano -na mountain, highland, country; **trenes serranos** trains to the mountains, country trains

serrín *m* sawdust

servicio: de servicio on duty; **horario en el servicio** work schedule

servidumbre corps of servants

servilleta napkin

servir (i) to serve, to wait on; to help; to be in service; **¿de qué me ha servido?** what good has it done me?; **no servir para nada** to have no useful purpose; **para servirle** at your service; **servir de** to serve as; **servir para** to be good for

seso brain; wisdom; intelligence; **tener metido en los sesos** to have imbedded in one's brain

seto hedge; enclosure

severo -ra strict

si if, I wonder if; even if; whether; **como si nada** as though it were nothing, just like that; as if I hadn't; **si no** unless; if not this very thing

sí yes, indeed; oneself, etc.; **chocar entre sí** to stumble over each other; **entre sí** to each other; **pues sí que ...** why (you're) certainly ...; **sí que** certainly, really

siempre always, forever; **como siempre** as usual; **del de siempre** the usual, of the usual; **de siempre** usual; **siempre igual** always the same; **siempre que** whenever

sien *f* temple

sierra mountain range

siesta afternoon nap; **dormir la siesta** to take a nap

significación meaning

significado meaning

significativamente meaningfully, expressively

significativo -va significant

signo sign

siguiente *adj:* **al día siguiente** on the following day

sílaba syllable

silábico -ca syllabic

silbar to whistle; to hoot

silbido whistle, whistling; **un hilo de silbido** a thin high-pitched whistling

silencio: hacer un silencio to fall silent

silencioso -sa still, silent, quiet

silueta silhouette

silla chair; stroller

sillita de ruedas stroller; wheel carriage

sima gap (between two points of view)

simétrico -ca symmetrical

símil *m* simile

simpatía friendliness

simpático -ca congenial, friendly

sin without; **sin embargo** nevertheless, however; **sin que** + *subj* without + *ger;* **sin que ocurriera nada** without anything happening

síncope *m* fainting spell

siniestro -tra sinister; ominous; unpromising

sino but, except; **no ... sino** only; **sino que** but

sintetizar to sum up

síntoma *m* symptom

sinvergüenza *m* scoundrel; rascal

siquiera even, at least

sirvienta maid, servant girl

sitio place, spot, room; **hacia ningún sitio** to nowhere

smoking *m* tuxedo, dinner coat

sobar to knead, to massage; **por lo sobado** from constant handling

sobra: de sobra more than enough

sobrar to be more than enough, to be left; **sobrarle a uno tres duros** to have an extra fifteen pesetas

sobre on, on top of, upon; over; above; about; near; **mano sobre mano** idly; **Sobre las olas** famous waltz (1888) by Juventino Rosas (1868-1894), a pure-blooded Otomí Indian born in Santa Cruz de Galeana, Guanajuato, Mexico; **sobre todo** above all, especially; **siempre sobre sus instintos** always in control of her instincts; *m* envelope

sobrecogedor -dora surprising; startling

sobrecoger to surprise, to overcome; to terrify

sobremesa: lámpara de sobremesa table lamp

sobresaltar to surprise; to startle

sobresalto fright, shock

sobretodo above all, especially

sobriedad sobriety, moderation

sobrino nephew

Sócrates Athenian philosopher (469-399 B.C.)

sofá *m* couch

sofocante *adj* stifling

sofocar to hold back, to stifle

sofoco embarrrassment, chagrin; vexation

sol sun, sunshine; **al sol** in the sunlight; **a pleno sol** in the sunlight; **el sol de toda sonrisa** sunny smiles; **hacer sol** to be sunny; **no es que hiciera sol** it wasn't because the sun was out; **sol de fuego** fiery sun

solamente only, solely

solapa lapel

solapado -da unspoken

solapar to conceal

soldadito toy soldier

soledad loneliness, solitude; seclusion; aloneness

solemnidad solemnity; **un pobre de solemnidad** a downright pauper *(but one who has seen better days)*

soler (ue) to be accustomed to, to be wont to

soliloquio soliloquy

solitario -ria solitary, lonely

solo -la only, sole; alone; lonely; **a solas** all alone

sólo only, solely; **tan sólo** only, just, merely

soltar (ue) to release, to loosen, to set free; to unhitch; to throw aside; to utter; **y te vas soltando** and on your way

soltero -ra single; *m* unmarried, bachelor; *f* unmarried, spinster, maiden lady; **de solteros** still single

soltura ease, agility, freedom; activity

solucionar to solve, to resolve; to determine

solvencia responsibility

solvente *adj* sound, responsible

sollozar to sob

sollozo sob

sombra shade, shadow, outline; darkness **a la sombra** in the shade; **sin sombra de temor** without the slightest fear

sombrío -a shady; somber

someter to subject

son *m* sound, sweet sound

sonado -da famous, much talked-about

sonar (ue) to sound, to ring, to strike; **sonar a** to sound like; **sonar la nariz** to blow one's nose; **una llamada que no llegó a sonar** a call that didn't come; *ref* to blow one's nose

sonido sound

sonoro -ra clear; resounding, loud

sonreír(se) to smile; **sonreír forzosamente** to give a strained smile

sonriente *adj* smiling

sonrisa smile; **sin sonrisa** unsmiling

sonrojarse to blush; **sonrojarse hasta la punta de los cabellos** to blush to the roots of one's hair

soñar (ue) to dream; **soñar con** or **en** to dream of

sopa soup

sopapo slap, blow, whack

sopera soup tureen ·

sopetón: de sopetón suddenly

soplar to blow on

soplo gust; blast; exhaust

soportal *m* arcade, portico

soportar to bear, to endure

sorber to sip; to absorb; to alleviate

sorbo sip, swallow

sórdido -da old, dirty

sordo -da deaf; silent, quiet, subdued, muffled

Soria Castilian province and city, famous for its sweet butter and candied egg yolks (yemas)

sorna cunning

sorprender to surprise

sorpresa surprise; consternation

sortija ring, locket ring

sosegado -da calm, quiet, peaceful

sosiego relaxation, serenity

soslayo: de soslayo askance; **mirada de soslayo** side glance

sostener to endure; to sustain; to stand behind; to give strength; to hold; **ella le sostuvo la mirada** she met his glance squarely

suave *adj* smooth, soft; gentle; mild

suavidad mildness

suavizar to soften

subalterno -na *mf* subordinate; employee

súbdito -ta *mf* subject

subida getting on; entrance

subir to raise; to rise, to go up. **subir a** to get on or into; to climb into; *ref* **subirse** to raise; **subirse a** or **en** to climb into, to go up to

súbitamente suddenly, all at once

súbito -ta unexpected, sudden

sublevarse to rebel, to revolt

subrayar to underline, to emphasize

subrepticio -cia surreptitious, stealthy

suceder to happen; to turn out; to take place; to succeed, to follow; **suceder a** to follow after

suceso event; **sucesos** latest happenings

sucio -cia dirty, soiled, smeared, filthy

suculento -ta lush; fleshy

sudado -da sweat-stained; reeking

sudar to sweat; to reek

sudor *m* sweat, perspiration; **el sudor se le puso frío** he broke out in a cold sweat

suegra mother-in-law

sueldo salary, pay

suelo ground, soil; surface; floor; bottom

suelta time off; day off; holiday; leave; liberty

suelto -ta loose; separate; **palabras sueltas** isolated words

sueño sleep; dream; rest; **dar sueño** to lull to sleep; **tener sueño** to be sleepy

suerte *f* fortune, luck; fate; **que tengas suerte** best of luck; **tener suerte** to be lucky; **vaya una suerte que sería** a lucky thing it would be

suficiencia: con suficiencia complacently

sufijo suffix

sufrimiento suffering

sufrir to suffer, to undergo; to experience

sugerencia suggestion

sugestionar to influence by suggestion

sujetar to hold tight, to press tight, to seize

sujeto -ta subject; **mal sujeto** flabby, sagging

suma sum, total; figure

sumergido -da: estaban todavía sumergidos en aquello they were still overwhelmed by all that spectacle

sumergir to submerge, to immerse

súplica entreaty; request

suplicante *adj* imploring, pleading

suplicar to entreat, to implore

suplicio torture

suponer to mean, to imply, to signify; to presuppose; to take for granted; **la reducción del sueldo que suponía acudir a la tienda sólo por las mañanas** the salary reduction he expected for only working mornings in the store; **lo que suponía yo** just what I thought

surcar to furrow; to cut; to etch; to carve, to form

surco furrow

surgir to appear; to spring up, to come forth; **surgir de su interior** to rise up from inside one

susceptible *adj* innocent

suspenso -sa suspended; **dejar en suspenso** to stop or cease (doing something)

suspirar to sigh; **suspirar por** to sigh for

suspiro sigh

sustantivo noun

sustentador -dora sustaining
sustituir to replace
susto scare, fright; dread
susurrar to whisper
sutil *adj* subtle
sutileza finesse
suyo -ya his, of hers, etc.; **los suyos** his family; **lo suyo** his situation, his troubles; what was his; **el mismo suyo** his own

T

taberna tavern
tabernera innkeeper's wife; barmaid
tabernero innkeeper; bartender
tabla board
tabú *m* taboo
tácito -ta silent; unspoken
tacto touching; contact; surface
tachar to strike out; to condemn; to censor
tajo cut; hoeing
tal such, such a; **con tal (de) que** provided (that); **la tal** the aforementioned; **¿qué tal?** hello!; how's everything?; how do you like it?; **¿qué tal te va?** how're things going?; **tal vez** perhaps; **un(a) tal** a certain
taladrar to penetrate; to interrupt
talón *m* heel
talla size
tallar to carve; **talladas a navaja** roughly carved
taller *m* workshop; dress shop
tamaño -ña such a, such a big
tambalear to stagger; to stumble; **levantarse tambaleando** to stagger to one's feet
tamborileo beating of a drum
tampoco neither; not either
tan so; enough of a, so much of a; **tan a su gusto** so comfortable; **tan . . . como** as . . . as
tantán *m* gong; tom-tom
tantear to grope
tanto -ta so much; as much; **tanto** so much, so hard, so often, as much; **estar al tanto (de)** to be aware (of), to be informed (about); **mientras tanto** meanwhile, in the meantime; **por lo tanto** therefore; **por tanto** therefore; **tantos -tas** so many; **un tanto** somewhat, rather, a little
tañer sus campanadas de la medianoche to chime the midnight hour
tapa lid
tapabocas *msg* muffler
tapar to cover, to cover up, to hide; to obstruct
tapete *m* rug; felt; cover; cover (of table);

tapete verde gambling table
tapia mud or adobe wall
tapiz *m* tapestry
tapizar to upholster; to cover
taponar to cut off; to choke off
taquilla box office; ticket window
tarado -da defective; worn-out
tardar to be long, to be late; **tardar en** + *inf* to be long in + *ger*, to take long to + *inf*; **que no tarden** just so they don't take too long
tarde late, too late; **de tarde en tarde** from time to time; **hacer(se) tarde** to grow late; **ya era tarde** it was already too late; *f* afternoon; evening; **a media tarde** around mid-afternoon; **buenas tardes** good afternoon; **dar las buenas tardes** to wish (someone) a good afternoon; **para por la tarde** for the afternoon; **por la tarde** during the afternoon
tarea task, chore
tarjeta card; **tarjeta postal** postcard
tarro jar
tartamudear to stammer, to mumble
tasca tavern; dive, joint
taurino -na bullfighting
taza cup; teacup
té *m* tea
teatral *adj* theatrical
techo ceiling; roof; **del techo** hanging from the ceiling
tedio ennui, boredom
tejedor *m* weaver
tejido fabric, material
tela cloth, fabric
telaraña web, cobweb, spider web
telegrafiar (í) to wire
telo film; **telo de leche** milky film or curtain
telón *m* drop curtain; **telón de fondo** backdrop, background
tema *m* theme, topic, subject
temblar (ie) to tremble, to shake, to quiver
temblequear to tremble, to shake, to shiver
temblón -blona tremulous; flickering; shaky
temblonamente like a chill, like a shudder
temblor *m* shaking, trembling; vibration; **hasta el temblor** to the point of trembling
tembloroso -sa trembling, shaking; flickering
temer to fear
temerario -ria rash, reckless, hasty
temeroso -sa fearful, afraid
temor *m* fear, dread
templado -da cool; gentle, soothing; softened
templar to calm, to pacify; to tune; **templar gaitas** to calm things down
templo church

temporada season, period, spell

temprano -na early; **temprano** *adv* early

ten *impv* of **tener**

tender (ie) to spread, to stretch out

tenderete *m* shop, stand, stall

tendido -da tense

tenedor *m* fork

tener to have; to hold; to keep; **acaso tiene perfil de ave** perhaps it (the shadow) resembles a bird; **¿qué tiene?** what's the matter?; **tener por** to consider as; **tener que** + *inf* to have to + *inf;* for expressions like **tener hambre** to be hungry, see the noun; **tenerlo pensado** to have it all thought out; *ref* **tenerse por** to consider oneself

tensión: en tensión tense

tenso -sa tense

tentar (ie) to tempt

tenue *adj* light; faint; soft

teñir (i) to dye; to stain, to tinge; to bleach; **teñir de** to tinge with; *ref* **teñirse de** to become tinged with

teórica theory

tercer, tercero -ra *adj* third; **tercera** *m* 3rd class car or ticket

terciopelo velvet

terco -ca endless; stubborn, obstinate

terminar to end, to finish; **terminar de** + *inf* to finish + *ger;* **terminando de cenar** having finished supper; **terminar por** to end up by; **ya no faltaban sino minutos para terminarla** the end of it was only minutes away

término end, tip; term

terno suit of clothes

ternura tenderness; **con ternura** tenderly, softly

terraza terrace, patio; veranda

terrenal *adj* earthly

terreno land, ground; piece of land; district

terrorífico -ca terrifying

terso -sa smooth

tertulia party, social gathering; **formar** or **hacer tertulia** to sit around and talk

tesis *f* (*pl* **-sis**) thesis

tesón *m* insistence; grit, pluck

testuz *mf* face; forehead (of animals)

tez *f* complexion

tía aunt; good woman; old woman; bawd; **tía segunda** grandaunt, great-aunt

tibieza warmth

tibio -bia lukewarm; mild; nice and warm; loose, slack, sagging; **ojeras tibias** tiny circles under the eyes

tiempo time; weather; **al poco tiempo** in a little while; **al poco tiempo de casados** shortly after being married; **antes de tiempo** earlier than expected; **a tiempo** on time, in time; **a tiempo de** in time to; **¿cuánto tiempo hace de eso?** how long ago was that?; **en los últimos tiempos** lately, for some time past; **en mis tiempos** in my day; **estar tiempo** to stay put, to stick around; to stay long; **sin tiempo** timeless

tienda shop; store; gift shop

tierno -na tender; young

tierra earth; ground; soil; land; property; fields; farming; home ties; homesickness; **tan sin tierra** so incorporeal; **tierra de cultivo** farm lands

tieso -sa stiff, tense, rigid, hard; tight; curt

timbre *m* bell; button; doorbell

timidez *f* timidity; shyness

tímido -da timid, shy; reluctant; humble

tiniebla darkness; night

tino skill; feel (for things); (good) aim

tinte *m* dry cleaners; **¡qué tinte ni qué niño muerto!** cleaners!, that's a fine one!

tintinear to tinkle; to patter; to beat

tintineo patter; drumming; spatter

tío uncle; old man; fellow; old guy; **tío antipático** unpleasant creature

tipo type; fellow, guy

tira strip; **tira de sujeción** buckle strap

tiránico -ca despotic

tirante *adj* drawn tight, tucked in; *mpl* **tirantes** suspenders; traces (of harness)

tirar to throw; to shoot; to turn (to right or left); to attract, to appeal; **¿hacia dónde tiramos?** where are we headed?; **no me tira eso** I don't go for that; **tirar de** to pull by or on; **tirar para adelante** to go straight on; *ref* to throw oneself

tiritante *adj* shaking, shivering, quivering

tiritar to shiver, to tremble

tiro shot; **tiro al blanco** target practice

tirón *m* tug; pull; jerk

tisú *m* satin

titubeante *adj* hesitating, hesitant

titubeo hesitation

titulado -da entitled

título title; degree

toalla towel

tocado hairdo

tocar to touch; to play (music); *ref* to be played

tocayo namesake

tocino bacon

todo -da all; whole; every; *m* everything; **del todo** completely, wholly

toldo tent

Toledo Castilian province and city

tomar to take; to get; to make; to seize; **tomar en serio** to take seriously; **tomarla con alguien** to pick on someone, to have it in for someone; **tomar la fresca** to get some fresh air; **tomar por la izquierda** to turn left; **tomar una decisión** to come to a decision

tomo: de tomo y lomo out-and-out, all the way through

tonificador -dora strengthening

tono tone; tune; pitch, key

tontería foolishness, nonsense

tonto -ta silly; stupid; foolish

toque *m* touch; **dar los últimos toques** to put the finishing touches to

torbellino whirlwind; wave; rush

torcer (ue) to twist; to bend; to distort; **torcer a la voluntad de alguien** to give in to someone

torero bullfighter

tormenta storm; turmoil; quarrel

tornarse to turn, to become

torno: en torno round about; **en torno a** or **de** about, around

torpeza clumsiness; slowness; awkwardness; stupidity

torre *f* tower, castle

torrente *m* shower

torta round cake; slap

tortilla omelette; pancake

tos *f* cough

tostada piece of toast

trabajador -dora hard-working, industrious; *mf* worker, toiler

trabajar to work; **trabajar de largo** to work long hours

trabajo work; job; trouble

trabajosamente with difficulty

trabajoso -sa labored, difficult

trabar to join, to unite; to begin; to connect

traer to bring, to bring on; **traer hambre** to feel like eating; **traer la lección aprendida** to have one's lesson memorized; *ref* **traerse a casa** to bring home; **traerse con** to carry on with; **¿qué se traería con la muchacha?** what could he be up to with the girl?

tráfico serrano passengers bound for the mountains

tragar to swallow; *ref* to swallow up; **tragarse el mundo** to feel like taking on the whole world single-handedly; **tragarse la noche** to

get the night over and done with; **tragarse las lágrimas** to choke back the tears

trago swallow; swig; sip

traición treason; **un poco a traición** somewhat treasonably; rather unfairly

traicionar to betray

traje *m* dress; suit; **traje a rayas** striped suit; **traje de etiqueta** dinner coat; dress suit

trajecito pretty little dress

trajeran see **traer**

trajín *m* bustle; going and coming

trajinar to bustle about; to be busy

tralla lash

tramo flight (of stairs)

trance *m* predicament; crisis; danger, peril; **en trance de ser padre** on the verge of becoming a father

tranquilidad peace of mind

tranquilizar to quiet, to calm down, to pacify

tranquilo -la quiet, peaceful; relaxed; in place

transcurrir to pass, to elapse

transcurso passing; course (of time)

transeúnte *mf* passer-by

transfigurar to transform; to change

transmitir to communicate; *ref* to be handed down

transportar to carry

transversalmente crosswise

tranvía *m* streetcar

trapo cloth; rag; **flores de trapo** artificial flowers

traquetear to shake; to rattle

traqueteo rattling; jolting; jerking

tras after; behind; **uno tras otro** one (running) after the other

trascendente *adj* important, real

trasero -ra back, rear; *m* rump; **cuartos traseros** hindquarters

trasmundo afterlife, the hereafter, the beyond

traspiés *msg* slip; stumble; **dar algún traspiés** to stumble about a little

trastornar to upset

trastos *mpl* sticks of furniture

trasvasarse to share; to transfer to oneself

tratar to deal with; **tratar de** to be about; to treat as; to try to; *ref* **tratarse de** to be a question of

trato dealing; treatment; manner

través: a través de in; through; across; **a través de las horas** hour after hour

trayecto journey; trip; excursion

trazar to trace, to lay out; to outline

trecho stretch (of time or space); **de trecho en trecho** at intervals, here and there

tremendismo realistic movement in contemporary Spanish fiction and theater which is characterized by emphasis on suffering, horror, and violence

tremendo -da terrible; frightful; dreadful

tren *m* train; car; **tren correo** mail train; **tren de cercanías** local trains to nearby towns; **tren de mercancías** freight train; **trenes serranos** trains to the mountains; country trains

trepar to creep up

trigo wheat

trigueño -ña darkish, olive-skinned; *(of the color of wheat)*

trilla threshing; threshing time

tripas *fpl* insides

triscador -dora noisy; frisky

triste *adj* sad; dismal, gloomy; mean

tristeza sorrow, sadness

triunfar to be successful

trompicones *mpl:* **a trompicones** stumbling

tropezarse con to meet; to run into; to come upon

tropo figure of speech

trotar to trot; **por no trotar más casas** so as not to try elsewhere

trozo piece, portion, fragment

tubo pipe, tube, funnel

tuerto -ta one-eyed

tugurio dive, clip joint; hole

tumba grave

tumbar to stun, to knock out; *ref* to throw oneself down

tumbo fall; stumble; **dar tumbos** to knock about

tupé *m* clump; tuft

turbarse to be disturbed; to be discomposed

turbio -bia cloudy; confused; troubled

turno turn; **por turnos** in turn, by turns

U

ufano -na proud, haughty

últimamente lately, recently

último -ma last, latest; final; bottom; **a última hora** much later, when it grew late, before going home; **de última hora** last-minute; **por último** finally

ultramarinos *mpl* fine overseas foods, delicatessen; groceries

umbral *m* doorway; threshold; beginning

únicamente only, solely, simply

único -ca sole, singular; unique; **lo único** the only thing

unirse to join

un, uno -na one; some; **eran todavía unos**

niños they were both still children; **los unos por los otros, la casa sin barrer** a lot of fuss and orders and nothing getting done

urgente *adj* special delivery

urinario urinal

utilidad: sin utilidad useless

uva grape; **tener mala uva de guardia** to have the sour disposition of a rural policeman

V

vacaciones *fpl* vacation; **en vacaciones** on leave

vaciar (í) to cast, to mold; to sharpen; to drain, to empty; **vaciado en cobre** sharply silhouetted

vacilante *adj* unsteady; flickering, irresolute, hesitant

vacilar to waver, to hesitate

vacío -a empty, unoccupied; devoid; **vacío de esperanza** devoid of hope; *m* space

vagar to rove about, to wander; **andar vagando** to keep roaming about

vago -ga hesitant, undecided; vague; faint

vagón *m* car, coach; **vagón de segunda** 2nd class coach

vaho vapor, steam; mist; fume

vaivén *m* vibration; swaying; jerk

Valdepeñas an Andalusian town in Don Quijote country, 140 miles south of Madrid, famous for its wines

valentía courage

valer to defend; to avail; to help; to be worth, to suit; **más vale** it's better; **valer la pena** to be worth while; **valer mucho más** to be much better; *ref* to help oneself; **hacerse valer** to assert oneself; **valerse de** to make use of, to avail oneself of

valiente *adj* brave, valiant; bold; **hacerse la valiente** to act spunky

valor *m* courage

vals *m* waltz

vanidoso -sa vain, conceited

vapor *m* steam; fume

vara shaft, pole

variar (í) to change

vario -ria varied; **varios -rias** various, several

varón *m* male; **hijo varón** male child

varonil *adj* manly, strong, masculine

vaso glass

vastísimo -ma huge; gigantic; immense

vaya see **ir**

vé *impv* of **ir**

vecino -na neighboring, near; nearby; *mf* neighbor; **menos casas de vecinos** fewer neighbors

vehemencia violence
vejestorio withered-up old fossil
vejez f old age
velar to fog; ref to fog, to grow dim
velatorio wake (beside a corpse)
veleta weather vane
velillo doily
velo veil; mist
velocísimo -ma swift, high-speed
veloz adj swift, speedy
vello down (as of a peach)
ven impv of venir
vena vein
vencer to conquer; to overcome; ref fueron
  venciéndosele los hombros her shoulders
  began to slump
vendedor m salesman; vendedor ambulante
  peddler
vendido -da sold; la casa vendida the house
  that was sold
venganza revenge
vengarse de to take revenge on
vengativo -va vindictive, spiteful
venida coming; visit; return
venir to come, to come in; ir y venir coming
  and going; si venía con el carro if she came,
  as usual, with the wagon; venga come on
  now; venía siendo had become; venir bien
  to hit the spot; ref se le viene el mundo
  encima her world comes tumbling down
venta sale; venta ambulante peddling
ventaja advantage
ventanilla window (of railway car)
ventanita tiny window
ventanuco tiny window
ventilador m fan
ventilar to air
ventolera caprice; le entraba la ventolera it
  had a wild idea
ventrudo -da bombé (having an outward
  swelling curve)
ventura happiness, fortune, good fortune
venturoso -sa fortunate, lucky, happy
ver to see, to notice; a ver let's see; habráse
  visto such nerve!; que jamás viera that she
  had ever seen; ¿qué ves de malo? what's
  wrong about that?; se la ve one sees she is;
  ya ves as you can see; as you know; just
  see, just think; ya ve usted you see; ref to
  be seen; to see oneself; to find oneself
veraneante mf summer vacationist
veranear to take a summer vacation
veraneo: salir de veraneo to go on a summer
  vacation
verano summer; summer vacation

veras fpl truth; de veras really, in truth
verdad truth; de verdad really, truly; in fact;
  una verdad como una casa a big piece of
  information
verdadero -ra real, true
verde adj green; de color verde mar blue-green;
  m green
verdear to turn green; verdear juvenilmente to
  turn an early spring green
verdecer to turn green
verdor m verdure, greenness, greenery
verdugo executioner; hangman
vergonzante adj embarrassing; shameful
vergüenza shame; embarrassment; caérsele a
  uno la cara de vergüenza to blush from
  shame; dar vergüenza to shame; note dé
  vergüenza, hombre come on, man, don't
  feel ashamed; vergüenza debiera darte you
  ought to be ashamed of yourself
verja iron railing; iron gate
vermut m vermouth
verter (ie) to pour; to empty
vertiginoso -sa giddy, dizzy; mad
vértigo: le dio vértigo reconocerlo the sight of
  him again made her head swim
véspero evening
vestido dress; gown; clothing; vestido sastre
  lady's tailor-made suit
vestir (i) to dress; to wear; vestida de negro
  dressed in black; ref vestirse de limpio to
  put on clean clothes
veta grain
vete impv of irse; vete por ahí get going out
  there
veteado -da de streaked with
vez f time; turn; a la vez at the same time, at
  once; alguna vez once in a while, a few
  times, now and then; ever; a su vez in
  one's turn; a veces at times; cada vez con
  mayor with ever greater; cada vez más
  more and more; cada vez menos less and
  less; de una vez once and for all; de vez en
  cuando from time to time; de vez en vez
  once in a while; de vez en vez más ever
  more, more and more; dos veces twice; en
  vez de instead of; más veces before; elsewhere; otra vez again; tal vez perhaps;
  todavía una vez still once more; por vez
  primera for the first time; una sola vez a
  single time, only once; una vez once; una
  vez y otra a few times, once or twice
vía way; track; roadbed; vías digestivas digestive track
viajar to travel
viaje m trip; hacer un viaje to take a trip;

marcharse de viaje to go traveling; **viaje de regreso** return trip

viajero -ra *mf* passenger, traveler; **viajera de segunda** passenger in 2nd class

vicioso -sa ungovernable

Vichy catalán mineral water

vid *f* vine; vineyard

vida life; love; **en mi vida** never; **una vida propia** a life of one's own

vidente de *adj* anticipating

viejísimo -ma ancient

viejo -ja old; old-fashioned; *m* old person, old man; *f* old woman; old lady; **viejos** old people

vientecillo breeze

viento wind

vientre *m* belly; stomach

vigilancia (military) police

vigilar to guard

vigoroso -sa strong; sharp

vilo: en vilo in suspense; up in the air

Vinci, Leonardo da Italian painter, sculptor, architect, and engineer (1452-1519)

viña vineyard

violencia tension, embarrassment; **con violencia** wildly; with a start

violentamente in a rush; abruptly

violento -ta embarrassing; violent; heavy; savage; showy, flashy, loud

violeta *m* violet color; **ojos de color violeta** violet eyes; **violeta pálido** pale violet

virtud virtue

viruela pockmark; **a la vejez, viruelas** a pox on old people

viscoso -sa sticky; thick

visillo window curtain; window shade

visión sight; remembrance

visitante *mf* visitor

vislumbrar to glimpse, to suspect, to surmise

vislumbre *mf* glimpse; prospect; notion, idea

víspera eve, day before; **en vísperas de feria** on the eve of a holiday; **víspera del Glorioso Movimiento** eve of the outbreak of the Spanish Civil War, July 18th, 1936

vista view; sight; eyes, eyesight; **a la vista** in sight; **a primera vista** at first sight

visto -ta *pp* of **ver; estar mal visto** to be regarded as improper; **estás tú muy visto** you're an open book to me; **habráse visto** such nerve!; **por lo visto** obviously

vital: ímpetu vital creative force

vituallas *fpl* food

viuda widow

viudo widower

vivacidad vivacity; brightness; intensity

vivales *msg* rascal; cool one; bold one

vivaz *adj* lively

vivificar to enliven

vivir una vida to lead a life

vivo -va loud; bright; lively; **en vivo** fresh, sharp, bright

vocerío shouting; voices

volar (ue) to fly; to soar into space

volcán *m* volcano

volcar (ue) to upset; *ref* to become upset

voltear to whirl; to tumble, to roll (bells)

voluminoso -sa heavy; bulky

voluntad will

voluntariedad willfulness

voluptuoso -sa enjoyable, delightful; sensuous

volver (ue) to turn; to return; to come back; **volver a** + *inf* verb + again; **volver a la carga** to harp on the same subject; **volver la cabeza** to turn around; *ref* to turn, to turn around; to turn away; to become; **volverse a** to turn toward; **volverse atrás** to back out; to change one's mind; **volverse de espaldas** to turn one's back; **volverse de lado** to turn or roll over on one's side; **volverse para** to turn around to

voz *f* voice; tone; cry; shouting; **dar una voz** to shout; **en alta voz** or **en voz alta** out loud; **no hablar más que en voz baja** to not speak above a whisper

vuelo flight; wings; **emprender el vuelo** to take flight; **levantar el vuelo** to take flight

vuelta turn, circle; swirl; stroll; **a la vuelta de** after, at the end of; **camino de vuelta** way back; **dado la vuelta** turned inside out; **dar dos vueltas completas** to go around twice; **dar media vuelta** to turn halfway around; **dar una vuelta** to take a walk; **dar una vuelta a la manzana** to walk around the block; **dar vueltas a** to turn over in one's mind, to give free rein to; **dar vueltas y más vueltas** to go over (something) again and again; to pace back and forth; **de vuelta** back home; **estar de vuelta** to be back; **por más vueltas que le daba** no matter how many times he kept going over it; *ref* **darse una vuelta por** to take a stroll through, to make the rounds of

vuelto -ta *pp* of **volver; estar vuelto de espaldas** to have one's back turned; **medio vuelta a la luz** half turned toward the light

vulgar *adj* common, ordinary, everyday

Y

ya already; now; right away, at once; soon,
presently; finally; any more; **pues ya ves**
well, as you see; **iya!** there!, good!; **ya lo
creo que** indeed, I should say; **ya no** no
longer; **ya que** since, inasmuch as; **ya se
sabe** you know what it's like; **ya ves** why
just think, as you can see
yacer to lie
yegua mare
yema tip of finger; candied egg yolk
yergue *from* **erguir**
yerno son-in-law

Z

zaguán *m* vestibule; entry; porch
zalamero -ra fawning, wheedling
zapatilla slipper; pump
zapato shoe
zarandajas *fpl* trifles, odds and ends
zarandear to agitate; to toss; to ruffle
zumbar to buzz; to hum; to ring
zumbido buzzing; humming
zumo juice
zurcir to mend